适用于来华留学生预科教育及新HSK强化教学

U0625755

留学中国
Study in China

汉语综合教程
2

Liuxue Zhongguo
Hanyu Zonghe
Jiaocheng

主　　编　黄晓颖

分册主编　王　宇　邓雅娜

高等教育出版社·北京

HIGHER EDUCATION PRESS　BEIJING

图书在版编目(CIP)数据

汉语综合教程.2/黄晓颖主编;王宇,邓雅娜分册主编.—北京:
高等教育出版社,2011.7
(留学中国)
ISBN 978 −7 −04 −028300 −6

Ⅰ.①汉⋯ Ⅱ.①黄⋯②王⋯③邓⋯ Ⅲ.①汉语 −对外汉语教学 −

教材 Ⅳ.①H195.4

中国版本图书馆 CIP 数据核字(2011)第 132226 号

策划编辑	梁 宇	责任编辑	王 群	封面设计	彩奇风	版式设计	刘 艳
责任绘图	大汉方圆	插图选配	王 群 张天璐	责任校对	王 群 吴剑菁	责任印制	张福涛

出版发行	高等教育出版社	咨询电话	400 −810 −0598
社　　址	北京市西城区德外大街4号	网　　址	http://www.hep.edu.cn
邮政编码	100120		http://www.hep.com.cn
印　　刷	北京市白帆印务有限公司	网上订购	http://www.landraco.com
开　　本	889mm×1194mm　1/16		http://www.landraco.com.cn
印　　张	18.75		
字　　数	569 千字	版　　次	2011 年 7 月第 1 版
购书热线	010 −58581118	印　　次	2011 年 7 月第 1 次印刷

ISBN　978 −7 −04 −028300 −6
05800

近年来，随着汉语国际推广和来华留学生教育事业的蓬勃发展，来华留学人数不断上升，特别是来华攻读学位的留学生人数快速增长，因此接受预科教育的留学生越来越多，但目前还没有一套能将预科教育阶段的语言学习与日后专业课学习结合起来、真正适合预科汉语教学使用的专门教材。由于缺乏适用教材，预科教育留学生与其他语言进修生一样，只学习日常交际用语，导致预科汉语学习与专业学习完全脱节，很多学生在经过长达一至两年的预科教育后，汉语言能力仍无法适应专业学习，无法听懂专业课，也看不懂专业书。针对这一问题，我们编写了《留学中国》系列汉语教材。

一、适用对象

本系列教材适用于来华留学生预科教育阶段的汉语教学，也适用于其他零起点留学生的强化汉语教学。本系列教材由《留学中国——汉语综合教程》（1、2）、《留学中国——汉语综合教程练习册》（1、2）和《留学中国——汉语科普阅读教程》（1、2）等组成。

二、教学目标

配套使用本系列教材，学生基本能达到新汉语水平考试（HSK）4～5级水平，并使学生在掌握汉语基本知识、提高汉语水平的同时，补充增长专业词汇量、提高适应专业学习的语言能力，进而实现预科教育语言学习阶段与日后专业学习阶段的顺畅过渡。

三、编写原则

（一）功能与结构相结合

本系列教材根据国家汉办制定的《国际汉语教学通用课程大纲》中的语法及功能项目，将语法知识穿插到体现交际功能的会话课文之中。

（二）汉语学习与专业学习兼顾

不仅本系列教材的《汉语科普阅读教程》选文主题覆盖了文、理、工、医、经济、管理等各个学科，突出了专业知识的内容，而且《汉语综合教程》也与专业阶段的学习生活紧密关联，从入学办手续、选导师到开题、写毕业论文等各学习环节都有专门的课文来体现。

（三）系列教材内部有机相连

为了减轻学生学习负担、解决教师实际教学困难、提高教学效率，本系列教材在编写中注重各教材间的横向联系和语言点的复现，以《汉语综合教程》的语法和主题为基础，使各教材间在语言难度、语法要点、词语选择和课文主题等方面交叉复现，在系列教材内部实现横向上的呼应。

（四）听说读写并重

根据心理学多重编码的理论，对同一语言知识用多种方式进行编码，可增强记忆效果。因此，《汉语综合教程》及配套的《汉语综合教程练习册》的每课练习都由语音、语法、听、说、读、写等各专项训练组成，不仅从听、说、读、写技能方面提高学生的汉语综合能力，更从初级阶段对外汉语教学的难点——语音和汉字的特点出发，进行有针对性的训练，为汉语学习打下坚实基础。另一方面，每课的听、说、读、写训练都是围绕该课的语言点进行的，较好地解决了单项技能训练课相互脱节、缺乏内在有机联系的问题，有利于提高学生的学习效率和教师的教学效率。

四、主要特点

（一）观念新

1. 以学生为主。学生是学习的主体，本系列教材突出强调学生在学习中的自主性，专门设计了形式多样、需学生互动合作或需要学生独立完成的任务，如小组活动与讨论，课后调查与访谈等。

2. 以教师为本。首先，根据实际教学过程编排内容，《汉语综合教程》每课的生词、语言点、课文等部分后，都紧跟配套练习，易于做到随讲随练，及时复习强化。其次，生词表中边给生词边给句子，且均配有译文，便于学生结合具体语境理解生词，大大降低了教师讲解生词的难度。《汉语科普阅读教程》设计了专门的"阅读技巧"模块，便于教师讲解与科普阅读相关的知识要点。此外，本系列教材在编写习题时设计了大量课内外活动，为教师组织教学提供了极大的便利。

（二）内容新

无论是《汉语综合教程》中与专业学习密切相关的内容，还是《汉语科普阅读教程》中简洁化、科普化的专业知识都是以往同类教材鲜有涉及的。《汉语综合教程》分为1、2两册，并配有相应的练习册。《汉语综合教程1》以培养学生日常生活的语言能力为主；《汉语综合教程2》以培养学生专业学习生活的语言能力为主。通过课文主题和"扩展知识"等内容，有计划、有系统地给学生提供一些最基本的专业知识术语。《汉语科普阅读教程》也分为1、2两册。一方面配合《汉语综合教程》，注重词汇与语言点的重现，以进一步巩固提高学生的汉语言能力；另一方面用简易平实的语言讲述科学知识，其内容覆盖了文、理、工、医、经济、管理等各个学科，把预科教育与专业学习紧密地结合了起来。

（三）题型新

本系列教材在练习部分，除设计了很多简便易行的教学活动外，还加入了大量新 HSK 题型，配图精美，形式活泼，直观形象，有利于初学汉语者摆脱对母语的依赖。

（四）配套全

为了方便教师课堂教学需要，本系列教材每册都配有MP3光盘。另外，《汉语综合教程》还设计了电子教案，既可用于课堂教学，也可供学生自学、复习使用。

五、使用说明

本系列教材可供零起点学生汉语教学使用。《汉语综合教程》每周1课，每课12~14学时，每册18课，可供18个教学周使用。该教材及配套练习册分别设有专项的听、说、读、写训练，可以不再单独开设口语、听力等单项技能课。但由于预科阶段的学生大部分来自非汉字文化圈的国家，建议单独开设一门汉字课（每周2学时），用于在教师指导下的汉字书写及认读训练，并以《汉语综合教程》中出现的字词为序。《汉语科普阅读教程1》每课4学时，每周1~2课；《汉语科普阅读教程2》每课4~6学时，每周1课，每册18课，可供18个教学周使用。

由于编写者的水平所限，教材中难免存在着缺点与不足，恳望专家与读者批评指正。

编　者

2011年5月

Foreword

Recent years have witnessed the growing popularity of the Chinese language in the world. With the steady increase of the number of international students who pursue degree study in Chinese higher education institutions, more and more international students are in need of one year's preliminary Chinese language study. So far there has been a serious shortage of textbooks which are suitable for preliminary Chinese teaching and learning in combining Chinese language learning with the requirements of the upcoming complex specialized study. For this reason, many international students merely learn basic language for communication and have difficulties in their study of specialties even after one or two years' preliminary education. To solve this, we have hereby compiled this series of textbooks *Study in China*.

■ I Target Learners

This series of textbooks is suitable for international students who study Chinese language in China for to 1–2 two years before continuing their bachelor's degree study in different fields as well as for other beginner level Chinese learners. The series consists of the following textbooks: *Study in China — Comprehensive Course Books 1 & 2, Study in China — Comprehensive Course Workbooks 1 & 2, and Study in China — Reading Course on Popular Science Books 1 & 2*.

■ II Teaching Objectives

This series of textbooks enables international students to pass the new Hanyu Shuiping Kaoshi (HSK test) Bands 4 — 5. They provide a comprehensive course to help students master fundamental Chinese knowledge and improve their Chinese competence. Meanwhile, they can also supplement students' specialty vocabulary and further their ability to adapt to the study of their majors. By doing so, students can smoothly transfer to the following study in their majors.

■ III Principles

1. Combination of function with structure

This series is compiled according to the grammatical and functional items of *International Curriculum for Chinese Language Education* stipulated by The Office of Chinese Language Council International (Hanban) and effectively combines grammatical knowledge with dialogues and texts.

2. Combination of Chinese learning with study in majors

The passages in *Study in China — Reading Course on Popular Science* in this series cover differing disciplines such as arts, science, engineering, medicine, economics and administration and lay stress on the selection of content related to professional knowledge. In *Study in China — Comprehensive Course*, there are many texts related to life or study in majors, e.g. enrollment on a course, tutor selection, thesis proposal and writing.

3. Systematic correlation of the textbooks in the series

So as to ease students' burden, overcome teachers' difficulties and promote efficiency, this series of textbooks lays stress on the parallel correlation of each book and the recurrence of language points. Based on the grammar and subjects of *Study in China — Comprehensive Course*, all the books are well coordinated with each other in language difficulty, grammatical points, diction and subjects of texts.

4. Equal emphasis on listening, speaking, reading and writing

According to the psychological theory of multi-encoding, memory can be bettered by encoding linguistic knowledge by different means. Therefore, the exercises in the textbook *Study in China — Comprehensive Course* and its matching textbook *Study in China — Comprehensive Course Workbook* are composed of specialized drills in pronunciation, grammar speaking, listening, reading and writing. This not only helps to develop students' Chinese competence but also help them establish a solid foundation for Chinese language learning by concentrating on special training of the element of Chinese language learning considering most difficult by students — Chinese phonetics and characters. Moreover, all the exercises concerning listening, speaking, reading and writing focus on the language points of each lesson to avoid disconnection of the individual language abilities, which will be ultimately conducive to promote students' and teachers' efficiency in Chinese language learning and teaching.

■ IV Prime Characteristics

1. Innovative ideology

(1) Student-centered. As the subjects of learning, students will be fully encouraged by undertaking the varied interactive or independent tasks in our textbooks, e.g. group discussion, after-class investigation and interview.

(2) Teacher-oriented. First and foremost, *Study in China — Comprehensive Course* is scientifically compiled according to a practical teaching procedure. Exercises are designed immediately following sections such as New words and expressions, Texts and Language points so that students may review the lesson quickly to consolidate their learning. In the New words and expressions section, we innovatively offer Chinese example sentences for some words, which makes the teachers' explanation of new words much easier than before. Particular exercises on reading skills in *Study in China — Reading Course on Popular Science* are designed for teachers to facilitate the training of students' comprehension skill of scientific and technical articles. Furthermore, various class and extracurricular activities are designed in each lesson which contribute to the diversity of teachers' class organization.

2. New contents

Seldom do textbooks of its kind cover the major-related information in *Study in China — Comprehensive Course* and the simplified and popularized specialized knowledge in *Study in China — Reading Course on Popular Science*. *Study in China — Comprehensive Course* consists of 2 textbooks, each affiliated with a workbook. *Study in China — Comprehensive Course Book 1* primarily focuses on developing students' communicative ability in daily life; *Study in China — Comprehensive Course Book 2* is mainly to enhance students' linguistic ability in professional study. Through the learning of the texts and the extensive knowledge, the two books systematically equip students with the most fundamental professional terms. Two books are also included in *Study in China — Reading Course on Popular Science*. Being the sister textbooks of *Study in China — Comprehensive Course*, the textbooks on one hand lay stress on the recurrence of vocabulary and language points to further students' Chinese language proficiency; on the other hand, many subjects such as arts, science, engineering, medicine, economy and administration are introduced with simple and plain language, so that the preliminary education of foreign students and their professional study are combined closely.

3. New exercises format

Besides some easily managed class activities, the design of the exercises in this series of textbooks simulates lots of models of the new HSK tests. The beautiful illustrations are vividly and lively enclosed in the textbooks, which can make beginners of Chinese language disengage from the dependence on their mother tongue.

4. Convenient and complete digital assistance

For the convenience of lecturing, MP3 compact discs are accessorized to each text book. Electronic courseware for *Study in China — Comprehensive Course* can be used in classroom study or for students' self-study.

■ V Instructions

This series of textbooks can be particularly useful for Chinese learners at beginner level. The 18 lessons in *Study in China — Comprehensive Course* can be allocated to 18 weeks, 12-14 periods for each lesson each week. This textbook and its affiliated exercise book cover specialized drills on listening, speaking, reading and writing. Thus no special lectures on listening or speaking are necessary. However, on account of the fact that most foreign Chinese learners come from countries without a Chinese cultural background, it's suggested that a Chinese character course should be provided, 2 periods each week, in which students may write and read Chinese characters listed in *Study in China — Comprehensive Course* under the guidance of teachers. 4 periods for each lesson, 1-2 lessons each week.

This is the allocation of time for *Study in China — Reading Course on Popular Science Book 1*; *Study in China — Reading Course on Popular Science Book 2* can be finished within 18 weeks, 4-6 periods for each lesson each week.

Owing to the authors' limited ability and energy, some faults or fallacies are unavoidable, to be corrected by experts and readers.

Authors
May 2011

使用说明

一、适用对象

本教材适用于一年预科教育留学生的汉语教学，也适用于其他零起点学生的一年强化汉语教学。

二、教学目标

与其他初级汉语综合教材不同，本教材既注重日常汉语交际能力的培养，又注重与专业学习相关的听说读写能力的培养，旨在为学生的专业学习奠定必要的语言基础。通过学习本教材，学生基本能达到新 HSK4～5 级水平，并能较为顺畅地从语言学习阶段过渡到专业学习阶段。

三、内容特点

本教材分为 1、2 两册，第 1 册以培养学生日常汉语交际能力为主；第 2 册以培养学生专业学习生活的语言能力为主。通过主体课文和"扩展知识"等内容，有计划、有系统地使学生掌握一些最基本的专业学习生活常用词语和专业知识术语，将预科教育阶段的语言学习与日后的专业学习紧密结合起来。

四、创新之处

（一）首次在初级教材中比较系统地反映学生的专业学习生活，从办理入学手续、选导师、做实验到毕业论文的选题、开题报告及毕业论文的写作，使学生能够具备进入专业学习的基本语言能力。

（二）按教学过程编排各部分内容，每课的生词、语言点、课文等部分后，分别紧跟及时复习强化的练习，易于做到随讲随练，与教学步骤一致。

（三）生词表中边给生词边给课文中的句子，且均配有译文，便于学生结合具体语境快速理解生词，也大大降低了教师讲授生词的难度。

（四）每课练习中均有新汉语水平考试（HSK）题型，每三课后还有一个用于单元复习的HSK模拟小测试。有助于学生熟悉汉语水平考试，并掌握一些应试技巧。

（五）真正做到听、说、读、写并重，练习册每课都有听力短文、阅读短文、会话练习及写作任务。

（六）在编写习题时设计了大量课内外活动，为教师组织教学提供了极大便利。

五、体例说明

本教材分为 1、2 两册，每册18课，课文部分由两段对话组成，并配有相应的练习册，从听、说、读、写四个方面对教程所学内容进行操练，以提高学生的汉语综合能力。上册词汇量在800左右，下册词汇量在1000左右。可供零起点语言生一学年使用。每周 1 课，每课12～14学时左右。

《留学中国——汉语综合教程》体例如下：

课文标题——每课的标题都是课文中的一个句子，且含有该课一个重要的语言点。

教学目标——便于教师和学生把握本课重点。

第一部分：

生词——按课文中出现的顺序，边给生词边给句子。学生在学完生词后，对课文的主要内容也有了大致的了解，使课文学习更为顺畅。

生词练习——及时复习强化本课的重点词语。

课文——会话形式，在设定的情境里，展示所学语言点实际应用的生活对话。

课文练习——对课文内容及时复习，加深理解。

语言点例释——将课文中出现的语言点进行简明扼要的讲解，一方面可减少学生的畏难情绪，另一方面可调整教学节奏。

语言点的练习——每个语言点的注释后都有一个及时强化的小练习，便于教师使用。

第二部分体例与第一部分相同。

实践活动——为学生提供真实的交际任务，使他们能在现实生活中运用本课所学内容。

汉字练习——通过多种形式的练习，强化汉字知识，提高学生的汉字认读能力。每课都编有汉字书写练习和汉字小游戏部分。

扩展知识——跟本课话题密切相关的专业词语或知识，教师可灵活利用此部分调节教学进度。

课后自测——根据本课教学目标，让学生通过自测形式检验学习效果，有利于培养学生良好的学习习惯。

《留学中国——汉语综合教程练习册》体例如下：

语音练习——每课的语音练习均各有侧重。

语法练习——对该课语法点的综合练习。

听力练习——每课都有一篇听力短文，内容与主课文相关，但又有所变化。

会话练习——通过完成对话、看图说话等多种形式的练习，培养学生的口头表达能力。

阅读练习——每课都有一篇阅读短文，其内容与主课文密切相关，主要用于培养学生汉字认读及语篇理解能力。

写作练习——每课都有一个写作任务，用于培养学生的汉字书写及书面表达能力。

以上全部练习都是紧紧围绕教程的语言点进行的，真正实现了听说读写一体化。

由于编写者的水平所限，教材中难免存在着缺点与不足，恳望同仁与专家批评指正。

编　　者
2011年5月

Instruction

■ I Target learners

This textbook is suitable for international students who study Chinese language in China for one year before continuing their Bachelor's degree study in different fields as well as for other beginner level Chinese learners.

■ II Teaching Objectives

Unlike other beginner Chinese comprehensive textbooks, this one can enable students to master fundamental Chinese communication skills, improve their Chinese competence and at the same time can supplement students' specialty vocabulary. This is in addition to their ability of listening, speaking, reading and writing to adapt to the study of their majors. By learning from this textbook, students are anticipated to pass new HSK band 4 and thus can smoothly transfer to the study of their majors.

■ III Prime Characteristics

This textbook consists of *Study in China — Chinese Comprehensive Course Book 1* and *Study in China — Chinese Comprehensive Course Book 2*: the former to cultivate students' daily communicative abilities and the latter to develop students' language competence in specialty study. By learning fundamental communicative words and technical terms in a systematic and well-organized manner through this textbook, particularly in sections such as the texts and extended knowledge, international students can combine pre-university Chinese study with later specialty study.

■ IV Innovation

1. For the first recorded time, this basic textbook systematically illustrates students' life and specialty study, ranging from enrollment on a course, tutor selection to thesis proposal and writing, to enable students to acquire fundamental linguistic abilities for further specialty study.

2. Being compiled scientifically, this textbook is rich in exercises followed by new vocabulary, language points and texts, which synchronizes students' practice to the teaching procedure.

3. In the new words section, we offer Chinese example sentences for each word, which makes the teachers' explanation of new words much easier than before.

4. The exercises in this textbook are designed to simulates lots of models of the new HSK tests, including one HSK quiz every 3 lessons for students' review, which helps students become familiarized with HSK tests and master many relevant techniques.

5. We lay equal emphasis on listening, speaking, reading and writing, with listening passages, reading passages, conversational exercises and writing tasks in each lesson.

6. Various class and extracurricular activities are designed in each lesson which contribute to the diversity of teachers' class organization.

■ V Style Specification

Both books in this series consist of 18 lessons respectively and each lesson has two dialogues. The accessorized workbooks drill students' listening, speaking, reading and writing to improve their comprehensive Chinese ability. The vocabulary in Book 1 is around 800 words and in Book 2 is around 1,000 words. They are suitable as the textbook for beginner language freshmen, one lesson each week and 12 — 14 periods or so for each lesson.

The style specification of *Study in China — Comprehensive Course* is as follows:
Title of Text: The title of each lesson is a sentence of the text, embodying one of the prime language points.
Objectives: They are conducive for teachers and students to master key points of the lesson.
Part One:
New Words and Expressions: They are sequenced according to their appearance in the text, with sample sentences provided, which enables students to better understand the main idea of the text and better learn the text.
Exercise of New Words and Expressions: This reviews and strengthens knowledge of the key words learned in the lesson.
Text 1: It is in the format of a daily conversation, with the main language points used in that given situation.
Exercises of Text 1: They supply a quick review of texts for better comprehension.
Language Points: The independent language points provide a simple explanation of grammar. They can on the one hand reduce the students' study stress and on the other can regulate the rhythm of teaching and learning.
Exercises of Language Points: Drills following each language point are available to teachers.
The structure of Part Two is the same as that of Part One.
Practical Activity: Real life communicative tasks are designed to make students use what they have learned in the lesson.
Chinese Characters Exercises: Varied-form exercises such as Chinese character writing and Chinese character games can consolidate students' Chinese character literacy.
Extensive Knowledge: Relevant vocabulary or knowledge following each lesson can be selected based on the instructor's teaching curriculum.
Self-evaluation: It assesses whether the students have successfully achieved the lesson's objectives, and is beneficial in developing the students' good study habits.

The style specification of the Workbook is as follows:
Pronunciation Exercises: The phonetic exercises of each lesson emphasize different aspects of pronunciation.
Grammar Exercises: They are to drill the grammatical points of each lesson.
Listening Exercises: One listening passage in each lesson is related to the subject of the main text.
Speaking Exercises: Diverse forms of exercises such as completing the dialogue and talking about a picture can develop students' oral ability.
Reading Exercises: One passage related to the subject of the main text in each lesson mainly serves to enhance students' Chinese character literacy and textual comprehension ability.
Writing Exercises: One writing task in each lesson is to cultivate students' Chinese handwriting as well as written expression ability.
All the above exercises center on the language points of the main textbook to integrate listening, speaking, reading and writing.

Due to the authors' limits, some faults or fallacies are unavoidable, to be corrected by peers and experts.

Authors
May 2011

目 录 Contents

语言点例释 Language Points	扩展知识 Extensive Knowledge
（一）对了，…… By the way （二）……的话 If （三）有什么可+动词+的 有什么可+verb+的 （四）就要……了 Be going to （五）动词+个+其他成分 Verb+个+others	办理入学手续常用词汇 Common vocabulary used in the course entry procedure
（一）先……（然后）再…… Firstly...then... （二）可能补语 Complements of possibility （三）一……就…… As soon as... （四）像……什么的 Such as... （五）兼语句 Pivotal sentence	留学生申请居留证手续常用词汇 Common vocabulary for foreign students applying for a residence permit
（一）动量补语 The action-measure complements （二）动词+什么（名词）+好呢? Verb+什么 (noun)+ 好呢? （三）只有……才…… Only... if...	大学常设公共课 Common university public courses
（一）结构助词"的" The structural particle 的 （二）"着"的用法（一）The usage of 着 I （三）形容词+极了 Adjective+极了	文理科常设专业 Common majors in Arts and Science

语言点例释 Language Points	扩展知识 Extensive Knowledge
（一）"把"字句 The 把 sentence （二）能愿动词"能"The modal auxiliary verb 能 （三）"又"和"再"又 and 再	考试相关词汇 Exam-related vocabulary
（一）用"多"表示概数 The use of 多 to express approximation （二）时量补语 Time-measure complements （三）一边……一边…… At the same time	办理请假、休学手续常用词汇 Common vocabulary in the procedure of asking for leave
（一）趁 Make use of （二）以为 Think	开题报告常用术语 Commonly used language of the thesis proposal
（一）"弄"的用法 The usage of 弄 （二）"被"字句 The 被 sentence （三）非……不可 Must	计算机专业常用词汇 Common vocabulary in Computer Science

语言点例释 Language Points	扩展知识 Extensive Knowledge
（一）复合趋向补语 Complements of compound tendency （二）越来越+形容词 越来越+adjective （三）只要……就…… If only...	物理学专业常用词汇 Commonly used vocabulary in Physics
（一）"会"的推测义 会 for prediction （二）疑问代词的任指用法（一）General usage of interrogative pronouns Ⅰ （三）疑问代词的任指用法（二）General usage of interrogative pronouns Ⅱ	教育学专业常用词汇 Common vocabulary in Education
（一）"动词+下来/下去"的引申用法 The extended usage of "verb+下来／下去" （二）无论……都…… No matter... （三）"动词+起来"的引申用法 The extended usage of "verb+起来" （四）结构助词"地" The structural particle 地	1. 常用化学元素 Common chemical elements 2. 生物学专业常用词汇 Common vocabulary in Biology
（一）不如…… Not as good as （二）再说 Besides （三）"动词+出来"的引申用法 The extended usage of "verb+出来"	中国历史主要朝代 Dynasties in Chinese History

语言点例释 Language Points	扩展知识 Extensive Knowledge
(一) 连……也/都…… Even... (二) 难道 (三) 既……又…… As well as	数学专业词汇 Common vocabulary in Mathematics
(一) 动词+成 Verb+成 (二) "着"的用法（二）The usage of "着" II (三) 动词+上 Verb+上 (四) 动词+住 Verb+住	经济学专业常用词汇 Common vocabulary in Economics
(一) 好像 Look like (二) 是……之一 Be one of... (三) 双重否定 Double negatives	中国的行政区划 China's administrative regions
(一) 对……来说 To... (二) 别说……了 Don't mention about... (三) 既然……就…… Since... then...	中医常用词 Common vocabulary in Traditional Chinese Medicine

语言点例释 Language Points	扩展知识 Extensive Knowledge
(一) 简直 At all (二) 要是……该多好啊 What if...	论文常用术语 Commonly used terminology of a thesis
(一) 省得 So as to save (二) 不得不 Have to (三) 舍不得 Have to part with	办理离校手续常用词汇 Common vocabulary of the school leaving procedure

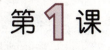

第 **1** 课

Jiù yào rù běnkē le!

就要入本科了

Be going to enter an undergraduate course

教学目标 **Objectives**

❶ 掌握"就要……了"相关句型用法。To learn 就要……了 and related sentence structures.

❷ 熟知"……的话"等口语句型。To master oral sentence structures such as ……的话.

❸ 了解入学的基本程序并能够独自办理。To learn the basic procedure of registering on a course and be able to carry out the task independently.

第一部分 **Part 1**

◎ 生 词 | **New words and expressions** 01-01

1. 实验   *n.*   shíyàn   experiment
2. 论文   *n.*   lùnwén   essay, thesis

> 我的事情很多，做实验啊，写论文啊。
> I've been busy doing experiments and writing essays.

3. 小姐   *n.*   xiǎojiě   Miss, young lady

> 这位漂亮的小姐是……
> Who's this beautiful young lady?

4. 入   *v.*   rù   to enter
5. 本科   *n.*   běnkē   undergraduate course (4-5 years)

> （菲娜）下学期也想入本科。
> (Fina) is also planning to enter an undergraduate course next semester.

1

| 6. | 要求 | *n.* | yāoqiú | requirement |
| 7. | 严格 | *adj.* | yángé | strict |

> 这所大学入本科的要求很严格。
> The entry requirements are very strict at this university.

8.	必须	*adv.*	bìxū	must
9.	五级	*n.*	wǔjí	Band 5
10.	证书	*n.*	zhèngshū	certificate

> 要是跟中国学生一起听课的话，就必须有新HSK五级证书。
> If you're having class with Chinese students, you must pass New HSK Band 5.

| 11. | 选择 | *v.* | xuǎnzé | to choose |

> 那可以选择的专业就太少了。
> You'll have very little choice of major.

| 12. | 段 | *measure word* | duàn | period |
| 13. | 通过 | *v.* | tōngguò | to pass |

> 或者在这里学习一段时间汉语，通过中级班的考试。
> You can either study Chinese here for a time, then pass the exams of the intermediate class.

| 14. | 羡慕 | *v.* | xiànmù | to envy |

> 我真羡慕巴布。
> I really envy Babou.

◎ 专有名词 | Proper nouns

1.	维卡	Wéikǎ	Vika, Russian, a graduate student of the Physics Department, a friend of Babou.
2.	巴布	Bābù	Babou, Congolese, 4-year undergraduate of the Chemistry Department.
3.	马里	Mǎlǐ	Mali
4.	菲娜	Fēinà	Fina, Malian, planning to become an undergraduate, a friend of Babou.

请连线。

Connect the characters in the two groups below into words or phrases and match them with the right *pinyin*.

选　　　严　　　羡　　　必

慕　　须　　　　择　　　格

yángé　　　bìxū　　　xiànmù　　　xuǎnzé

◎ 课文一 ｜ Text 1 　🎧 01-02

(On the way to class, Vika meets Babou and Fina.)

维卡：巴布，好久不见。

巴布：好久不见。你忙什么呢？

维卡：我的事情很多，做实验啊，写论文啊。这位漂亮的小姐是……

巴布：啊，对了，这是刚从马里来的菲娜，下学期也想入本科。

维卡：是吗？你汉语说得怎么样？

菲娜：只会说一点儿。

维卡：那不行吧，这所大学入本科的要求很严格。要是跟中国学生一起听课的话，就必须有新HSK五级证书。

菲娜：那我没有怎么办呢？

巴布：那可以选择的专业就太少了。而且你不跟中国学生一起听课，对汉语水平也有要求。

菲娜：有什么要求呢？

维卡：或者在这里学习一段时间汉语，通过中级班的考试；或者通过这所大学的汉语水平考试；或者有新HSK四级证书。

菲娜：看来，我只能再学一段时间的汉语了。我真羡慕巴布，他已经通过新HSK五级了。

巴布：有什么可羡慕的？我也是考了三四次才通过的。

Wéikǎ: Bābù, hǎojiǔ bú jiàn.

Bābù: Hǎojiǔ bú jiàn. Nǐ máng shénme ne?

Wéikǎ: Wǒ de shìqing hěn duō, zuò shíyàn a, xiě lùnwén a. Zhè wèi piàoliang de xiǎojiě shì …

Bābù: À, duì le, zhè shì gāng cóng Mǎlǐ lái de Fēinà, xià xuéqī yě xiǎng rù běnkē.

Wéikǎ: Shì ma? Nǐ Hànyǔ shuō de zěnmeyàng?

Fēinà: Zhǐ huì shuō yìdiǎnr.

Wéikǎ: Nà bùxíng ba, zhè suǒ dàxué rù běnkē de yāoqiú hěn yángé. Yàoshi gēn Zhōngguó xuésheng yìqǐ tīngkè de huà, jiù bìxū yǒu xīn HSK wǔ jí zhèngshū.

Fēinà: Nà wǒ méiyǒu zěnmebàn ne?

Bābù: Nà kěyǐ xuǎnzé de zhuānyè jiù tài shǎo le. Érqiě nǐ bù gēn Zhōngguó xuésheng yìqǐ tīngkè, duì Hànyǔ shuǐpíng yě yǒu yāoqiú.

Fēinà: Yǒu shénme yāoqiú ne?

Wéikǎ: Huòzhě zài zhèlǐ xuéxí yíduàn shíjiān Hànyǔ, tōngguò zhōngjíbān de kǎoshì; huòzhě tōngguò zhè suǒ dàxué de Hànyǔ shuǐpíng kǎoshì; huòzhě yǒu xīn HSK sì jí zhèngshū.

Fēinà: Kànlái, wǒ zhǐ néng zài xué yíduàn shíjiān de Hànyǔ le. Wǒ zhēn xiànmù Bābù, tā yǐjīng tōngguò xīn HSK wǔ jí le.

Bābù: Yǒu shénme kě xiànmù de? Wǒ yě shì kǎo le sān sì cì cái tōngguò de.

---

1 听课文，判断对错。 01-02　　新HSK 模拟题

Listen to the text and judge true or false.

（　　）(1) 菲娜是从马里来的留学生。

（　　）(2) 菲娜的汉语说得不错。

（　　）(3) 要是跟中国人一起听课的话，就必须得有新HSK四级证书。

（　　）(4) 巴布考了两三次才通过新HSK六级。

2 两人一组，互相问答，再根据答案复述课文。

Ask and answer the questions in pairs, then retell the text according to the answers.

(1) 维卡在忙什么呢？

(2) 菲娜汉语说得怎么样？

(3) 留学生要和中国学生一起听课的话，对汉语水平有什么要求？

(4) 不和中国学生一起听课有什么要求？

◎ 语言点例释一 | Language points I

(一) 对了，…… By the way

口语常用词，常常用于突然想起什么事情的时候或者有所补充的时候。

对了 is often used in oral language to express a sudden thought or to add something extra to a statement.

> 1. A: 那明天晚上6点见吧!
>   B: 好的。对了，别忘了带伞。
>
> 2. A: 去旅行的东西都准备好了吗?
>   B: 都准备好了。对了，到那儿有人接我们吗?

✐ 请选择正确答案。
Choose the correct answer.

1. 今天大家早点儿回家休息吧! _____，明天早上别忘了带伞，明天可能有雨。
   A. 别提了   B. 有什么可休息的   C. 糟糕   D. 对了

2. _____! 我的钥匙落在家里了，我得回家拿钥匙，你等我一下吧。
   A. 好了   B. 有什么可休息的   C. 是啊   D. 对了

(二) ……的话 If

表示假设，可以跟"如果"或"要是"连用，也可以单独使用，后面的句子常常有"就"呼应。

……的话 expresses an assumption and can be used with 如果 or 要是, or by itself. The following sentence often includes 就.

> 1. 如果他去的话，我就不去了。
> 2. 要是明天天气好的话，我就带你们去公园。
> 3. 都准备好了的话，我们就出发吧!

✐ 请用"……的话"完成句子。
Use ……的话 to complete sentences.

1. _____，我们就不买了。
2. _____，我就去。

(三) 有什么可+动词+的 有什么可+verb+的

表示否定意义，不值得做的意思。

This structure has a negative connotation, meaning something is not worth doing.

> 1. 这本书有什么可看的? 别看了，我们出去玩儿吧!
> 2. 这儿有什么可玩儿的? 我们快回家吧!
> 3. 你跟他这种人有什么可说的?

 为括号中的词语选择适当位置。

Choose the correct position for the word in parentheses.

1. 这种电影有A什么B可看C？还不如睡觉D。（的）

2. 你A跟B这种人有C可聊D的？（什么）

第二部分　Part 2

◎ 生　词 | New words and expressions　🎧 01-03

1. 忘	v.	wàng	forget

> 我都忘了。
> I would have forgotten.

2. 可以	modal aux.	kěyǐ	can

> 你可以看一下《入学须知》
> You can check the "Registration Instructions".

3. 网站	n.	wǎngzhàn	website

> 你可以去学校的网站看一下。
> You can check the school's website.

4. 网页	n.	wǎngyè	webpage
5. 下载	v.	xiàzài	to download
6. 申请表	n.	shēnqǐngbiǎo	application form

> 在学校的网页上可以下载入学申请表。
> There's a university webpage from which you can download the application form.

7. 复印件	n.	fùyìnjiàn	photocopy
8. 学历证书	n.	xuélì zhèngshū	diploma
9. 成绩单	n.	chéngjìdān	exam score report

10. 推荐信　　　*n.*　　tuījiànxìn　　recommendation letter

> 还要准备好护照复印件、学历证书、成绩单、推荐信什么的。
>
> Besides that, you still need a copy of your passport, diploma, exam score report, recommendation letter and so on.

11. 酒吧　　　　*n.*　　jiǔbā　　bar, pub

> 今天晚上我们去酒吧，怎么样？
>
> How about going to the bar tonight?

12. 会　　　　　*aux.*　　huì　　will

> 上了本科，你还总去酒吧的话，肯定会不及格的。
>
> If you're still always going to the bar you'll definitely fail since you have started the undergraduate course.

13. 痛快　　　　*adj.*　　tòngkuài　　to one's great satisfaction

■ 填汉字组词，并写出词语的拼音。
Insert a character to form a word, then write the *pinyin* for the word.

(shēnqǐng)　　　（　　　）　　　（　　　）　　　（　　　）　　　（　　　）

申__请__　　____印　　____荐　　成____　　____载

◎ 课文二 | Text 2　🎧 01-04

(Babou is at Vika's dormitory.)

巴布：维卡，今天晚上做什么？

维卡：还没想好呢，你呢？

巴布：我们出去玩儿怎么样？

维卡：就要入本科了，还玩儿啊？

巴布：对了，你不说我都忘了，想入本科的话应该怎么申请呢？

维卡：很麻烦，你可以去学校的网站看一下，在学校的网页上可以下载入学申

请表，还要准备好护照复印件、学历证书、成绩单、推荐信什么的。

巴布：太麻烦了！玩儿几天再说吧！今天晚上我们去酒吧，怎么样？

维卡：上了本科，你还总去酒吧的话，肯定会不及格的。

巴布：是啊，所以现在我要玩儿个痛快啊。

Bābù: Wéikǎ, jīntiān wǎnshang zuò shénme?

Wéikǎ: Hái méi xiǎng hǎo ne, nǐ ne?

Bābù: Wǒmen chūqù wánr zěnmeyàng?

Wéikǎ: Jiù yào rù běnkē le, hái wánr a?

Bābù: Duì le, nǐ bù shuō wǒ dōu wàng le, xiǎng rù běnkē de huà yīnggāi zěnme shēnqǐng ne?

Wéikǎ: Hěn máfan, nǐ kěyǐ qù xuéxiào de wǎngzhàn kàn yíxià, zài xuéxiào de wǎngyè shang kěyǐ xiàzǎi rùxué shēnqǐngbiǎo, hái yào zhǔnbèi hǎo hùzhào fùyìnjiàn, xuélì zhèngshū, chéngjìdān, tuījiànxìn shénme de.

Bābù: Tài máfan le! Wánr jǐ tiān zàishuō ba! Jīntiān wǎnshang wǒmen qù jiǔbā, zěnmeyàng?

Wéikǎ: Shàng le běnkē, nǐ hái zǒng qù jiǔbā de huà, kěndìng huì bù jígé de.

Bābù: Shì a, suǒyǐ xiànzài wǒ yào wánr ge tòngkuài a.

1 听课文，选择正确的答案。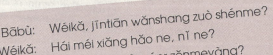 01-04　　　　新HSK 模拟题

Listen to the text and choose the right answer.

（　　）(1) 维卡今天晚上想做什么？

　　　A. 出去玩儿　　　B. 没想好　　　C. 去酒吧　　　D. 上网

（　　）(2) 巴布今天晚上想做什么？

　　　A. 出去玩儿　　　B. 没想好　　　C. 去酒吧　　　D. 上网

（　　）(3) 办入学申请不需要什么？

　　　A. 学生证　　　B. 护照复印件　　　C. 学历证书　　　D. 成绩单

2 两人一组，根据课文完成填空，然后分角色练习对话。

In pairs, fill in the blanks according to the text, then practice the conversation as a role-play.

巴布：想入本科的话应该怎么＿＿＿＿＿＿＿＿＿＿呢？

维卡：很麻烦，你可以去学校的＿＿＿＿＿＿看一下，在学校的网页上可以＿＿＿＿＿＿，

　　　还要准备好＿＿＿＿＿＿＿＿＿＿＿＿＿＿什么的。

巴布：太麻烦了，＿＿＿＿＿＿＿＿＿＿！

◎ 语言点例释二 │ Language points II

(四) 就要……了　Be going to

表示事情即将发生，还有"快要……了""要……了"等形式，前边有时间词的时候不能用"快要……了"。

就要……了 is used to show that something is about to happen, and also takes the forms 快要……了，要……了 and so on. If it's preceded by a time phrase, the structure 快要……了 cannot be used.

1. 明年我就要毕业了。
2. 他快要结婚了。
3. 他要去北京了。

4. 快要到圣诞节了。
5. 下个星期就要到新年了。

请用"就要……了""快要……了"等改写句子。
Use 就要……了，快要……了 *and so on to rewrite the sentences.*

1. 他下个月回国。_____。
2. 下个星期我大学毕业。_____。
3. 今天是10月20号，玛丽10月25号回国。_____。

(五) 动词+个+其他成分　Verb+个+others

口语中常用句型，前边动词常常是一个字的，后边的其他成分可以是词，也可以是短语，表示前边动词的程度或者状态。

Often used in spoken language, the preceding verb is usually one character and the following components can be words or phrases. The following components are used to describe the extent or status of the verb.

1. 考完试我一定得睡个够。
2. 不知道为什么，这孩子一直哭个没完。

3. 明天休息，今天咱们可以喝个痛快。

请用"动词+个+其他成分"改写句子。
Use "verb+个+others" to rewrite the sentences.

1. 好朋友很久没见面，见面的时候一直说话。_____
2. 我们打算周末的时候去酒吧好好儿玩儿玩儿。_____

实践活动　Practical Activity

向老师或高年级学生咨询，你们学校入本科和读硕士研究生对汉语的要求，以及你想申请的专业的其他要求。把这些要求填入下表，与班里的其他同学进行交流。

Consult your teachers or senior students at your current university about the required Chinese level and other entry conditions for undergraduate and postgraduate degrees. Record the information in the form below, and discuss with your classmates.

	汉语要求 Chinese requirement	其他要求 Other requirements
本　科 Undergraduate		
研究生 Postgraduate		

汉字练习　Chinese Character Exercises

一、为下列汉字选择正确的拼音│Choose the correct *pinyin* for the characters below

1. 实　A. shí　B. shì

2. 肯　A. gèn　B. kěn

3. 慕　A. mò　B. mù

4. 段　A. duàn　B. tuǎn

5. 复　A. fú　B. fù

6. 选择　A. quǎnzé　B. xuǎnzé

7. 下载　A. xiàzài　B. xiàzǎi

二、选择汉字，写在相应拼音后面│Choose the correct characters and write them next to the corresponding *pinyin*

网站　推荐　论文　下载　严格　必须　成绩

1. tuījiàn　（　　　　）

2. xiàzài　（　　　　）

3. chéngjì　（　　　　）

4. bìxū　（　　　　）

5. yángé　（　　　　）

6. wǎngzhàn　（　　　　）

7. lùnwén　（　　　　）

三、写汉字 | Write the characters

荐　荐 荐 荐 荐 荐 荐 荐 荐 荐

载　载 载 载 载 载 载 载 载 载

羡　羡 羡 羡 羡 羡 羡 羡 羡 羡 羡 羡

慕　慕 慕 慕 慕 慕 慕 慕 慕 慕 慕 慕 慕

慕

段　段 段 段 段 段 段 段 段 段 段

四、写出下列汉字的部首，并用这些部首写出更多的汉字 | Write the radicals of the characters below, then use the radicals to write more characters

三人一组，限时三分钟进行比赛，看看哪组写得又多又准。
Groups of three have three minutes, compete to see which group can write the most characters correctly.

1. 论 → ___讠___ → 说　谈　认　识　课　语　谁……

2. 实 → ___ →

3. 通 → ___ →

4. 格 → ___ →

五、汉字小游戏 | Character game

字谜二则，谜底均为本课生词中的汉字。
Two riddles, the answers are both characters studied in this lesson.

1. 真的忘写八了。_____

2. 一个人和一头牛生活在一起。_____

扩展知识　Extensive Knowledge

办理入学手续常用词汇 01-05
Common vocabulary used in the course entry procedure

1. 信函	xìnhán	letter
2. 健康证明书	jiànkāng zhèngmíngshū	health certificate
3. 传真	chuánzhēn	fax
4. 手续	shǒuxù	procedure
5. 网络	wǎngluò	Internet
6. 大使馆	dàshǐguǎn	embassy
7. 申请表	shēnqǐngbiǎo	application form
8. 总领事馆	zǒnglǐngshìguǎn	Consulate General
9. 个人护照	gèrén hùzhào	passport
10. 邮寄	yóujì	post
11. 注册	zhùcè	registration
12. 登记	dēngjì	check in
13. 办银行卡	bàn yínhángkǎ	open a bank card
14. 保险	bǎoxiǎn	insurance

课后自测　Self-evaluation

1. Can you make a sentence with ……的话 within one minute?

2. Do you know when to use 就要……了，快（要）……了 and 要……了? And when can you only use 就要……了?

3. Do you know enough Chinese to complete the university entry procedures by yourself, or tell others how to do it?

Rùxué shǒuxù nǎ tiān néng bàn de wán?

入学手续哪天能办得完？

When can the university entry procedure be finished?

1 学会可能补语的基本用法。To learn the basic usage of complements of possibility.

2 能熟练使用"像……什么的""先……再……""一……就……"句型。To become familiar with the sentence patterns 像……什么的，先……再…… and 一……就…….

3 掌握兼语句。To master the usage of pivotal sentence.

4 了解一般性的入学程序并学会相关词语和句型。To know about the standard university registration procedure and to learn related vocabulary and sentence structures.

第一部分 | Part 1

◎ 生 词 | New words and expressions 🎧 02-01

1. 手续	*n.*	shǒuxù	procedure	

> 我来办入学手续。
> I've come to carry out the school entry procedure.

2. 材料	*n.*	cáiliào	document
3. 须知	*n.*	xūzhī	instruction
4. 带来	*v.*	dàilái	bring

> 《入学须知》上面写的材料都带来了吗？
> Have you brought all the documents listed in the "Registration Instructions"?

5. 签证	*n.*	qiānzhèng	visa

> 这是护照、护照复印件、签证复印件和八张照片。
> This is my passport, passport copy, visa copy and eight photos.

6. 通知书   *n.*   tōngzhīshū   notice, letter

> 怎么没有入学通知书?
> Why don't you have the Admission Letter?

7. 糟糕   *adj.*   zāogāo   terrible

> 哎呀，糟糕！入学通知书忘带来了。
> Oh, no! I forgot to bring the Admission Letter!

8. 拿   *v.*   ná   to get

■ 请连线。
Matching.

通	材	手	然	签
证	续	后	知	料

tōngzhī   ránhòu   qiānzhèng   cáiliào   shǒuxù

◎ 课文一 | Text 1   02-02

(Babou is at the Foreign Students' Office dealing with the university entry procedure.)

巴布：老师，您好！我来办入学手续。

老师：《入学须知》上面写的材料都带来了吗?

巴布：带来了。您看，这是护照、护照复印件、签证复印件和八张照片。

老师：怎么没有入学通知书?

巴布：哎呀，糟糕！入学通知书忘带来了。

老师：你先回去拿入学通知书，然后再来吧。

巴布：老师，您能不能先帮我办入学手续？我住在学校外边，现在回去拿通知书的话，您下班之前回不来。

老师：不行，你现在回去拿吧，我在这儿等你。

Bābù:　Lǎoshī, nín hǎo! Wǒ lái bàn rùxué shǒuxù.
Lǎoshī:　"Rùxué xūzhī" shàngmian xiě de cáiliào dōu dàilai le ma?
Bābù:　Dàilai le. Nín kàn, zhè shì hùzhào, hùzhào fùyìnjiàn, qiānzhèng fùyìnjiàn hé bā zhāng zhàopiàn.
Lǎoshī:　Zěnme méiyǒu rùxué tōngzhīshū?
Bābù:　Āiyā, zāogāo! Rùxué tōngzhīshū wàng dàilái le.
Lǎoshī:　Nǐ xiān huíqù ná rùxué tōngzhīshū, ránhòu zài lái ba.
Bābù:　Lǎoshī, nín néng bu néng xiān bāng wǒ bàn rùxué shǒuxù? Wǒ zhù zài xuéxiào wàibian, xiànzài huíqù ná tōngzhīshū de huà, nín xiàbān zhīqián huí bù lai.
Lǎoshī:　Bùxíng, nǐ xiànzài huíqù ná ba, wǒ zài zhèr děng nǐ.

1 听课文，判断对错。　🎧02-02　　　新HSK 模拟题

Listen to the text and judge true or false.

（　　）(1) 巴布来留学生办公室办入学手续。

（　　）(2)《入学须知》上面的材料巴布都带来了。

（　　）(3) 老师让巴布回家拿护照。

（　　）(4) 老师不会在办公室等巴布。

2 两人一组，根据课文完成填空，然后复述课文。

In pairs, fill in the blanks according to the text, then retell the text.

　　　巴布来留学生办公室办入学手_____，可是他忘带入学通知书了。老师让他_____回去拿，然后_____来办。但是巴布_____在学校外边，他怕老师下班之前回不来。老师说没关系，他会在这儿_____巴布。

◎ 语言点例释一 | Language points I

（一）先……（然后）再…… Firstly...then...

表示动作的先后顺序，"先"和"再"后边常常是动词，"再"前边可以有"然后"，"先……，再（又）……然后……最后……"也可以表示连续顺序。

To describe the order of actions, 先 and 再 are usually followed by verbs. 然后 can be placed before 再. 先……，再（又）……然后……最后…… are used to describe progressive actions.

1. 每天晚上回家我都先洗澡，然后再开始学习。

2. 你先吃点儿东西再去上班吧！

3. 我打算先学习一年语言再学习专业课。

4. 我暑假的时候先去了北京，又去了上海，然后去了广州，最后去了香港。

 为括号里的词语选择适当位置。
Choose the correct position for the word in parentheses.

1. A我要先B学好汉语，C再D研究中国文化。（然后）

2. 没钱了！我们A得B先去银行取钱，C去商场D买你喜欢的那件衣服。（再）

（二）可能补语 Complements of possibility

可能补语表示条件是否允许某种结果、某种趋向、或某种情况的发生，多用于对话中。肯定形式"动词+得+动词/形容词"；否定形式"动词+不+动词/形容词"。否定形式比肯定形式常用；肯定形式多用于疑问句，前边可以有"能"。

Complements of possibility show that certain kinds of results, tendencies or situations can happen, depending on the conditions, they are mostly used in dialogues. The affirmative form is "verb+得+verb/adjective", the negative form is "verb+不+verb/adjective". Negative forms are more commonly used than affirmative forms. Affirmative forms are mostly used in questions, and can be preceded by 能.

1. 老师说的话你（能）听得懂吗？

2. 我的手机找不着了。

3. 今天的作业非常多，我做不完。

4. 我现在的汉语水平不太高，还看不懂专业书。

5. 我六点之前回不去，你们先吃饭吧。

请选择正确答案
Choose the correct answer.

1. 她还太小！妈妈说的事情，她还_____。
   A. 听得懂   B. 听不懂   C. 听得不懂   D. 听不懂得
2. 时间很短，这么多工作他一个人_____。
   A. 能做完   B. 做得不完   C. 做得完   D. 做不完

第二部分 Part 2

生 词 | New words and expressions   02-03

1. 提   *v.*   tí   to mention

> 别提了，我现在一提入学手续就头疼。
> Don't mention it. Once talking about the procedure now gives me a headache.

2. 刚才   *n.*   gāngcái   just now

> 我刚才忘了带入学通知书。
> Just now I forgot to take the Admission Letter.

3. 居留证   *n.*   jūliúzhèng residence permit
4. 散居   *v.*   sǎnjū   to live off-campus

> 听说还要办在华居留证、散居手续。
> I heard that I still need to get a residence permit, and complete the paperwork for living off-campus.

5. 嗯   *interj.* ňg   yes

6. 体检   *n.*   tǐjiǎn   to have a medical check

> 嗯，还有体检。
> Yes, and there's also the medical check.

7. 不过   *conj.*   búguò   but
8. 着急   *v.*   zháojí   to worry

> 不过这个你不用着急。
> But you don't need to worry about it.

9. 统一   *adj.*   tǒngyī   unified
10. 办理   *v.*   bànlǐ   to deal with

> 一般像体检、在华居留证、散居手续什么的都是统一办理。
> The medical check, residence permit and off-campus living permit are usually arranged by the school.

11. 差不多   *adj.*   chàbuduō   similar

> 本科入学跟我们语言进修生的手续差不多。
> The undergraduate entry procedure and the language study procedure are quite similar.

■ 填汉字组词，并写出词语的拼音。
Insert a character to form a word, then write the *pinyin* for the word.

(   )   (   )   (   )   (   )   (   )

遇＿＿＿   体＿＿＿   统＿＿＿   办＿＿＿   散＿＿＿

◎ 课文二 │ Text 2　🎧 02-04

(Babou bumps into Vika and Fina on his way home.)

巴布： 菲娜，维卡！你们去哪儿？

菲娜： 去买汉语书。你去哪儿了？

巴布： 我去办入学手续了。

维卡： 办得怎么样了？

巴布： 别提了，我现在一提入学手续就头疼。我刚才忘了带入学通知书，办公室的老师让我回家拿。

维卡： 办完了吧？

巴布： 哪儿啊！听说还要办在华居留证、散居手续，是吗？

维卡： 嗯，还有体检，不过这个你不用着急，一般像体检、在华居留证、散居手续什么的都是统一办理，你可以看一下《入学须知》，那上边有时间。

菲娜： 本科入学跟我们语言进修生的手续差不多，都很麻烦。

巴布： 唉！真不知道入学手续哪天能办得完！

Bābù: Fēinà, Wéikǎ! Nǐmen qù nǎr?

Fēinà: Qù mǎi Hànyǔ shū. Nǐ qù nǎr le?

Bābù: Wǒ qù bàn rùxué shǒuxù le.

Wéikǎ: Bàn de zěnmeyàng le?

Bābù: Biétí le, wǒ xiànzài yì tí rùxué shǒuxù jiù tóuténg. Wǒ gāngcái wàngle dài rùxué tōngzhīshū, bàngōngshì de lǎoshī ràng wǒ huíjiā ná.

Wéikǎ: Bàn wán le ba?

Bābù: Nǎr a! Tīngshuō hái yào bàn zàihuá jūliúzhèng, sǎnjū shǒuxù, shì ma?

Wéikǎ: Ǹg, háiyǒu tǐjiǎn, búguò zhège nǐ bú yòng zháojí, yìbān xiàng tǐjiǎn, zàihuá jūliúzhèng, sǎnjū shǒuxù shénme de dōushì tǒngyī bànlǐ, nǐ kěyǐ kàn yíxià "rùxué xūzhī", nà shàngbian yǒu shíjiān.

Fēinà: Běnkē rùxué gēn wǒmen yǔyán jìnxiūshēng de shǒuxù chàbuduō, dōu hěn máfan.

Bābù: Ài! Zhēn bù zhīdào rùxué shǒuxù nǎ tiān néng bàn de wán!

1 听课文，选择正确答案。 🎧 02-04　　　　　新HSK 模拟题

Listen to the text and choose the right answer.

（　　） (1) 巴布忘带什么了？

        A. 护照　　　　B. 签证复印件　　C. 照片　　　　　D. 入学通知书

（　　） (2) 下面哪个手续不能统一办理？

        A. 入学手续　　B. 体检　　　　　C. 在华居留证　　D. 散居手续

2 三人一组，根据课文完成填空，然后分角色练习对话。

In groups of three, fill in the blanks according to the text, then practice the conversation as a role-play.

维卡：入学手续_____？

巴布：别提了，我现在_____。我刚才忘了_____，办公室的老

    师_____。

维卡：还有体检，不过_____，一般_____什么的都是_____，你可以看

    一下_____，那上边有时间。

菲娜：本科入学跟_____差不多，都很麻烦。

◎ 语言点例释二 │ Language points II

（三） 一……就…… As soon as...

表示后一个动作紧接着前一个动作发生；或者表示前一个动作是条件和原因，后一个动作是结果。

一……就…… can be used to indicate that one action happens soon after the other, or the previous action is the condition or cause and the second action is the result.

> 1. 我每天一下课就回宿舍。　　　　3. 他一喝咖啡就睡不着觉。
>
> 2. 他一毕业就结婚了。　　　　　　4. 一听就知道他是外国人。

✐ 为括号里的词语选择适当位置。

Choose the correct position for the word in parentheses.

1. 他一A下飞机B给妈妈C打电话D。（就）

2. 这个孩子真A聪明啊，什么B问题你C说，他D就明白了。（一）

根据下图，两人一组，用"一……就……"造句。
In pairs, use 一……就…… *to make sentences according to the pictures.*

新HSK 模拟题

1.

2.

(四)　像……什么的　　Such as...

表示列举，一般列举的事物或者情况在两个或者两个以上。请注意，这个句型不能用于列举人。

This structure is used to give examples, usually two or more than two things or situations. It is not used to list people.

> 1. 我特别喜欢吃水果，像苹果、梨、橘子什么的。
>
> 2. 他买了很多文具，像铅笔、圆珠笔、本子什么的。
>
> 3. 他去过很多地方，像北京、上海、广州什么的。

 请用"像……什么的"改写句子。
Use 像……什么的 *to complete the sentences.*

1. 玛丽会说很多种语言，英语、法语、俄语……，她都能说。

_____

2. 巴布的爱好很多，篮球、排球、唱歌……，他都喜欢。

_____

(五) 兼语句　Pivotal sentence

汉语中的兼语句，常用于"主语+让/叫/请+兼语（表示人的名词）+动词……"格式。表示"让某人做某事"的意义，"让/叫/请"后边表示人的名词既是"让/叫/请"的宾语，又是后边动词的主语。

In Chinese, the pivotal sentence is usually the form of "subject+让/叫/请+pivotal word (a noun indicating a person)+verb...". It means "to ask somebody to do something". The noun after 让/叫/请 is the object of 让/叫/请, but also the subject of the verb.

1. 老师让我再说一遍。　　　　3. 妈妈叫我早点儿回家。
2. 菲娜让我给她买一瓶可乐。　　4. 今天我请维卡吃饭。

请选择最接近画线词语的一项。
Choose the answer with the closest meaning to the underlined word.

妈妈让我好好学习。
A. 说　　　　B. 叫　　　　C. 被　　　　D. 把

请用"让""叫""请"完成句子。
Complete the sentences with 让，叫，or 请。

1. 妈妈＿＿＿＿＿＿＿＿＿＿＿＿＿＿。（我，写作业）

2. 老师＿＿＿＿＿＿＿＿＿＿＿＿＿＿。（菲娜，学汉语）

3. 玛丽＿＿＿＿＿＿＿＿＿＿＿＿＿＿。（维卡，打电话）

实践活动　Practical Activity

四人一组，向高年级的学生或者留学生办公室的老师了解一下，如何在本校办理入学手续，并填写下列表格，然后选出一人在全班做口头汇报。

In groups of four, go to senior students or teachers of the Foreign Students' Office to find out how to deal with the school's entry procedure. Fill in the table below and choose one representative to give an oral presentation to the class.

入学手续 The entry procedure

办理地点 Location	所需材料 Required documents	需要做什么 Required actions

汉字练习 Chinese Character Exercises ▶

一、为下列汉字选择正确的拼音 | Choose the correct *pinyin* for the characters below

1. 手　　A. shǒu　　B. shoǔ　　　5. 签　　A. qiān　　B. qiā

2. 续　　A. xù　　　B. xū　　　　6. 证　　A. zhèng　　B. zhèn

3. 材　　A. cāi　　　B. cái　　　　7. 糟　　A. zhāo　　B. zāo

4. 料　　A. dǒu　　　B. liào　　　8. 糕　　A. gāo　　　B. gāo

二、选择汉字，写在相应拼音后面 | Choose the correct characters and write them next to the corresponding *pinyin*

手续	材料	糟糕	体检	统一	带来	办理	通知

1. tǒngyī　　（　　　　）　　　5. tǐjiǎn　　（　　　　）

2. zāogāo　　（　　　　）　　　6. cáiliào　　（　　　　）

3. shǒuxù　　（　　　　）　　　7. dàilai　　（　　　　）

4. bànlǐ　　　（　　　　）　　　8. tōngzhī　　（　　　　）

三、写汉字 | Write the characters

续 续 续 续 续 续 续 续 续 续

通 通 通 通 通 通 通 通 通 通

带 带 带 带 带 带 带 带 带 带

料 料 料 料 料 料 料 料 料 料

签 签 签 签 签 签 签 签 签 签 签 签 签

体 体 体 体 休 休 休 体

四、汉字小游戏 │ Character game

将A组和B组中的两个部件连线组成汉字，并写出这个汉字。
Match the radicals in Groups A and B to form new characters, then write the characters out.

A 讠 米 纟 冈 辶

B 卖 刂 正 甬 斗

汉字   证

五、给下列汉字加一笔或者减一笔，变成新的汉字，然后用这个汉字组词 │ Add or remove one stroke from the characters below to make new characters, then use them to make words

问—间 （ 房间 ）   了—（   ）   休—（   ）

白—（   ）   大—（   ）   日—（   ）

扩展知识 │ Extensive Knowledge ▶

留学生申请居留证手续常用词汇 02-05

Common vocabulary for foreign students applying for a residence permit

1. 申请	shēnqǐng	to apply
2. 定居权	dìngjūquán	permanent residence permission
3. 延期	yánqī	to delay
4. 有效	yǒuxiào	to be valid
5. 证件照片	zhèngjiàn zhàopiàn	ID photograph
6. 居留证	jūliúzhèng	residence permit
7. 加盖公章	jiāgài gōngzhāng	to stamp
8. 申请表	shēnqǐngbiǎo	application form

9. 境内	jìngnèi	national
10. 护照	hùzhào	passport
11. 所在地	suǒzàidì	locality
12. 签证	qiānzhèng	visa
14. 公安机关	gōng'ān jīguān	police security department
15. 预约	yùyuē	make an appointment
16. 亲属关系证明	qīnshǔ guānxì zhèngmíng	the certificate of relationship statement
17. 健康证明	jiànkāng zhèngmíng	health certificate
18. 住宿	zhùsù	accommodation

课后自测 Self-evaluation

1. Are you able to use the structure "verb+得/不+verb/adjective" to express something that you are able or unable to do?

2. Are you able to quickly make a sentence with each of the structures 像……什么的，先……再…… and 一……就……?

3. Do you know enough Chinese to prepare the university entry materials and perform the entry procedure by yourself?

第 **3** 课

Xuǎn shénme kè hǎo ne?

选什么课好呢？

Which course should I choose?

教学目标 Objectives

① 学会动量补语的用法。To learn the action-measure complements.

② 掌握句型"动词+什么（名词）+好呢"。To master the sentence structure "verb+什么(noun)+ 好呢".

③ 能熟练应用"只有……才……"。Become familiar with the application of 只有……才…….

④ 了解选课常用词语，并能独自在网上选课。To learn the commonly used vocabulary of elective courses, and be able to choose courses online.

第一部分 Part 1

◎ 生 词 | New words and expressions 🎧 03-01

| 1. 选 | *v.* | xuǎn | to choose |

> 你选完课了吗？
> Have you finished choosing your courses?

| 2. 失败 | *v.* | shībài | to fail |

> 我在网上选了两次都失败了。
> I've chosen online twice, but failed both times.

| 3. 人数 | *n.* | rénshù | number of people |
| 4. 满 | *adj.* | mǎn | full |

> 是不是选课的人数满了？
> Is it that the courses you chose are full?

5. 打算   *v.*   dǎsuàn   to plan

我打算下午再试试。
I plan to try again this afternoon.

6. 门   *measure word*   mén   *used to measure courses, etc*

我打算这个学期少选几门。
I plan to choose some fewer courses this semester.

7. 累   *adj.*   lèi   tired
8. 修   *v.*   xiū   to study
9. 学分   *n.*   xuéfēn   credit

我们得修满三十学分呢!
We must get 30 credits.

10. 改天   *adv.*   gǎitiān   another day
11. 要不然   *conj.*   yàobùrán   otherwise, or else

这个星期五以前必须选完,要不然就没有机会了。
We must choose before this Friday, otherwise there'll be no more chance.

◎ 专有名词│Proper noun

卡西   Kǎxī   Carsey, Zambian, undergraduate of the Biology Department, a friend of Babou and Fina.

■请连线。
Matching.

打   改   人

算   数   天

dǎsuàn   rénshù   gǎitiān

◎ 课文一 | Text 1 03-02

(Carsey and Babou are classmates in the same grade. They are discussing which courses to take.)

巴布：卡西，你选完课了吗？

卡西：还没有呢，我在网上选了两次都失败了。

巴布：怎么了？是不是选课的人数满了？

卡西：我也不知道，我打算下午再试试，你选完了吗？

巴布：我也没选完呢，课这么多，选什么课好呢？我打算这个学期少选几门，我刚上本科，课太多的话很累。

卡西：但是这个学期少选的话，以后就得多选，我们得修满30学分呢！

巴布：是啊，真头疼，改天再说吧。

卡西：这个星期五以前必须选完，要不然就没有机会了，你也快点儿选吧。

Bābù: Kǎxī, nǐ xuǎn wán kè le ma?

Kǎxī: Hái méiyǒu ne, wǒ zài wǎngshang xuǎn le liǎng cì dōu shībài le.

Bābù: Zěnme le? Shì bu shì xuǎnkè de rénshù mǎn le?

Kǎxī: Wǒ yě bù zhīdào, wǒ dǎsuan xiàwǔ zài shìshi, nǐ xuǎn wán le ma?

Bābù: Wǒ yě méi xuǎn wán ne, kè zhème duō, xuǎn shénme kē hǎo ne? wǒ dǎsuan zhège xuéqī shǎo xuǎn jǐ mén, wǒ gāng shàng běnkē, kè tài duō de huà hěn lèi.

Kǎxī: Dànshì zhège xuéqī shǎo xuǎn de huà, yǐhòu jiù děi duō xuǎn, wǒmen děi xiū mǎn sānshí xuéfēn ne!

Bābù: Shì a, zhēn tóuténg, gǎitiān zàishuō ba.

Kǎxī: Zhège Xīngqīwǔ yǐqián bìxū xuǎn wán, yàobùrán jiù méiyǒu jīhuì le, nǐ yě kuài diǎnr xuǎn ba.

1 听课文，判断对错。 03-02　　　　新HSK 模拟题

Listen to the text and judge true or false.

（　　）(1) 卡西和巴布正在忙着选课。

（　　）(2) 巴布打算以后再选课。

（　　）(3) 卡西已经修满30学分了。

（　　）(4) 选课星期三结束。

2 选择正确的词语填空。
Choose the proper words to fill in blanks.

好	改天	满	失败

1. 我在网上选了两次都（　　　　）了。

2. 是不是选课的人数（　　　　）了？

3. 课这么多，选什么课（　　　　）呢？

4. 真头疼，（　　　　）再说吧。

◎ 语言点例释一 ｜ Language point I

（一）动量补语　The action-measure complements

动量补语表示动作的次数，常用的动量词有"次""下""遍""声"等。其中，"下"前边的数词多为"一"，跟动词重叠用法相似，表示动作短、快、轻松或者试探等意义；"次"和"遍"意义相同，但是"遍"强调从开始到最后的过程；"声"表示说话的次数，常常在"说""告诉"等词后边。

The action-measure complements measure the frequency of actions. Commonly used complements are 次，下，遍，声 and so on. 下 usually follows 一 to indicate short, swift and easy actions, which is similar to double verbs. 次 and 遍 have the same meaning, though 遍 tends to emphasize the whole process from beginning to end; 声 indicates the frequency of speaking, and usually follows 说，告诉，etc.

1. 请等一**下**。

2. 我给他打了三**次**电话，他都不在家。

3. 我吃过好几**回**饺子了。

4. 我去过一**次**上海。

5. 那个电影非常好看，我看了三**遍**。

✎ **请选择正确答案。**
Choose the correct answer.

1. 老师让我们把课文写三＿＿＿＿。
   A. 次　　　B. 声　　C. 遍　　D. 个

2. 要用别人的东西，应该先跟人家打一＿＿＿＿招呼。
   A. 次　　　B. 声　　C. 遍　　D. 行

（二）动词+什么（名词）+好呢?　Verb+什么(noun)+ 好呢?

表示不知道如何选择，对自己或者对别人说都可以，不一定要回答。

This sentence pattern is used to indicate that one does not know how to choose. It can be said to oneself or to others, and an answer is not expected.

1. 今天我们吃**什么**（菜）**好呢**？

2. 给妈妈买**什么**（礼物）**好呢**？

3. 周末干**什么好呢**？

4. 这样的时候说**什么好呢**？

✎ **为括号里的词语选择适当位置。**
Choose the correct position for the word in parentheses.

这么多A好玩儿的地方，B我们C去D地方好呢？（什么）

✎ **请选择与下面句子意义最接近的一项。**
Choose the answer which has the closest meaning to the sentence below.

新HSK 模拟题

这么多课，我们选什么好呢？（　　　）

A. 课太少，不知道怎么选。　　B. 课太多，知道怎么选。

C. 课太多，不知道怎么选。　　D. 课太少，知道该怎么选。

第二部分　Part 2

◎ 生　词｜New words and expressions 　03-03

1. 最近	n.	zuìjìn	recently
2. 了解	v.	liǎojiě	to understand, comprehend

> 我们对学校的要求不太了解。
> We don't really understand the university's requirements.

3. 毕业	v.	bìyè	graduate
4. 选修课	n.	xuǎnxiū kè	non-compulsory course, elective course
5. 必修课	n.	bìxiū kè	compulsory course
6. 决定	v.	juédìng	to decide

> 必修课是必须要选的课，选修课可以自己决定。
> You have to take the compulsory courses and you can decide on the non-compulsory ones by yourself.

7. 公共		gōnggòng	public

> 我听说还有公共必修课和公共选修课。
> I also heard there are public compulsory and public non-compulsory courses.

8. 差得远　　　　　chà de yuǎn　　　lacking, too low, too weak

> 我们的水平还差得远呢！
> Our level is still too low!

9. 继续　　　*v.*　　　jìxù　　　　　to continue

> 有机会继续学习多好啊！
> Having a chance to continue studying is great!

10. 帮助　　　*n.*　　　bāngzhù　　　help

> （公共汉语课）对专业课很有帮助。
> (The public Chinese class) really helps to understand major classes.

11. 另外　　　　　　　lìngwài　　　　in addition

> 另外，公共选修课跟专业选修课一样可以自己决定。
> In addition, the public non-compulsory and major non-compulsory courses can be decided by yourself.

12. 比如　　　*v.*　　　bǐrú　　　　for example, such as
13. 舞蹈　　　*n.*　　　wǔdǎo　　　dance
14. 象棋　　　*n.*　　　xiàngqí　　　chess

> 比如舞蹈、音乐、象棋什么的。
> Such as dance, music, chess and so on.

15. 幼儿园　　*n.*　　　yòu'éryuán　　kindergarten

■ 填汉字组词，并写出词语的拼音。
Insert a character to form a word, then write the *pinyin* of the word.

　　（　　）　　　（　　）　　　（　　）　　　（　　）　　　（　　）
　　了____　　　决____　　　继____　　　另____　　　帮____

◎ 课文二｜Text 2　03-04

(Carsey and Babou are at Vika's dorm having a chat.)

维卡：你们最近忙什么呢？

卡西：马上要开始上课了，正选课呢。

巴布：我们也正想问问你呢，你以前上本科的时候是怎么选课的？我们对学校的要求不太了解。

维卡：这儿的本科生只有修满30学分才能毕业，专业课有选修课和必修课。必修课是必须要选的课，选修课可以自己决定。

卡西：我听说还有公共必修课和公共选修课，那是什么课？

维卡：公共必修课是全校的学生都必须上的课。我们是留学生，只有一门公共必修课——汉语。

巴布：汉语课？怎么还有汉语课？

卡西：我们的水平还差得远呢！有机会继续学习多好啊！

维卡：是啊，对专业课很有帮助。另外，公共选修课跟专业选修课一样可以自己决定，有很多有意思的课，比如舞蹈、音乐、象棋什么的。

巴布：这个有意思！我都选公共选修课吧。

卡西：你是下课以后玩儿，上课还想玩儿。要我说，你不应该上本科，应该上幼儿园！

Wéikǎ:　Nǐmen zuìjìn máng shénme ne?

Kǎxī:　Mǎshàng yào kāishǐ shàngkè le, zhèng xuǎnkè ne.

Bābù:　Wǒmen yě zhèng xiǎng wènwen nǐ ne, nǐ yǐqián shàng běnkē de shíhou shì zěnme xuǎnkè de? Wǒmen duì xuéxiào de yāoqiú bú tài liǎojiě.

Wéikǎ:　Zhèr de běnkēshēng zhǐyǒu xiū mǎn sānshí xuéfēn cái néng bìyè, zhuānyè kè yǒu xuǎnxiū kè hé bìxiū kè. Bìxiū kè shì bìxū yào xuǎn de kè, xuǎnxiū kè kěyǐ zìjǐ juédìng.

Kǎxī:　Wǒ tīngshuō háiyǒu gōnggòng bìxiū kè hé gōnggòng xuǎnxiū kè, nà shì shénme kè?

Wéikǎ:　Gōnggòng bìxiū kè shì quánxiào de xuésheng dōu bìxū shàng de kè. Wǒmen shì liúxuéshēng, zhǐyǒu yì mén gōnggòng bìxiū kè —— Hànyǔ.

Bābù:　Hànyǔ kè? Zěnme háiyǒu Hànyǔ kè?

Kǎxī:　Wǒmen de shuǐpíng hái chà de yuǎn ne! Yǒu jīhuì jìxù xuéxí duō hǎo a!

Wéikǎ:　Shì a, duì zhuānyè kè hěn yǒu bāngzhù. Lìngwài, gōnggòng xuǎnxiū kè gēn zhuānyè xuǎnxiū kè yíyàng kěyǐ zìjǐ juédìng, yǒu hěn duō yǒu yìsi de kè, bǐrú wǔdǎo, yīnyuè, xiàngqí shénme de.

Bābù:　Zhège yǒu yìsi! Wǒ dōu xuǎn gōnggòng xuǎnxiū kè ba.

Kǎxī:　Nǐ shì xiàkè yǐhòu wánr, shàngkè hái xiǎng wánr. Yào wǒ shuō, nǐ bù yīnggāi shàng běnkē, yīnggāi shàng yòu'éryuán.

1 两人一组，互相问答。

In pairs, ask and answer the questions.

(1) 卡西和巴布要修满多少学分才能毕业？

(2) 什么是必修课？什么是选修课？

(3) 什么是公共必修课？

(4) 公共选修课有哪些？

2 三人一组，根据课文完成填空，然后三人一组分别以巴布、卡西和维卡的身份复述课文。

In groups of three, fill in the blanks according to the text, then retell the story from Babou, Carsey and Vika's point of view respectively.

卡西和巴布_____学校的要求不太了解，于是，他们问维卡上本科的时候是怎么选课的。维卡告诉他们说，这儿的本科生一般要修满30学分，专业课有_____修课和必修课。他们只需要上一_____公共必修课——汉语，上这个课对专业课很有帮_____。另_____，很多公共选修课很有意思，比如舞_____、音乐、象棋什么的。

◎ **语言点例释二** │ **Language points II**

（三）只有……才…… Only... if...

连接条件复句，"只有"后边是必需的条件，"才"后边是在这一条件下出现的情况或者产生的后果。

In a conditional complex sentence, 只有 is followed by an imperative condition, 才 is followed by the situation which results from the imperative condition.

> 1. 只有多听多读多说才能学好外语。
> 2. 只有通过新HSK四级的留学生才可以入本科。
> 3. 只有外国人才能参加这次活动。

✎ 请选择正确答案。

Choose the correct answer.

1. ____多说多练，____能学好汉语。
   A. 只有 才　　　B. 只有 就　　　　C. 一 就　　　　D. 一 才

2. ____天气好，我们____去逛街。
   A. 只有 才　　　B. 如果 就　　　　C. 一 就　　　　D. 一 才

实践活动　Practical Activity

四人一组，向高年级的学生或者老师了解一下本校如何选课，并跟你们国家的情况比较一下，把结果填入下表，并选出一人在全班同学面前做口头汇报。

In groups of four, go to senior students or teachers to find out how to choose courses at your university. Compare with how it's done in your country and record the results in the table below. Choose one representative to give an oral presentation to the class.

	如何选课（在中国） **Choosing courses (in China)**	如何选课（在你们国家） **Choosing courses (in your country)**
同学 1		
同学 2		
同学 3		
同学 4		

汉字练习　Chinese Character Exercises

一、为下列汉字选择正确的拼音 | Choose the correct *pinyin* for the characters below

1. 选　　A. xuǎn　　B. xuān

2. 然　　A. rān　　B. rán

3. 满　　A. mǎn　　B. mán

4. 舞　　A. wū　　B. wǔ

5. 失　　A. shī　　B. shì

6. 修　　A. xiù　　B. xiū

7. 算　　A. suàn　　B. suān

8. 棋　　A. qī　　B. qí

二、请连线 | Matching

决定　　　　了解　　　　失败　　　　改天　　　　舞蹈　　　　象棋

liǎojiě　　shībài　　gǎitiān　　wǔdǎo　　xiǎngqí　　juédìng

三、写汉字 | Write the characters

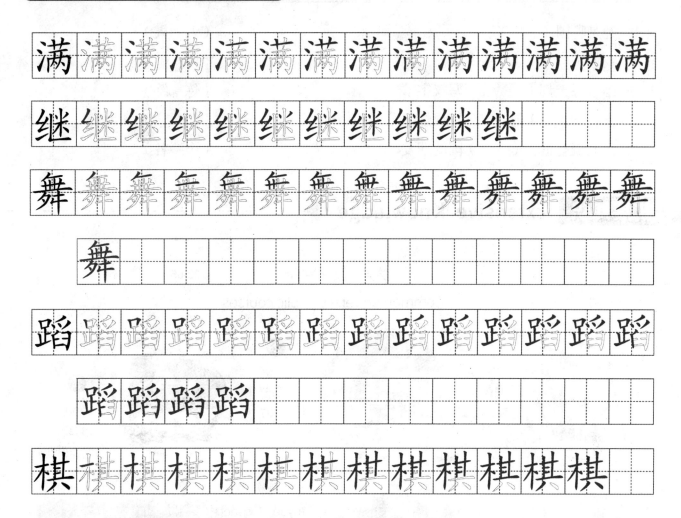

满 满 满 满 满 满 满 满 满 满 满 满 满

继 继 继 继 继 继 继 继 继 继

舞 舞 舞 舞 舞 舞 舞 舞 舞 舞 舞 舞 舞

舞

蹈 蹈 蹈 蹈 蹈 蹈 蹈 蹈 蹈 蹈 蹈 蹈 蹈

蹈 蹈 蹈 蹈

棋 棋 棋 棋 棋 棋 棋 棋 棋 棋 棋 棋 棋

四、汉字小游戏 | Character game

将A组和B组中的两个部件连线组成汉字，并写出这个汉字。
Match the radicals in Groups A and B to form new characters, then write the characters out.

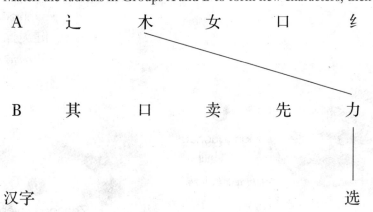

A　辶　木　女　口　纟

B　其　口　卖　先　力

汉字　　　　　　　　　选

第3课 选什么课好呢？

五、选字填空 | Choose the correct characters to fill in the blanks

1. 她是哪国（　　）？　　　　　　　　　　　（入　人）
2. 我们（　　）飞机去北京。　　　　　　　　（座　坐）
3. 维卡每天都（　　）习写汉字。　　　　　　（炼　练）
4. 一直（　　）前走，到红绿灯往左拐。　　　（往　住）
5. 我们班有世界（　　）国的朋友。　　　　　（个　各）

扩展知识 Extensive Knowledge

大学常设公共课　03-05
Common university public courses

 èrhú
二胡
Erhu

shūfǎ
书法
Calligraphy

jiǎnzhǐ
剪纸
Paper Cutting

tàijíquán
太极拳
Tai Chi Chuan

yīnyuè xīnshǎng
音乐欣赏
Music Appreciation

jiànměicāo
健美操
Aerobics

Zhōngguó guóqíng
中国国情
China Panorama

zhōngguóhuà
中国画
Chinese Painting

Zhōngguó wénhuà
中国文化
Chinese Culture

36

⑩ Hànyǔ liànxí kè
汉语练习课
Chinese Practice Class

⑪ HSK fǔdǎo
HSK 辅导
HSK Tutor

⑫ yíngyǎng yǔ jiànkāng
营养与健康
Nutrition and Health

⑬ wénxué xīnshǎng
文学欣赏
Literature

⑭ xīfāng zhéxué shǐ
西方哲学史
Western Philosophy History

课后自测 Self-evaluation ▶

1. Are you able to use the structure "verb+number+次/遍/下" to describe yourself and China? Eg: When did you start to study Chinese?

2. Are you able to quickly make a sentence with each of the structures "verb+什么(noun)+好呢" and "只有……才……"?

3. Are you able to use Chinese to choose your courses online?

HSK模拟小测试一

姓名_____ 学号_____

一、听录音，判断对错 HSK01-01

( ) 1. 我真羡慕大卫，他已经通过新HSK六级了。

( ) 2. 玛丽考了四次才通过的。

( ) 3. 糟糕！护照忘带来了。

( ) 4. 我现在不喜欢上课。

二、听对话，选择正确的答案 HSK01-02

( ) 1. A. 30分　　　B. 90分　　　C. 36分　　　D. 60分

( ) 2. A. 三门　　　B. 四门　　　C. 五门　　　D. 六门

( ) 3. A. 这个星期五　　　　　B. 下个星期五

　　　C. 这个星期天　　　　　D. 下个星期天

三、听短文，选择正确答案 HSK01-03

( ) 1. A. 办毕业手续　　B. 办护照　　C. 办签证　　D. 办入学手续

( ) 2. A. 护照　　　B. 签证　　　C. 钱　　　D. 入学通知书

( ) 3. A. 体检　　　B. 在华居留证　　C. 散居手续　　D. 入学手续

一、选填恰当的词语完成下列句子

A. 好处　　B. 汉语书　　C. 选择　　D. 麻烦　　E. 论文　　F. 再选

1. 入本科第一件事情就是要（　　　）专业。

2. 维卡每个学期都要写一篇（　　　）。

3. 很多学生觉得办理入学手续很（　　　）。

4. 学习汉语你应该买（　　　）。

5. 努力学习汉语，对学习专业课有（　　　）。

6. 今天选课的人太多了，我明天（　　　）。

二、排列顺序

1. A. 他打算再试试。

   B. 可是选了两次都失败了。

   C. 卡西在网上选课。

   _____

2. A. 看来，她只能再学一段时间汉语了。

   B. 但是入本科的要求很严格，要求有新HSK四级证书。

   C. 菲娜只会说一点儿汉语。

   _____

3. A. 所以巴布想在上本科之前玩个痛快。

   B. 听同学说上了本科以后，课很多。

   C. 巴布问同学上本科的事情。

   _____

4. A. 巴布去办公室办入学手续。

   B. 老师让他回去拿。

   C. 但是他忘带入学通知书了。

   _____

三、选择正确答案

1. 维卡告诉巴布，一般像体检、在华居留证、散居手续什么的都是学校统一办理，不用太着急。

   这段话没提到什么可以统一办理：（　　　）

   A. 体检　　　　　B. 在华居留证　　　　C. 散居手续　　　　D. 入学手续

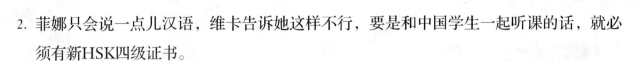

2. 菲娜只会说一点儿汉语，维卡告诉她这样不行，要是和中国学生一起听课的话，就必须有新HSK四级证书。

和中国学生一起听课，应该怎样？（　　　）

A. 会说一点儿汉语　　　　　　B. 有新HSK四级证书

C. 学习一段时间汉语　　　　　D. 通过中级班考试

书写

一、组词成句

1. 这　　歌　　有　　首　　可　　什么　　听　　的

_____

2. 在　　过　　得　　他　　中国　　很好

_____

3. 提　　一　　他　　考试　　头疼　　就

_____

4. 先　　上床　　洗澡　　我　　再　　一般　　睡觉

_____

5. 去　　三　　北京　　次　　过　　他

_____

6. 成绩　　只有　　好　　学习　　努力　　取得　　才　　会

_____

二、看图，用所给词语造句

1. 象棋

_____

2. 成绩单

---

3. 下载

---

4. 着急

口语

一、听后重复 HSK01-04

二、听后根据实际情况回答下列问题  HSK01-05

三、成段表达，要求至少说六个句子

1. 你觉得什么课最有意思？为什么？
2. 你的汉语水平现在怎么样？
3. 你对学校的入学要求了解吗？

语法

◎ **为括号中的词语选择正确位置**

（　　）1. A如果B明天下雨，C不去旅游了D。（就）

（　　）2. A这种B书有C可看的D。（什么）

（　　）3. 明天A他要B去朋友家和C朋友玩D痛快。（个）

（　　）4. A有事，B就别来C上课了D。（要是）

（　　）5. A明天我先去B银行，C再去超市D买东西。（然后）

（　　）6. 他去过A很多国家B像C中国、日本、泰国D。（什么的）

（　　）7. A我一B到中国C给妈妈打电话D。（就）

（　　）8. A只有B努力学习，C能通过D考试。（才）

第4课

Tīngshuō tā de Yīngyǔ hǎo jí le
听说她的英语好极了

I heard her English is great

教学目标 Objectives

① 学会主谓短语做定语及"的"的用法。To learn the usage of an attributive verb phrase with 的.

② 能应用"形容词+极了"。To be able to use "adjective + 极了".

③ 熟知助词"着"的基本用法。To become familiar with the basic usage of the particle 着.

④ 了解专业选导师的流程并学会相关词语。To understand the process of choosing a professional supervisor and learn related language.

第一部分 Part 1

生 词 | New words and expressions 🎧 04-01

1. 导师	n.	dǎoshī	supervisor
2. 带	v.	dài	to supervise

> 但是王老师只能带一个外国学生。
> But Mrs. Wang can only supervise one foreign student.

3. 考虑	v.	kǎolǜ	to consider

> 希望你再考虑一下别的老师。
> I hope you can consider another teacher.

4. 联系	v.	liánxì	to contact
5. 方式	n.	fāngshì	method, way

> 老师的名字和联系方式都在这个通知上。
> All the teachers' names and contact information are on this notice.

45

| 6. | 详细 | *adj.* | xiángxì | detailed |
| 7. | 信息 | *n.* | xìnxī | information |

> 你可以上网查一下他们的详细信息。
>
> You can go online to check their detailed information.

◎ 专有名词 | Proper nouns

| 1. | 杰克 | Jiékè | Jack, Congolese, a graduate student of the Physics Department, Vika's classmate. |
| 2. | 张老师 | Zhāng lǎoshī | Mrs. Zhang, a teacher of the Physics Department. |

■ 请连线。
Matching.

年	方	考	信
虑	息	级	式

niánjí　　　　fāngshì　　　　kǎolǜ　　　　xìnxī

◎ 课文一 | Text 1　 04-02

(Jack is in the Physics Department Office discussing choosing a supervisor with Mrs. Zhang.)

杰　克：张老师，您好！我是2010级的杰克，您打电话找我是吧？

张老师：是啊，你们昨天不是选导师了吗？选王老师的人太多，但是王老师只能带一个外国学生，希望你再考虑一下别的老师。

杰　克：真的吗？别的老师我也不了解呀！

张老师：除了王老师以外，还有三位老师可以选择，老师的名字和联系方式都在这个通知上。你可以上网查一下他们的详细信息，星期三以前告诉我。

杰　克：好的。谢谢老师！

Jiékè:　Zhāng lǎoshī, nín hǎo! Wǒ shì èr líng yī líng jí de Jiékè, nín dǎ diànhuà zhǎo wǒ shì ba?

Zhāng lǎoshī:　Shì a, nǐmen zuótiān búshì xuǎn dǎoshī le ma? Xuǎn Wáng Lǎoshī de rén tài duō, dànshì Wáng lǎoshī zhǐ néng dài yí ge wàiguó xuésheng, xīwàng nǐ zài kǎolǜ yíxià bié de lǎoshī.

Jiékè:　Zhēn de ma? Bié de lǎoshī wǒ yě bù liǎojiě ya!

Zhāng lǎoshī:　Chúle Wáng lǎoshī yǐwài, háiyǒu sān wèi lǎoshī kěyǐ xuǎnzé, lǎoshī de míngzi hé liánxì fāngshì dōu zài zhège tōngzhī shang. Nǐ kěyǐ shàngwǎng chá yíxià tāmen de xiángxì xìnxī, Xīngqīsān yǐ qián gàosu wǒ.

Jiékè:　Hǎo de. Xièxiè lǎoshī!

1 两人一组，互相问答。

In pairs, ask and answer the questions.

(1) 张老师找杰克干什么？

(2) 张老师为什么让杰克选别的老师？

(3) 除了王老师以外，还有几位老师可以选择？

(4) 怎么了解老师们的详细信息？

2 两人一组，根据课文完成填空，再复述课文。

In pairs, fill in the blanks according to the text, then retell the text.

　　杰克想选王老师做自己的导_____，可是办公室的张老师告_____他说，他们这个年级选王老师的同学太多了，但是王老师_____能带一个留学生，所以请杰克考_____一下其他老师。张老师告诉杰克可以到网上查一下他们的详_____信息。星期三以_____告诉他。

◎ 语言点例释一 | Language points I

（一）结构助词"的" The structural particle 的

结构助词"的"连接定语和名词或者代词，"的"前边的定语可以是名词、代词、动词、形容词、主谓短语等内容。

The structural particle 的 connects an attributive with a noun or pronoun, the content of the attribute before 的 can be a noun, pronoun, verb, verb phrase and so on.

1. 这不是我的书，是老师的书。

2. 我最喜欢吃妈妈做的菜。

3. 这是维卡给你买的礼物。

4. 以前学习的内容都忘了。

　为括号中的词语选择适当位置。
Choose the correct position for the word in parentheses.

1. A杰克写B汉C字最好看D。（的）

2. 昨天，我和朋友A去B超市，买C了一些吃的东西和用D东西。（的）

第二部分　Part 2

◎ 生　词 | New words and expressions　 04-03

1. 本来	*adv.*	běnlái	originally

> 本来我选了我们学院的王老师。
> Originally I chose Mrs. Wang from our college.

2. 满	*adj.*	mǎn	full
3. 重新	*adv.*	chóngxīn	afresh, start again from the beginning

> 没办法，还得重新选。
> There's no other way but to choose again.

4. 读	*v.*	dú	to study, read

> 她在美国读的博士。
> She got her PhD from the United States.

5. 发表	*v.*	fābiǎo	to publish
6. 影响	*v.*	yǐngxiǎng	to influence

> 她发表了很多有影响的论文。
> She's had many influential papers published.

7. 法语	*n.*	Fǎyǔ	French
8. 西班牙语	*n.*	Xībānyáyǔ	Spanish
9. 厉害	*adj.*	lìhai	amazing

> 除了英语以外，她还会说法语和西班牙语，非常厉害。
> In addition to English, she also knows French and Spanish. She's really amazing.

10. 天涯	*n.*	tiānyá	the ends of the Earth
11. 何处	*n.*	héchù	anywhere
12. 无	*v.*	wú	to not have
13. 芳草	*n.*	fāngcǎo	grass

天涯何处无芳草。
There are plenty of fish in the sea.

| 14. 玩笑 | *n.* | wánxiào | joke |

别开玩笑了!
Don't joke!

■ 填汉字组词，并写出词语的拼音。
Insert a character to form a word, then write the *pinyin* of the word.

(　　)　　　(　　)　　　(　　)　　　(　　)

导_____　　发_____　　厉_____　　重_____

◎ 课文二｜Text 2　🎧 04-04

(Vika and Jack are discussing their choice of supervisor.)

维卡：　杰克，你们专业开始选导师了吗？

杰克：　已经开始了。

维卡：　这么快啊？你选的是哪位老师？

杰克：　别提了，本来我选了我们学院的王老师，但是选王老师的人太多了，她只能带一个外国学生,听说已经招满了。没办法，我还得重新选。

维卡：　王老师？女的吧？四十多岁。

杰克：　对。你怎么知道呢？

维卡：　她是咱们学校非常有名的老师，她的信息都在学校的网站上写着呢！她在美国读的博士，发表了很多有影响的论文。听说她的英语好极了。而且除了英语以外，她还会说法语和西班牙语，非常厉害。不过你为什么落选了？你专业课学得那么好。

杰克：　可能是因为我的汉语还不够好吧。

维卡： 没关系，你们学院有名的老师很多，再选一位就行了，这跟找女朋友一样，天涯何处无芳草。

杰克： 别开玩笑了！我都快头疼死了。

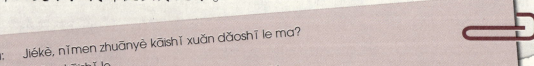

Wéikǎ: Jiékè, nǐmen zhuānyè kāishǐ xuǎn dǎoshī le ma?

Jiékè: Yǐjīng kāishǐ le.

Wéikǎ: Zhème kuài a? Nǐ xuǎn de shì nǎ wèi lǎoshī?

Jiékè: Biétí le, běnlái wǒ xuǎn le wǒmen xuéyuàn de Wáng lǎoshī, dànshì xuǎn Wáng lǎoshī de rén tài duō le, tā zhǐ néng dài yí ge wàiguó xuésheng tīngshuō yǐjīng zhāo mǎn le. Méi bànfǎ, wǒ hái děi chóngxīn xuǎn.

Wéikǎ: Wáng lǎoshī? Nǚ de ba? Sìshí duō suì.

Jiékè: Duì. Nǐ zěnme zhīdào ne?

Wéikǎ: Tā shì zánmen xuéxiào fēicháng yǒumíng de lǎoshī, tā de xìnxī dōu zài xuéxiào de wǎngzhàn shang xiězhe ne! Tā zài Měiguó dú de bóshì, fābiǎo le hěn duō yǒu yǐngxiǎng de lùnwén. Tīngshuō tā de Yīngyǔ hǎo jí le. Érqiě chúle Yīngyǔ yǐwài, tā hái huì shuō Fǎyǔ hé Xībānyáyǔ, fēicháng lìhai. Búguò nǐ wèi shénme luòxuǎn le? Nǐ zhuānyè kè xué de nàme hǎo.

Jiékè: Kěnéng shì yīnwèi wǒ de Hànyǔ hái bú gòu hǎo ba, zài xuǎn yí wèi jiù xíng le,

Wéikǎ: Méi guānxi, nǐmen xuéyuàn yǒumíng de lǎoshī hěn duō, zhè gēn zhǎo nǚpéngyou yíyàng, tiānyá héchù wú fāngcǎo.

Jiékè: Bié kāi wánxiào le! Wǒ dōu kuài tóuténg sǐ le.

---

1 听课文，选择正确的答案。 🎧 04-04

Listen to the text and choose the right answer. 新HSK 模拟题

（ ）(1) 王老师在哪儿读的博士？

A. 法国 　 B. 英国 　 C. 美国 　 D. 中国

（ ）(2) 王老师不会说哪种语言？

A. 法语 　 B. 英语 　 C. 德语 　 D. 西班牙语

（ ）(3) 杰克为什么落选了？

A. 王老师太有名了。 　 B. 王老师发表了很多有影响的论文。

C. 王老师已经招满了。 　 D. 杰克的专业课学得非常好。

2 两人一组，完成填空，然后分角色练习对话。

In pairs, fill in the blanks according to the text, then practice the conversation as a role-play.

维卡：你选哪位_____了？

杰克：本来_____，但是_____，我还得_____。

维卡：王老师是_____，她是_____读的博士。听说_____。不过你为什么_____？

杰克：可能是因为＿＿＿＿＿！

维卡：没关系，＿＿＿＿＿。

◎ 语言点例释二 | Language points II

（二） "着" 的用法（一）　The usage of 着 I

助词，用在动词后边表示动作或者动作后状态的持续。

The particle 着 is used after a verb to indicate that the action, or state after the action is continuous.

> 1. 我去他家的时候，他正吃着饭。
> 2. 他一直看着我，什么也没说。
> 3. 他穿着一件红色的衣服。
> 4. 他的书上写着名字。
> 5. 我的钱包在包里放着。

 为括号中的词语选择适当位置。
Choose the correct position for the word in parentheses.

1. 她A手里拿B一本C非常漂亮的书D。（着）

2. 她脚A上B着一双C红色的鞋子，很D漂亮。（穿）

（三） 形容词+极了　Adjective+极了

表示程度高，口语中常用的表示程度的词语。

This structure indicates a high degree, often used in colloquial language to emphasize an adjective to a high extent.

> 1. 她今天漂亮极了。　　2. 妈妈做的菜好吃极了。　　3. 北方的冬天冷极了。

 请选择最接近画线部分的一项。
Choose the answer with the closest meaning to the underlined part.

玛丽来中国三年了，她的汉语说得<u>好极了</u>。

A. 特别好　　　　B. 不太好　　　　C. 很不好　　　　D. 很不坏

为括号中的词语选择适当位置。
Choose the correct position for the word in parentheses.

收A到很多B朋友的礼物C，玛丽高兴D。（极了）

汉字练习 | Chinese Character Exercises

一、为下列汉字选择正确的拼音 | Choose the correct *pinyin* for the characters below

1. 满　　A. mǎn　　B. màn　　5. 带　　A. dài　　B. dà

2. 考　　A. kǎo　　B. kào　　6. 落　　A. luō　　B. luò

3. 系　　A. xī　　B. xì　　7. 虑　　A. lù　　B. lǔ

4. 详　　A. xiáng　　B. xián　　8. 厉　　A. lì　　B. lí

二、请连线 | Matching

了解　　　影响　　　天涯　　　何处　　　玩笑　　　芳草

yǐngxiǎng　　wánxiào　　fāngcǎo　　héchù　　tiānyá　　liǎojiě

三、看拼音，写句子 | Read the *pinyin* and write the sentence

1. Bié de lǎoshī wǒ yě bù liǎojiě ya。

_____

2. Nǐmen zhuānyè kāishǐ xuǎn dǎoshī le ma?

_____

3. Běnlái wǒ xuǎn le wǒmen xuéyuàn de Wáng lǎoshī.

_____

4. Tīngshuō tā de Yīngyǔ hǎo jí le。

_____

四、写汉字 | Write the characters

虑 虑 虑 虑 虑 虑 虑 虑 虑 虑 虑

导 导 导 导 导 导 导

厉 厉 厉 厉 厉 厉

害 害 害 害 害 害 害 害 害 害 害

芳 芳 芳 芳 芳 芳 芳 芳

五、选字填空 | Choose the correct character to fill in the blanks

| 问 | 间 | 回 |

1. 我明年六月（　　　）国。

2. 我今天下午有时（　　　）去超市。

3. 请（　　　），去图书馆怎么走？

实践活动　Practical Activity ▶

四人一组，先调查一下本校选导师的步骤，然后与组内同学交流，说说自己打算选哪位导师，为什么？把结果填入下表，然后每组选一名同学向全班汇报。

In groups of four, first investigate the procedure of choosing a supervisor at your school, then exchange ideas with someone in your group. Talk about how you yourself plan to choose a supervisor, and why. Record the results into the table below, then each group choose a classmate to report to the class.

	想选哪位导师 Supervisor you'd like to choose	原因 Reason
同学 1		
同学 2		
同学 3		
同学 4		

扩展知识 Extensive Knowledge

文理科常设专业 Common majors in Arts and Science 04-05

文科常设专业课
Common Arts Majors

1. 哲学	zhéxué	Philosophy
2. 社会学	shèhuìxué	Sociology
3. 汉语言文学	Hànyǔyán wénxué	Chinese Language and Literature
4. 法学	fǎxué	Law
5. 音乐	yīnyuè	Music
6. 美学	měixué	Art
7. 历史学	lìshǐxué	History
8. 新闻学	xīnwénxué	Journalism
9. 广告学	guǎnggàoxué	Advertising
10. 政治学	zhèngzhìxué	Political Science
11. 心理学	xīnlǐxué	Psychology
12. 金融学	jīnróngxué	Finance
13. 经济学	jīngjìxué	Economics

理科常设专业课
Common Science Majors

14. 数学与统计学	shùxué yǔ tǒngjìxué	Mathematics and Statistics
15. 物理	wùlǐ	Physics
16. 化学	huàxué	Chemistry
17. 生物科技	shēngwù kējì	Biotechnology
18. 计算机	jìsuànjī	Computer Science
19. 工业设计	gōngyè shèjì	Industrial Design
20. 交通工程	jiāotōng gōngchéng	Transportation Engineering
21. 农学	nóngxué	Agriculture
22. 医药学	yīyàoxué	Medicine
23. 地质学	dìzhìxué	Geology
24. 电子信息技术	diànzǐ xìnxī jìshù	Electronic Information Technology
25. 车辆工程	chēliàng gōngchéng	Vehicle Engineering
26. 地理学	dìlǐxué	Geography

课后自测 Self-evaluation

1. Do you know how to use the particles 着 and 的?

2. Are you able to use the sentence structures 除了……以外，都/也/还…… and "adjective+极了" to talk about your hobbies?

3. Are you able to understand your university's notice about choosing a supervisor? Are you able to use Chinese to complete the choice by yourself?

Wǒ bǎ bǐjì fàng zài jiàoshì lǐ le

我把笔记放在教室里了

I put my notes in the classroom

教学目标 Objectives

1 能区分"再"和"又"的不同，并能熟练地使用。To be able to tell the difference between 再 and 又, and to become proficient in their use.

2 掌握"把"字句的基本结构和语法意义。To master the basic structure and grammatical meaning of the 把 sentence.

3 熟知表示请求的"能"。To become familiar with 能 indicating the request.

4 了解与请求及与考试相关的词语和句型。To understand vocabulary and sentence structures related to requests and exams.

第一部分 | Part 1 ▶

◎ 生 词 | New words and expressions   05-01

1. 有机化学　　n.　　yǒujī huàxué　　Organic Chemistry

> 上周有机化学考试的成绩出来了。
> The results of the Organic Chemistry exam came out last week.

2. 笔记　　n.　　bǐjì　　notes

> 你没有笔记吗？
> Don't you have notes?

3. 内容　　n.　　nèiróng　　content
4. 记　　v.　　jì　　to remember, to note

> 上课的时候把老师讲的主要内容记在本子上。
> When you have class, you should write down the main content from the lecture in your notebook.

5. 有用 　 *adj.* 　 yǒuyòng 　 useful

> 很有用吗?
> Is it useful?

6. 借给 　 *v.* 　 jiègěi 　 to lend, to borrow

> 能不能把你的笔记借给我?
> Could I borrow your notes?

7. 复印 　 *v.* 　 fùyìn 　 copy
8. 哎呀 　 *interj.* 　 āiyā 　 argh
9. 放 　 *v.* 　 fàng 　 to put

> 哎呀,我把笔记放在教室里了!
> Argh, I put my notes in the classroom!

◎ 专有名词 | Proper noun

丽娜 　 Lìnà 　 Lina, Algerian, an undergraduate of the Chemistry Department, Babou's classmate.

■ 请连线。
Matching.

化　　　笔　　　内　　　主

记　　　要　　　容　　　学

huàxué 　　 bǐjì 　　 nèiróng 　　 zhǔyào

◎ 课文一 | Text 1 　 05-02

(Babou is at Lina's dorm having a chat.)

巴布: 上周有机化学考试的成绩出来了,我又没及格。

丽娜: 是吗? 怎么又没及格?

巴布: 我也不知道,考试前总是不知道该看什么。期末考试就要到了,我该怎么办呢?

丽娜：你没有笔记吗？上课的时候把老师讲的主要内容记在本子上，考试以前
　　　好好儿看看，一般都能通过。

巴布：笔记？我没记过，很有用吗？

丽娜：当然，考试的内容大部分都是老师讲过的。

巴布：能不能把你的笔记借给我？我去复印一下。

丽娜：好啊，你等一下。

(Lina didn't find the notebook.)

丽娜：哎呀，我把笔记放在教室里了，明天借给你吧。

巴布：好吧。

Bābù:　Shàngzhōu yǒujī huàxué kǎoshì de chéngjì chūlai le, wǒ yòu méi jígé.

Lìnà:　Shì ma? Zěnme yòu méi jígé?

Bābù:　Wǒ yě bù zhīdào, kǎoshì qián zǒngshì bù zhīdào gāi kàn shénme. Qīmò kǎoshì jiù yào dào le, wǒ gāi zěnmebàn ne?

Lìnà:　Nǐ méiyǒu bǐjì ma? Shàngkè de shíhou bǎ lǎoshī jiǎng de zhǔyào nèiróng jì zài běnzi shang, kǎoshì yǐqián hǎohāor kànkan, yìbān dōu néng tōngguò.

Bābù:　Bǐjì? Wǒ méi jì guò, hěn yǒuyòng ma?

Lìnà:　Dāngrán, kǎoshì de nèiróng dà bùfen dōu shì lǎoshī jiǎngguò de.

Bābù:　Néng bu néng bǎ nǐ de bǐjì jiègěi wǒ? Wǒ qù fùyìn yíxià.

Lìnà:　Hǎo a, nǐ děng yíxià.

Lìnà:　Āiyā, wǒ bǎ bǐjì fàng zài jiàoshì lǐ le, míngtiān jiègěi nǐ ba.

Bābù:　Hǎo ba.

1 听课文，判断对错。　05-02　　　新HSK 模拟题

Listen to the text and judge true or false.

（　　）(1) 巴布的有机化学考试成绩及格了。

（　　）(2) 丽娜告诉巴布应该记笔记。

（　　）(3) 巴布以前上课记过笔记。

（　　）(4) 丽娜今天没带笔记。

2 根据课文内容，重新排列下面句子的顺序。　　　新HSK 模拟题

Reorder the following sentences according to the text.

A. 巴布的有机化学考试成绩又没及格。

B. 但丽娜把笔记放在教室里了。

C. 巴布以前上课不太努力，从来不记笔记。

D. 为了通过考试，巴布向丽娜借笔记。

_____

◎ 语言点例释一 | Language points I

(一) "把" 字句 The 把 sentence

表示对特定的人或物实施的某个动作进行处理，并说明处理的结果、影响或者变化。基本结构："主语+把+宾语+动词+其他成分"。

The 把 sentence indicates the process of certain actions being carried out on people or things. It indicates the result, influence or change of the process. The basic structure of the sentence is: "subject+把+object+verb+other components".

---

1. 我把笔记放在教室里了。

2. 我已经把昨天买的巧克力吃完了。

3. 请大家把学过的内容复习复习。

4. 请大家把书打开。

5. 能不能把你的本子借给我?

请用 "把" 完成句子。
Use 把 complete sentences.

1. 杰克把汉语书_____。

2. 太热了，请把_____。

3. 我没带词典，能不能把_____。

(二) 能愿动词 "能" The modal auxiliary verb 能

能愿动词，表示是否具有条件和可能性，常常用于表示委婉的请求。基本结构有 "能不能……" "能……吗"。

A modal auxiliary verb, 能 indicates possibility or qualification. It is usually used to make polite requests. Its basic structure is 能不能…… or 能……吗.

---

1. 王老师，您能不能慢点儿说?

2. 明天你能来我家吗?

3. 能不能把你的书借给我看看?

4. 请问，能用用你的笔吗?

✐ 请选择跟画线部分意义最接近的一项。
Choose the answer closest in meaning to the underlined part.

（　）1. 明天不能下雨。
A. 可以　　　　B. 有能力　　　　C. 可能　　　　D. 一定

（　）2. 你好，我能用一下你的笔吗?
A. 可以　　　　B. 有能力　　　　C. 愿意　　　　D. 喜欢

第二部分　Part 2

◎ 生　词 | New words and expressions　 05-03

| 1. 熬夜 | v. | áoyè | to stay up all night |

> 我天天熬夜准备考试。
> I've been staying up all night getting ready for the exams every day.

2. 怪不得	adv.	guàibude	no wonder
3. 眼圈儿	n.	yǎnquānr	eye socket, rim of the eye
4. 黑	adj.	hēi	black
5. 努力	v.	nǔlì	work hard

> 怪不得眼圈儿都黑了。
> No wonder your eyes are so black.

6. 为了	prep.	wèile	for
7. 提高	v.	tígāo	improve
8. 效率	n.	xiàolǜ	efficiency

> 所以为了提高学习效率，我刚把丽娜的笔记借来了。
> So to improve the efficiency of my study, I've just borrowed Lina's notes.

| 9. 反正 | adv. | fǎnzhèng | anyway |

> 反正及格就行了。
> Anyway just passing is fine.

| 10. 万岁 | v. | wànsuì | to wish a long life to |

> 你呀，总是六十分万岁。
> You! Always with the "60% Forever"

■ 填汉字组词，并写出词语的拼音。
Insert a character to form a word, then write the *pinyin* of the word.

　　　（　　　）　　　　（　　　）　　　　（　　　）　　　　（　　　）

　　平＿＿＿＿＿　　反＿＿＿＿＿　　及＿＿＿＿＿　　万＿＿＿＿＿

◎ 课文二 | Text 2　🎧 05-04

(Jack, Babou and Vika are going for a meal together, they're chatting while walking.)

杰克：巴布，你最近忙什么呢？

巴布：我天天熬夜准备考试，下个星期就要考试了。

杰克：怪不得眼圈儿都黑了，我很少看到你这么努力。

维卡：平时他要是这么努力，考试以前就不用这么忙了。

巴布：所以为了提高学习效率，我刚把丽娜的笔记借来，听说好好儿看这个就
　　　能通过考试了。

杰克：不能只看笔记，你还得把书上的内容再复习复习。

巴布：我想先把笔记看完，因为看完笔记可能就没有时间了。我不打算看书
　　　了，反正及格就行了。

维卡：你呀，总是六十分万岁。

Jiékè:　Bābù, nǐ zuìjìn máng shénme ne?

Bābù:　Wǒ tiāntiān áoyè zhǔnbèi kǎoshì, xià ge xīngqī jiù yào
kǎoshì le.

Jiékè:　Guàibude yǎnquānr dōu hēi le, wǒ hěn shǎo kàndào nǐ zhème
nǔlì.

Wéikǎ:　Píngshí tā yàoshi zhème nǔlì, kǎoshì yǐqián jiù bú yòng zhème
máng le.

Bābù:　Suǒyǐ wéile tígāo xuéxí xiàolǜ, wǒ gāng bǎ Lìnà de bǐjì jièlai,
tīngshuō hǎohāor kàn zhège jiù néng tōngguò kǎoshì le.

Jiékè:　Bù néng zhǐ kàn bǐjì, nǐ hái děi bǎ shū shàng de nèiróng zài fùxí
fùxí.

Bābù:　Wǒ xiǎng xiān bǎ bǐjì kàn wán, yīnwèi kàn wán bǐjì kěnéng jiù
méiyǒu shíjiān le. Wǒ bù dǎsuan kàn shū le, fǎnzhèng jígé jiù
xíng le.

Wéikǎ:　Nǐ ya, zǒngshì liùshí fēn wànsuì.

1 两人一组，根据课文完成填空。

In pairs, fill in blanks according to the text.

　　巴布正忙着准_____考试。巴布以前不太努_____。维卡说巴布如果平_____要是这么努力，考试以前就不用这么_____了。杰克对巴布说，不能_____看笔记，还得把书好好看看，巴布说因为没有时间所以就不看书了，反正及_____就行了。

2 两人一组，互相问答，再根据答案复述课文。

Ask and answer the questions in pairs, then retell the story according to the answers.

(1) 巴布什么时候考试？

(2) 巴布打算怎样准备考试？

(3) 杰克认为只看笔记好不好？

(4) 从课文我们可以看出巴布是一个怎样的学生？

◎ 语言点例释二 | Language points II

（三）　"又"和"再"　又 and 再

都可以放在动词前边表示重复。但是"再"一般表示还没有重复的动作或者情况；"又"表示已经重复的动作和情况。

又 and 再 can both be placed before a verb to mean again. But 再 usually indicates that an action has not reoccurred yet; 又 indicates that the action has already happened again.

> 1. 今天我去找他的时候他不在，我打算明天<u>再</u>去找他。
> 2. 这个星期没有时间，我下个星期<u>再</u>去吧。
> 3. 昨天阿里没来上课，今天<u>又</u>没来。
> 4. 他昨天<u>又</u>喝酒了。

请选择正确答案。

Choose the correct answer.

1. 这个电影很好看，刚才我____看了一遍。
   A. 又　　　　B. 也　　　　C. 都　　　　D. 再

2. 这个电影很好看，一会儿我们____看一遍，好不好？
   A. 又　　　　B. 也　　　　C. 都　　　　D. 再

汉字练习 | Chinese Character Exercises

一、为下列汉字选择正确的拼音 | Choose the correct *pinyin* for the characters below

1. 机   A. jī   B. jǐ
2. 期   A. qī   B. qí
3. 化   A. huà   B. hua
4. 容   A. rōng   B. róng

5. 学   A. xúe   B. xué
6. 万   A. wèn   B. wàn
7. 前   A. qián   B. qiá
8. 记   A. jī   B. jì

二、请连线 | Matching

一般   从来   有用   内容   复印   平时   万岁

yībān   píngshí   wànsuì   fùyìn   nèiróng   cónglái   yǒuyòng

三、根据拼音写汉字 | Write the characters according to the *pinyin*

1. Zěnme yòu méi jígé?

   _____

2. Kǎoshì qián hǎohāor kànkan, yìbān dōu néng tōngguò.

   _____

3. Hěn shǎo kàndào nǐ zhème nǔlì.

   _____

4. Fǎnzhèng jígé jiù xíng le.

   _____

四、写汉字 | Write the characters

机 机 机 机 机 机 机

63

总 总 总 总 总 总 总 总 总 总

期 期 期 期 期 期 期 期 期 期 期 期

容 容 容 容 容 容 容 容 容 容

讲 讲 讲 讲 讲 讲 讲

借 借 借 借 借 借 借 借 借

复 复 复 复 复 复 复 复 复

印 印 印 印 印

五、汉字游戏 | Character game

将A组和B组中的两个部件连线组成汉字，并写出这个汉字。
Match the radicals in A and B to form new characters, then write the characters out.

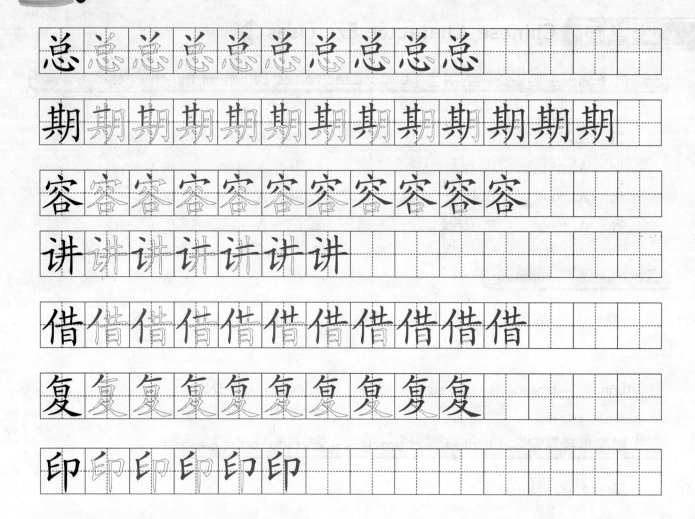

A　　　山　口　木　其　次　日　木

B　　　寸　月　贝　艾　夕　几　各

汉字　　　　　　　　　　　　　岁

实践活动　Practical Activity

请了解你身边四位朋友的学习习惯，并说明他们这些习惯的优点和缺点，填写下面表格，下次课选择一位朋友的情况进行介绍。

Get to know the study habits of four friends sitting around you. Discuss the strengths and weaknesses of their habits and enter them into the table below. In the next lesson, choose a friend's situation to introduce.

	学习习惯 Study habits	优点 Strengths	缺点 Weaknesses
朋友 1			
朋友 2			
朋友 3			
朋友 4			

扩展知识　Extensive Knowledge

考试相关词汇 Exam-related vocabulary 05-05

1. 试卷	shìjuàn	exam paper	10. 交卷	jiāojuàn	hand in an exam
2. 答题卡	dátíkǎ	answer card	11. 批卷	pījuàn	to grade a paper
3. 答卷	dájuàn	answer paper	12. 得分	défēn	to gain a mark
4. 橡皮	xiàngpí	eraser	13. 丢分	diūfēn	to lose a mark
5. 考场	kǎochǎng	exam room	14. 及格	jígé	to pass
6. 监考	jiānkǎo	to invigilate	15. 补考	bǔkǎo	resit
7. 主考	zhǔkǎo	examiner	16. 抄袭	chāoxí	plagiarism
8. 报考	bàokǎo	to enter oneself for an exam	17. 作弊	zuòbì	to cheat
9. 涂卡	túkǎ	to fill in answers on an answer card			

课后自测 Self-evaluation

1. Do you know the difference between 再 and 又?

2. If you have a new home, are you able to use a 把 sentence to introduce how you would decorate the rooms?

3. Are you able to use 能 to politely convey your requests?

4. Are you able to understand a school notice about the rules of the exams?

第6课

Nǐ lái Zhōngguó duō cháng shíjiān le?

你来中国多长时间了？

How long have you been in China?

教学目标 Objectives

❶ 学会用"多"表示概数。To learn to use 多 to show approximation.

❷ 掌握"一边……一边……"句型。To master the sentence structure 一边……一边…….

❸ 熟知时量补语的基本用法。To learn complements of time-measure.

❹ 了解学习过程中与请假、休学、延长学习时间等相关词语和句型。To understand the related vocabulary and sentence structures of asking for leave, taking a leave of absence, study extension, etc.

第一部分 Part 1

◎ 生 词 | New words and expressions 06-01

1. 请假　　v.　　qǐngjià　　to ask for leave

> 能不能跟您请两天假？
> Can I ask for two days leave?

2. 肚子　　n.　　dùzi　　stomach

> 肚子一直不太舒服。
> My stomach is continually uncomfortable.

3. 吐　　v.　　tù　　to vomit
4. 胃肠炎　　n.　　wèichángyán　　gastroenteritis

> 肚子一直不太舒服，还总是想吐，可能得了胃肠炎。
> My stomach is continually uncomfortable, and I always want to vomit. I think I've got gastroenteritis.

5. 检查　　v.　　jiǎnchá　　to check

> 我想去医院好好儿检查一下。
> I'd like to go to the hospital to get it checked out.

67

■ 请连线。

Matching.

请　　　　肚　　　　检

子　　　　查　　　　假

qǐngjià　　　　jiǎnchá　　　　dùzi

◎ 课文一 | Text 1　🎧 06-02

(Babou is asking the teacher for a leave at the Foreign Students' Office.)

巴布：老师，我这两天不太舒服，能不能跟您请两天假?

老师：你怎么了?

巴布：肚子一直不太舒服，还总是想吐，可能得了胃肠炎。我想去医院好好儿
　　　检查一下。

老师：是吗? 多长时间了?

巴布：已经一个多星期了。

老师：那你这几天好好儿休息一下，别来上课了。

巴布：谢谢老师。

Bābù:　Lǎoshī, wǒ zhè liǎng tiān bú tài shūfu, néng bu néng gēn nín
　　　qǐng liǎng tiān jià?

Lǎoshī:　Nǐ zěnme le?
Bābù:　Dùzi yìzhí bú tài shūfu, hái zǒngshì xiǎng tù, kěnéng dé le
　　　wèichángyán. Wǒ xiǎng qù yīyuàn hǎohāor jiǎnchá yíxià.

Lǎoshī:　Shì ma? Duō cháng shíjiān le?
Bābù:　Yǐjīng yí ge duō xīngqī le.
Lǎoshī:　Nà nǐ zhè jǐ tiān hǎohāor xiūxi yíxià, bié lái shàngkè le.
Bābù:　Xièxie lǎoshī.

1 两人一组，根据课文完成填空，然后复述课文。

In pairs, fill in the blanks according to the text, then retell the text.

　　巴布这两天一直不太_____，总是想_____，可能得了_____，他想去医院_____一
下，所以他想向老师请两天_____，老师让他好好儿休息一下，不要来上课了。

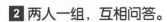

2 两人一组，互相问答。

In pairs, ask and answer the questions.

(1) 巴布怎么了？

(2) 巴布肚子疼多长时间了？

(3) 老师同意巴布请假了吗？

◎ 语言点例释一 | Language points I

(一) 用"多"表示概数   The use of 多 to express approximation

概数的"多"在和数量词同时出现的时候有一定的规则：

When 多 is used with numbers and measurements, certain rules are followed:

1. 数词+量词+多（数词不能以0结尾，名词可以切分）。

   Number+measure word+多 (the number mustn't end in 0, the noun can be divided).

3块多钱	12个多小时	26斤多苹果

2. 数词+多+量词（数词以0结尾，名词可以切分）。

   Number+多+measure word (the number ends with 0, the noun can be divided).

20多个小时	100多块钱

注意："10"比较特别。

Notice: 10 is a special case.

10个多小时（10<x<11）	10多个小时（10<x<20）

3. 数词+多+量词（数词以0结尾，名词不可以切分）。

   Number+多+measure word (the number ends with a 0, the noun can't be divided).

20多个人	50多个学生

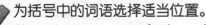 为括号中的词语选择适当位置。

Choose the correct position for the word in parentheses.

1. 昨天我买A了三B十C本书D。（多）

2. 你好，我A想买一B个C七斤D的西瓜。（多）

第二部分 Part 2 ▶

◎ 生 词 | New words and expressions 🎧 06-03

1. 休学   v.   xiūxué   to take a leave of absence

> 我打算下个学期休学。
> I plan to take a leave of absence next semester.

2. 旅游   v.   lǚyóu   travel
3. 理由   n.   lǐyóu   reason

> 这样的理由不行吧？
> This reason for asking for leave isn't going to work.

4. 特殊   adj.   tèshū   special
5. 规定   n.   guīdìng   rules

> 一般没有特殊的事情，按学校规定不能休学。
> Usually, unless there are special circumstances, the university's rules don't allow a leave of absence.

6. 期间   n.   qījiān   period

> 休学期间没有奖学金。
> During your leave, you won't receive any scholarship.

7. 受伤   v.   shòushāng   to be injured
8. 重病   n.   zhòngbìng   serious illness

> 比如受伤、得了重病什么的。
> Such as an injury, suffering a serious illness, things like that.

9. 相关   v.   xiāngguān   to be relevant to
10. 建议书   n.   jiànyìshū   suggestion

> 还要相关证明和老师的建议书什么的。
> You also need the relevant certificates, the teacher's suggestion and so on.

11. 白   adv.   bái   for nothing; white

> 那我的休学旅游计划不是白做了吗？
> So my plan to take leave to travel will be for nothing?

■ 填汉字组词，并写出词语的拼音。
Insert a character to form a word, then write the pinyin of the word.

| (   ) | (   ) | (   ) | (   ) | (   ) |
| 休_____ | 重_____ | 建_____ | 期_____ | 规_____ |

◎ 课文二 | Text 2   🎧 06-04

(Babou is at Vika's dorm discussing taking a leave of absence.)

巴布：维卡，你来中国多长时间了？

维卡：来了五年了。

巴布：怪不得你汉语说得这么好！我在这儿也学了两年汉语了，上专业课的时候还是听不懂。上学期又有一门课不及格。

维卡：我看你听不懂是因为你不努力学习。

巴布：现在努力也晚了，所以我打算下个学期休学。

维卡：休学？为什么？

巴布：我想休学的时候一边学汉语一边去旅游。

维卡：这样的休学理由不行吧？一般没有特殊的事情，学校规定不能休学。而且咱们学校的休学手续很麻烦，休学期间没有奖学金，也不能住在宿舍。

巴布：特殊理由？比如说？

维卡：比如受伤、得了重病什么的。

巴布：是吗？我听说去学校的网站上下载一份休学申请书，填写一下就可以了。

维卡：还要相关证明和老师的建议书什么的，你还是再考虑考虑吧，我的同学巴特也休学休了半年多，回来以后汉语说得还没有以前好呢。

巴布：那我的休学旅游计划不是白做了吗？

Bābù: Wéikǎ, nǐ lái Zhōngguó duō cháng shíjiān le?
Wéikǎ: Lái le wǔ nián le.
Bābù: Guàibude nǐ Hànyǔ shuō de zhème hǎo! Wǒ zài zhèr yě xué le liǎng nián Hànyǔ le, shàng zhuānyè kè de shíhou háishì tīng bu dǒng. Shàng xuéqī yòu yǒu yì mén kè bù jí gé.
Wéikǎ: Wǒ kàn nǐ tīng bu dǒng shì yīnwèi nǐ bù nǔlì xuéxí.

Bābù: Xiànzài nǔlì yě wǎn le, suǒyǐ wǒ dǎsuan xià ge xuéqī xiūxué.

Wéikǎ: Xiūxué? Wèi shénme?

Bābù: Wǒxiǎng xiūxué de shíhou yìbiān xué Hànyǔ yìbiān qù lǚyóu.

Wéikǎ: Zhèyàng de xiūxué lǐyóu bùxíng ba? Yìbān méiyǒu tèshū de shìqing, xuéxiào guīdìng bù néng xiūxué. Érqiě zánmen xuéxiào de xiūxué shǒuxù hěn máfan, xiūxué qījiān méiyǒu jiǎngxuéjīn, yě bù néng zhù zài sùshè.

Bābù: Tèshū lǐyóu? Bǐrú shuō?

Wéikǎ: Bǐrú shòushāng, dé le zhòngbìng shénme de.

Bābù: Shì ma? Wǒ tīngshuō qù xuéxiào de wǎngzhàn shàng xiàzài yí fènxiūxué shēnqǐngshū, tiánxiě yíxià jiù kěyǐ le.

Wéikǎ: Hái yào xiāngguān zhèngmíng hé lǎoshī de jiànyìshū shénme de, nǐ háishi zài kǎolǜ kǎolǜ ba, wǒ de tóngxué Bātè yě xiūxué xiū le bàn nián duō, huílai yǐhòu Hànyǔ shuō de hái méiyǒu yǐqián hǎo ne.

Bābù: Nà wǒ de xiūxué lǚyóu jìhuà bú shì bái zuò le ma?

1 听课文，选择正确的答案。　🎧 06-04　　新HSK 模拟题

Listen to the text and choose the right answer.

(　　) (1) 巴布为什么又不及格了?

　　　　A. 因为他学习时间太短了。　　　B. 因为他太不聪明了。

　　　　C. 因为他不太努力。　　　　　　D. 因为他常常不上课。

(　　) (2) 如果休学的话，不会有什么问题?

　　　　A. 不可以住学校的宿舍。　　　　B. 休学时没有奖学金。

　　　　C. 办休学手续很麻烦。　　　　　D. 跟朋友们联系少了。

2 两人一组，互相问答，再根据答案复述课文。

In pairs, ask and answer questions, then retell the text according to the texts.

(1) 维卡来中国多长时间了，汉语说得怎么样?

(2) 巴布为什么总是不及格，他打算怎么办?

(3) 什么样的学生能办理休学?

(4) 巴布的休学计划能实现吗?

语言点例释二 | Language points II

（二）时量补语   Time-measure complements

在汉语中，表示时间数量的词一般可以直接放在动词的后边，要注意：

In Chinese, the words indicating the measurement of time are placed directly after the verb. But please note:

- 动词是不能持续的动词时："动词 + （名词）+ 时量 + 了"表示动作结束后，某种状态的持续。这样的动词有：来、去、认识、结婚、毕业等。If it's a non-continuous verb, then: "verb+(noun)+measurement of time+了". Indicating the state continues after the action has been completed. The following are included as this kind of verb: 来，去，认识，结婚，毕业 and so on.

> 1. 我结婚十年了。   2. 我认识他三个多月了。

- 动词是持续性动词时："（动词 + 名词）+ 动词 + 了 + 时量 + （了）"或者"动词 + 了 + 时量 + （的）+ 名词 + （了）"。If the verb is continuous, then: "(verb+noun)+verb+ 了 +time-measurement+(了)" or "verb+ 了 + time measurement+(的)+noun+(了)".

> 1. 我学汉语学了一年。=我学了一年（的）汉语。
>
>   （我现在不学了）
>
> 2. 我学汉语学了一年了。=我学了一年（的）汉语了。
>
>   （我现在还在学习）
>
> 3. 我们上课上了一个小时。=我们上了一个小时（的）课。
>
>   （现在不上了）
>
> 4. 我们上课上了一个小时了。=我们上了一个小时（的）课了。
>
>   （现在还在上）

 请选择正确答案。
Choose the correct answer.

1. 我的电脑_____，还没来人给我修（xiū，repair）。
   A. 坏一个星期   B. 坏一个星期了
   C. 坏了一个星期   D. 坏完了一个星期
2. 我的电脑_____，今天修好了。
   A. 坏一个星期   B. 坏了一个星期了
   C. 坏了一个星期   D. 坏完了一个星期

(三) 一边……一边…… At the same time

表示两个动作同时进行。

一边……一边…… indicates that two actions are continuing at the same time.

> 1. 我喜欢一边听音乐一边看书。
>
> 2. 我在中国一边学习一边工作。
>
> 3. 一边看电视一边吃东西对身体不好。
>
> 4. 爸爸常常一边看报纸一边喝咖啡。

 请选择正确答案。

Choose the correct answer.

他一边＿＿＿＿＿，一边＿＿＿＿＿。

A. 走路　打电话　　　　　B. 学生　工人

C. 高兴　生气　　　　　　D. 爸爸　妈妈

 请选择最接近画线部分的一项。

Choose the answer with the closest meaning to the underlined part.

（　）他们<u>一边喝茶一边聊天儿</u>。

A. 喝茶以后聊天　　　　　B. 不喝茶，只聊天儿

C. 喝茶的时候也在聊天　　D. 左边喝茶，右边聊天

 根据下图，两人一组，用"一边……一边"造句。

In pairs, form sentences using "一边……一边" according to the pictures below.

新HSK 模拟题

1.

3.

2.

4.

汉字练习 Chinese Character Exercises

一、为下列汉字选择正确的拼音 | Choose the correct *pinyin* for the characters below

1. 请假　　A. qǐngjiǎ　　　　B. qǐngjià

2. 检查　　A. jiǎnchá　　　　B. yànchá

3. 重病　　A. chóngbìng　　　B. zhòngbìng

4. 受伤　　A. shòushāng　　　B. àishāng

5. 得病　　A. dēibìng　　　　B. débìng

6. 怪不得　A. guàibude　　　　B. guàibuděi

7. 休学　　A. tǐxué　　　　　B. xiūxué

8. 理由　　A. lǐyóu　　　　　B. lǐyoū

二、写汉字 | Write the characters

| 舒 | 舒 | 舒 | 舒 | 舒 | 舒 | 舒 | 舒 | 舒 | 舒 | 舒 | 舒 | |

| 服 | 服 | 服 | 服 | 服 | 服 | 服 | 服 | | | | | |

| 假 | 假 | 假 | 假 | 假 | 假 | 假 | 假 | 假 | 假 | | | |

| 检 | 检 | 检 | 检 | 检 | 检 | 检 | 检 | 检 | 检 | 检 | | |

| 查 | 查 | 查 | 查 | 查 | 查 | 查 | 查 | 查 | 查 | | | |

| 由 | 由 | 由 | 由 | 由 | | | | | | | | |

| 特 | 特 | 特 | 特 | 特 | 特 | 特 | 特 | 特 | 特 | 特 | | |

殊 殊 殊 殊 殊 殊 殊 殊 殊 殊 殊

三、把以下汉字加一笔，变成其他汉字｜Add a stroke to the characters below to change them into another character

1. 问　　2. 日　　3. 大　　4. 儿

四、写出下列汉字的部首，并用这些部首写出更多的汉字｜Write the radicals of the characters below, then use the radicals to write more characters

三人一组，限时三分钟进行比赛，看看哪组写得又多又准。

Groups of three have three minutes, compete to see which group can write the most characters correctly.

1. 服 → _____ →

2. 假 → _____ →

3. 检 → _____ →

4. 间 → _____ →

实践活动　Practical Activity

四人一组，请向高年级学生或者老师咨询一下本校的请假制度，并跟自己国家的情况进行对比，把结果填入下表，并选出一人在全班做口头汇报。

In groups of four, consult senior students or your teachers about the system of asking for leave. Make a comparison with your own country and enter the results into the table below. Choose one classmate to give an oral presentation to the class.

	请假（在中国） Asking for leave (in China)	请假（在你们国家） Asking for leave (in your home country)
1. 需要向谁请假 Whom to ask for leave		
2. 需要交什么材料 Materials to hand in		
3. 请假的最长时限 Limit to the length of leave		
4. 对成绩有没有影响 Affects on grades		

扩展知识 | Extensive Knowledge

办理请假、休学手续常用词汇 06-05

Common vocabulary in the procedure of asking for leave

1. 病假	bìngjià	sick leave	9. 批准	pīzhǔn	to approve
2. 事假	shìjiǎ	personal leave	10. 返校	fǎnxiào	to return to campus
3. 请假条	qǐngjiàtiáo	absence note	11. 学籍管理	xuéjí guǎnlǐ	student records management
4. 诊断书	zhěnduànshū	doctor's note	12. 教务处	jiàowùchù	teaching affairs office
5. 证明材料	zhèngmíng cáiliào	references	13. 迟到	chídào	to be late
6. 书面申请	shūmiàn shēnqǐng	written application	14. 早退	zǎotuì	to leave early
7. 休学原因	xiūxué yuányīn	reason for leave	15. 缺勤	quēqín	absent
8. 休学时间	xiūxué shíjiān	time of leave	16. 考勤	kǎoqín	attendance report

课后自测 | Self-evaluation

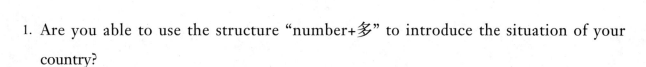

1. Are you able to use the structure "number+多" to introduce the situation of your country?

2. Can you quickly use 一边……一边…… to say two sentences?

3. Are you able to use Chinese to express the time of an action?

4. Are you able to use Chinese to carry out procedures such as asking for leave, extending your study time and so on?

HSK模拟小测试二

姓名_____　　　　学号_____

一、听录音，判断对错　🎧 HSK02-01

（　　）1. 现在不能选李老师了。

（　　）2. 除了李老师以外，还有三位老师可以选择。

（　　）3. 大卫最近每天熬夜准备考试。

（　　）4. 丽娜一直学习很努力。

二、听对话，选择正确的答案　🎧 HSK02-02

（　　）1. A. 好几天　　　B. 一天　　　　C. 三天　　　　D. 一个星期

（　　）2. A. 感冒　　　　B. 发烧　　　　C. 胃肠炎　　　D. 不知道

三、听短文，选择正确的答案　🎧 HSK02-03

（　　）1. A. 历史学院　　B. 化学学院　　C. 物理学院　　D. 经济学院

（　　）2. A. 中国　　　　B. 英国　　　　C. 日本　　　　D. 美国

（　　）3. A. 英语　　　　B. 日语　　　　C. 法语　　　　D. 德语

一、选填恰当的词语完成下列句子

A. 不懂　　B. 五年　　C. 内容　　D. 玩笑　　E. 及格　　F. 方式

1. 维卡的朋友非常喜欢开（　　　）。

2. 巴布的考试又没（　　　）。

3. 毕业的时候我们都留下了联系（　　　）。

4. 笔记上有考试的主要（　　　）。

5. 昨天老师讲的课文，我有很多地方听（　　　）。

6. 怪不得他汉语说得这么好，他已经来中国（　　　）了。

二、排列顺序

1. A. 他觉得可能得了胃肠炎。

   B. 他想去医院检查一下。

   C. 巴布这几天肚子不舒服。

   _____

2. A. 而且办休学手续很麻烦。

   B. 所以巴布不想休学了。

   C. 如果没有特殊的事情，学校规定不能休学。

   _____

3. A. 他平时要是努力，就不用这么忙了。

   B. 因为他们快考试了。

   C. 巴布最近很忙。

   _____

4. A. 杰克想选王老师当导师。

   B. 他还得重选。

   C. 可是王老师已经招满了。

   _____

三、选择正确答案

1. 快考试了，巴布很着急，每天复习功课，他的同学都说要是他平时这么努力，考试以前就不用这么忙了。

   可以看出巴布：（　　　）

   A. 学习很好　　　B. 考得很好　　　C. 平时不太努力　　　D. 平时很努力

2. 杰克跟办公室的老师商量选导师的事，杰克想选王老师当导师，但是办公室的老师告诉他，选王老师的人太多，王老师只能带一个外国学生，希望他再考虑一下别的老师。

根据这段话，我们可以知道:（　　　）

A. 王老师可能不带杰克　　　　　　B. 杰克不想选王老师

C. 杰克一定选王老师　　　　　　　D. 王老师不想带杰克

书写

一、组词成句

1. 一本　　　手里　　　着　　　听力　　　书　　　他　　　拿

_____

2. 的　　　写　　　黑板上　　　着　　　几个大字　　　前面

_____

3. 能　　　上课了　　　来　　　他

_____

4. 巴布　　　笔记　　　从来　　　记　　　没　　　过

_____

5. 昨天中午　　　小时　　　睡觉　　　三个　　　杰克　　　睡了

_____

6. 期间　　　没有　　　也不能　　　奖学金　　　住　　　休学　　　宿舍

_____

二、看图，用所给词语造句

1. 检查

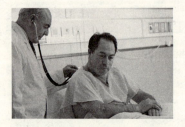

_____

2. 笔记

_____

3. 考虑

_____

4. 受伤

_____

口语

一、听后重复  HSK02-04

二、听后根据实际情况回答下列问题 HSK02-05

三、成段表达，要求至少说六个句子

1. 你能介绍你要研究的专业吗？

2. 你能说一说你们学校的请假制度吗？

3. 你想选哪位老师？为什么？

语法

为括号中的词语选择正确位置

（　　　）1. A明天B是周末，C同学们高兴D。　　　　（极了）

（　　　）2. A昨天买B面包C已经吃完了D。　　　　　（的）

（　　　）3. A他的练习本B上写C很多D汉字。　　　　（着）

（　　　）4. 除了A汉语B和英语，他C会法语D。　　　（还）

（　　　）5. A这本书B很好看，我想C看一遍D。　　　（再）

（　　　）6. 他A这本词典B买C回来了D。　　　　　　（把）

（　　　）7. 他A来中国B一年C了D。　　　　　　　　（多）

（　　　）8. A这件事B除了老师C知道，我D知道。　　（也）

第7课

Wǒ yǐwéi kāití zhǐshì tí yìjiàn ne

我以为开题只是提意见呢

I thought the thesis proposal was just about getting some suggestions

教学目标 Objectives

❶ 学会"趁"的用法。To learn the usage of 趁.

❷ 熟知"以为"的用法。To know about the usage of 以为.

❸ 了解开题报告常用的基本结构和常用词语。To understand the basic sentence structures and commonly used vocabulary in a thesis proposal.

第一部分 Part 1 ▶

◎ 生 词 | New words and expressions 🎧 07-01

1. 开题	v.	kāití	to propose
2. 报告	n.	bàogào	report

> 我的开题报告您看了吗？
> Have you read my thesis proposal?

3. 选题	n.	xuǎntí	topic
4. 意义	n.	yìyì	meaning
5. 综述	n.	zōngshù	summary

> 选题的意义和国内外的研究综述写得很好。
> You've chosen a good topic and have written a good summary of its domestic and international research.

6. 修改	v.	xiūgǎi	to revise

> 您看我还有哪些需要修改的地方？
> So which parts do you think still need to be revised?

85

| 7. | 理论 | *n.* | lǐlùn | theory |
| 8. | 基础 | *n.* | jīchǔ | basis |

论文的理论基础、研究方法要再写得详细一点儿。

The theoretical basis of the paper and the research methods should be written in a little more details.

| 9. | 条件 | *n.* | tiáojiàn | condition |
| 10. | 存在 | *v.* | cúnzài | to exist |

报告里边怎么没写研究的条件和可能存在的问题呢？

In the proposal, why haven't you mentioned the research conditions and potential problems?

| 11. | 进度 | *n.* | jìndù | progress |
| 12. | 安排 | *v.* | ānpái | arrange |

您看我的进度安排怎么样？

What do you think of my progress?

| 13. | 合理 | *adj.* | hélǐ | reasonable |

这样合理吗？

Is it reasonable?

| 14. | 趁 | *prep.* | chèn | make use of |
| 15. | 尽快 | *adv.* | jǐnkuài | as soon as possible |

我尽快改。

I'll revise it as soon as possible.

■ 请连线。
Matching.

| 意 | 开 | 修 | 尽 | 合 |
| 快 | 理 | 义 | 题 | 改 |

hélǐ   kāití   xiūgǎi   yìyì   jǐnkuài

◎ 课文一 | Text 1　🎧 07-02

(Jack is at his tutor's office discussing his thesis proposal.)

杰克：老师，我的开题报告您看了吗？

老师：看了，选题的意义和国内外的研究综述写得很好。

杰克：谢谢老师。您看还有哪些需要修改的地方？

老师：论文的理论基础、研究方法要再写得详细一点儿，虽然只是开题，但是这些内容都是以后写论文的基础，所以一定要在写论文以前多看一点儿资料。

杰克：我知道了，回去以后再好好儿修改一下。

老师：另外，报告里边怎么没写研究的条件和可能存在的问题呢？

杰克：这两个问题我还没想好，所以就没写，我回去以后马上写。对了，老师，您看我的进度安排怎么样？这样合理吗？

老师：行，就这样吧，你趁这个周末好好儿改改，下星期二以前发给我。

杰克：好的，我尽快改。

Jiékè:　Lǎoshī, wǒ de kāití bàogào nín kàn le ma?

lǎoshī:　Kàn le, xuǎntí de yìyì hé guónèiwài de yánjiū zōngshù xiě de hěn hǎo.

Jiékè:　Xièxiè lǎoshī. Nín kàn háiyǒu nǎxiē xūyào xiūgǎi de dìfang?

lǎoshī:　Lùnwén de lǐlùn jīchǔ, yánjiū fāngfǎ yào zài xiě de xiángxì yìdiǎnr, suīrán zhǐ shì kāití, dànshì zhèxiē nèiróng dōu shì yǐhòu xiě lùnwén de jīchǔ, suǒyǐ yídìng yào zài xiě lùnwén yǐqián duō kàn yìdiǎnr zīliào.

Jiékè:　Wǒ zhīdào le, huíqu yǐhòu zài hǎohāor xiūgǎi yíxià.

lǎoshī:　Lìngwài, bàogào lǐbiān zěnme méi xiě yánjiū de tiáojiàn hé kěnéng cúnzài de wèntí ne?

Jiékè:　Zhè liǎng ge wèntí wǒ hái méi xiǎng hǎo, suǒyǐ jiù méi xiě, wǒ huíqu yǐhòu mǎshàng xiě.
　　　　Duì le, lǎoshī, nín kàn wǒ de jìndù ānpái zěnmeyàng? Zhèyàng hélǐ ma?

lǎoshī:　Xíng, jiù zhèyàng ba, nǐ chèn zhège zhōumò hǎohāor gǎigai, xià Xīngqī'èr yǐqián fāgěi wǒ.

Jiékè:　Hǎo de, wǒ jǐnkuài gǎi.

1 听课文，判断对错。🎧 07-02　　　新HSK 模拟题

Listen to the text and judge true or false.

（　　）(1) 老师已经看了杰克的开题报告。

（　　）(2) 杰克的开题报告写得很好，不用改了。

（　　）(3) 杰克和老师下周二见面。

2 两人一组，根据课文内容完成填空，然后分别以杰克和老师的身份复述课文。

In pairs, fill in the blanks according to the text, then retell the story from Jack's and the teacher's point of view respectively.

　　杰克给老师看他的开＿＿＿＿＿＿报告，老师觉得选题的意＿＿＿＿＿＿和国内外研＿＿＿＿＿＿综述写得很好，但是论文的研究方法要写得再详＿＿＿＿＿＿一点儿，杰克说回去以后再好好修＿＿＿＿＿＿一下，老师让他趁这个周＿＿＿＿＿＿好好儿改改。

◎ **语言点例释一 | Language points I**

(一) 趁　Make use of

表示利用时间或者机会，也可以说"趁着"。

趁 indicates making use of time or opportunities. We can also say 趁着.

---

1. 我想趁这次国庆节放假回国。

2. 我们应该趁着年轻多学点儿东西。

3. 他常常趁着父母不在家玩游戏。

 请用"趁"回答下面的问题。

Use 趁 to answer the questions below.

1. 这个周末你做什么？

2. 下个星期没有课，你打算做什么？

3. 暑假你做什么了？

第二部分 **Part 2** ▶

◎ **生　词 | New words and expressions** 🎧 07-03

1. 伤	v.	shāng	to hurt
2. 脑筋	n.	nǎojīn	brain

> 真让人伤脑筋！
> It's a real headache.

3. 谈	v.	tán	talk
4. 开夜车		kāi yèchē	to stay up all night

> 可能还得开夜车呢！
> I might have to stay up all night!

5. 可靠　　　*adj.*　　kěkào　　　reliable

（他）很担心我最后的研究结果是不是可靠。

He's worried about whether or not the results of my research will be reliable.

6. 暂时　　　*n.*　　zànshí　　　temporarily

我暂时先不改了。

I'll stop revising it for now.

7. 小心　　　*v.*　　xiǎoxīn　　　to be careful

你可小心点。

You should be careful.

8. 结果　　　*conj.*　　jiéguǒ　　　as a result

结果他还得再重新选题、开题。

As a result, he had to choose another topic and redo the proposal.

9. 烦　　　*adj.*　　fán　　　annoyed

他都烦死了。

He is really annoyed.

10. 意见　　　*n.*　　yìjiàn　　　suggestion

我以为开题只是提意见呢！

I thought the thesis proposal was just about getting some suggestions!

■ 填汉字组词，并写出词语的拼音。
Insert a character to form a word, then write the *pinyin* of the word.

　　（　　　）　　　　（　　　）　　　　（　　　）　　　　（　　　）
　　意＿＿＿＿　　　结＿＿＿＿　　　可＿＿＿＿　　　暂＿＿＿＿

◎ 课文二 | Text 2 🎧 07-04

(Vika and Jack are having a chat over dinner.)

维卡： 杰克，你们什么时候开题？

杰克： 下个星期五，我还有很多内容没写完呢，真让人伤脑筋！

维卡： 我也是。我们比你们还早，下个星期一。你跟老师谈过了吗？

杰克： 谈了，老师给了我很多建议，你知道我的老师是很严格的，这个周末不能出去玩儿了，可能还得开夜车呢！你的呢，都准备好了吧？

维卡： 差不多了，不过我的导师说我的研究方法有问题，很担心我最后的研究结果是不是可靠，我暂时先不改了，开题的时候好好儿听听老师们的建议再改。

杰克： 那你可小心点儿，我听王芳说，他们专业开题的时候，有个学生没通过，老师们建议他换个题目，结果他还得再重新选题、开题，他都烦死了。

维卡： 有这样的事情？我以为开题只是提意见呢。

Wéikǎ: Jiékè, nǐmen shénme shíhou kāití?

Jiékè: Xià ge Xīngqīwǔ, wǒ hái yǒu hěn duō nèiróng méi xiěwán ne, zhēn ràng rén shāng nǎojīn!

Wéikǎ: Wǒ yě shì. Wǒmen bǐ nǐmen hái zǎo, xià ge Xīngqīyī. Nǐ gēn lǎoshī tán guò le ma?

Jiékè: Tán le, lǎoshī gěi le wǒ hěn duō jiànyì, nǐ zhīdào wǒ de lǎoshī shì hěn yángé de, zhège zhōumò bù néng chūqu wánr le, kěnéng hái děi kāi yèchē ne! Nǐ de ne, dōu zhǔnbèi hǎo le ba?

Wéikǎ: Chàbuduō le, búguò wǒ de dǎoshī shuō wǒ de yánjiū fāngfǎ yǒu wèntí, hěn dānxīn wǒ zuìhòu de yánjiū jiéguǒ shì bu shì kěkào, wǒ zànshí xiān bù gǎi le, kāití de shíhou hǎohāor tīngting lǎoshīmen de jiànyì zài gǎi.

Jiékè: Nà nǐ kě xiǎoxīn diǎnr, wǒ tīng Wáng Fāng shuō, tāmen zhuānyè kāití de shíhou, yǒu ge xuésheng méi tōngguò, lǎoshīmen jiànyì tā huàn ge tímù, jiéguǒ tā hái děi zài chóngxīn xuǎntí, kāití, tā dōu fán sǐ le.

Wéikǎ: Yǒu zhèyàng de shìqing? Wǒ yǐwéi kāití zhǐshì tí yìjiàn ne.

1 两人一组，根据课文完成填空，再分角色练习对话。

In pairs, fill in the blanks according to the text, then practice the conversation as a role-play.

维卡：杰克，你们什么时候_____？

杰克：下个_____，我还有_____呢。

维卡：我也是，我们_____，下个星期一。你跟_____了吗？

杰克：谈了，老师给了我_____，这个周末_____了，可能呢。你的呢，都_____吧？

维卡：差不多了，不过我的导师说_____有问题，很担心我最后的研究结果_____，我暂时_____了，开题的时候好好儿_____再改。

2 两人一组，互相问答，再根据答案复述课文。

Ask and answer the questions in pairs, then retell the text according to the answers.

(1) 杰克什么时候开题？维卡呢？

(2) 杰克周末要做什么？

(3) 维卡的开题报告有什么问题？

(4) 维卡原来以为开题是什么？

◎ **语言点例释二 | Language points II**

（二）以为 Think

动词，是"认为"的意思，但多用于跟自己的想法相反的情况。

以为 is a verb, and means 认为 (think). It is mostly used to describe a situation that has the opposite outcome of that expected.

> 1. 我以为学好语言最好的方法就是到那个国家去。（认为√）
>
> 2. 我以为她是中国人呢，原来她是韩国人。（认为×）
>
> 3. 他爸爸非常年轻，我以为是他哥哥呢。（认为×）

✎ **请选择正确答案。**
Choose the correct answer.

我_____他是大学生呢，原来他已经工作了。

    A. 以为   B. 认为   C. 觉得

实践活动 Practical Activity ▶

四人一组，向高年级学生或老师了解关于开题报告的相关信息，把结果填入下表，并选出一人在全班做口头汇报。

In groups of four, go to senior students or teachers in the office to find out information related to thesis proposals. Enter the results into the table below. Choose one classmate to give an oral presentation to the class.

1. 开题时间 Time	
2. 开题报告与论文的关系 Relation with the dissertation	
3. 开题报告的内容 Contents	
4. 如何准备开题报告 How to prepare	

汉字练习 Chinese Character Exercises ▶

一、为下列汉字选择正确的拼音 | Choose the correct pinyin for the characters below

1. 尽快　　　A. jīnkuài　　　B. jǐnkuài

2. 选题　　　A. xuǎntí　　　B. xiāntí

3. 暂时　　　A. zànshí　　　B. zhànshí

4. 详细　　　A. yángxì　　　B. xiángxì

5. 可靠　　　A. kěgào　　　B. kěkào

6. 修改　　　A. xiūgǎi　　　B. tǐgǎi

7. 意见　　　A. lìjiàn　　　B. yìjiàn

8. 烦　　　　A. fān　　　　B. fán

二、写汉字 | Write the characters

修 修 修 修 修 修 修 修 修 修

92

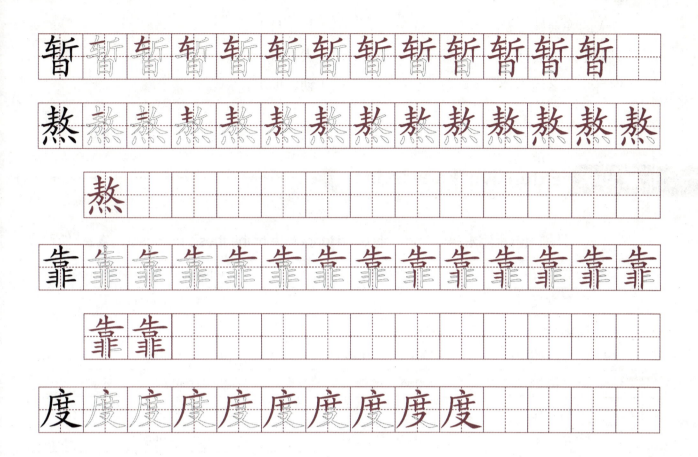

三、汉字小游戏｜Character game

将A组和B组中的两个部件连线组成汉字，并写出这个汉字。
Match the radicals in A and B to form new characters, then write the characters out.

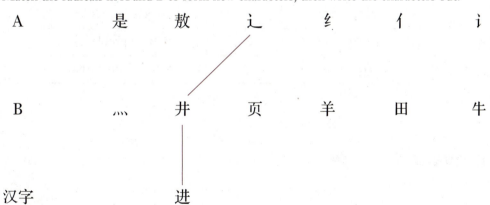

A　　　　是　　　敖　　　辶　　　纟　　　亻　　　讠

B　　　灬　　　井　　　页　　　羊　　　田　　　牛

汉字　　　　　　进

四、选字填空｜Choose the correct character to fill in the blanks

1. 她的姐姐很（　　　）亮。　　　　　　　　（漂，票）

2. 我现在要（　　　）息一会儿。　　　　　　（修，休）

3. 今天的晚会她要表演节（   ）。　　　（目，日）

4. 很多中国人会打（   ）极拳。　　　　（大，太）

5. 你喜欢什么运（   ）。　　　　　　　（动，助）

扩展知识 Extensive knowledge

开题报告常用术语 Commonly used language of the thesis proposal 07-05

1.	选题意义	xuǎntí yìyì	importance of a chosen topic
2.	现实意义	xiànshí yìyì	practical importance
3.	理论基础	lǐlùn jīchǔ	theoretical basis
4.	论文综述	lùnwén zōngshù	thesis summary
5.	论文提纲	lùnwén tígāng	thesis outline
6.	文献综述	wénxiàn zōngshù	literary review
7.	研究成果	yánjiū chéngguǒ	research results
8.	研究现状	yánjiū xiànzhuàng	research status
9.	研究方法	yánjiū fāngfǎ	research method
10.	参考文献	cānkǎo wénxiàn	references
11.	进度安排	jìndù ānpái	progress
12.	预期结果	yùqī jiéguǒ	expected result
13.	存在问题	cúnzài wèntí	existing problems
14.	理论意义	lǐlùn yìyì	academic importance

课后自测 Self-evaluation

1. Are you able to say a sentence for each of the new words 趁 and 以为?

2. Are you able to use Chinese to describe how to write a thesis proposal?

第8课

Wǒ de diànnǎo bèi Bābù nòng huài le
我的电脑被巴布弄坏了

Babou broke my computer

教学目标 Objectives

❶ 学会"被"字句。To learn the 被 sentence.

❷ 能熟练使用"非……不可"。To become proficient in the use of 非……不可.

❸ 熟知"弄"的用法。To become acquainted with the usage of 弄.

❹ 了解计算机专业常用的专业词汇和句型。To become familiar with the common vocabulary and sentence structures of Computer Science.

第一部分 Part 1

◎ 生　词 | New words and expressions　 08-01

1. 被	*prep.*	bèi	*used in a passive sentence to indicate that the subject is the object of the action*
2. 弄	*v.*	nòng	to do

> 我的电脑被巴布弄坏了。
> Babou broke my computer.

3. 硬件	*n.*	yìngjiàn	hardware
4. 软件	*n.*	ruǎnjiàn	software

> 是硬件的问题还是软件的问题？
> Is the problem with the hardware or the software?

5. 运行	*v.*	yùnxíng	to operate
6. 死机	*v.*	sǐjī	to crash

> 电脑运行速度很慢，常常死机。
> It operates very slowly and often crashes.

7. 重启　　　　*v.*　　chóngqǐ　　　　to reboot

不到20分钟就自动重启。
After less than 20 minutes it reboots itself.

8. 台式电脑　　*n.*　　táishì diànnǎo　　desktop computer

我的是台式电脑，很重。
Mine is a desktop computer which is very heavy.

■ 填汉字组词，并写出词语的拼音。
Insert a character to form a word, then write the *pinyin* of the word.

（　　　）　　（　　　）　　（　　　）　　（　　　）　　（　　　）
软_____　　重_____　　死_____　　速_____　　台_____

◎ 课文一 │ Text 1 08-02

(Fina is having a chat in Vika's dorm.)

菲娜：　维卡，你能不能帮我修一下电脑？

维卡：　怎么了？

菲娜：　我的电脑被巴布弄坏了。

维卡：　是硬件的问题还是软件的问题？

菲娜：　我也不知道。刚开始的时候，电脑运行速度很慢，常常死机；现在开机以后，不到二十分钟就自动重启。

维卡：　能上网吗？

菲娜：　能，但是总死机，我现在都不用了。

维卡：　你把你的电脑拿来，我帮你检查一下吧？

菲娜：　我的是台式电脑，很重。你去我宿舍吧。

维卡：　好吧。

Fēinà:　Wéikǎ, nǐ néng bu néng bāng wǒ xiū yíxià diànnǎo?
Wéikǎ:　Zěnme le?
Fēinà:　Wǒ de diànnǎo bèi Bābù nòng huài le.
Wéikǎ:　Shì yìngjiàn de wèntí háishi ruǎnjiàn de wèntí?

Fēinà: Wǒ yě bù zhīdào. Gāng kāishǐ de shíhou, diànnǎo yùnxíng sùdù hěn
          màn, chángcháng sǐjī; xiànzài kāijī yǐhòu, bú dào èrshí fēnzhōng
          jiù zìdòng chóngqǐ.

Wéikǎ: Néng shàngwǎng ma?

Fēinà: Néng, dànshì zǒng sǐjī, wǒ xiànzài dōu bú yòng le.

Wéikǎ: Nǐ bǎ nǐ de diànnǎo nálai, wǒ bāng nǐ jiǎnchá yíxià ba?

Fēinà: Wǒ de shì táishì diànnǎo, hěn zhòng. Nǐ qù wǒ sùshè ba.

Wéikǎ: Hǎo ba.

1 听课文，选择正确的答案。 08-02　　新HSK 模拟题

Listen to the text and choose the right answer.

(　　) (1) 谁的电脑坏了?

　　　A. 维卡　　　　　B. 巴布　　　　　C. 菲娜

(　　) (2) 维卡要在哪儿修电脑?

　　　A. 办公室　　　　B. 巴布的房间　　　C. 菲娜的宿舍

2 两人一组，互相问答，再根据答案复述课文。

In pairs, ask and answer questions, then retell the text according to the answers.

(1) 菲娜想让维卡帮她做什么?

(2) 菲娜说她的电脑是怎么弄坏的?

(3) 菲娜的电脑有哪些问题?

(4) 菲娜的电脑现在还能上网吗?

◎ 语言点例释一 ┃ Language points I

(一) "弄" 的用法　　The usage of 弄

表示"做"和"干"的意思，常用于口语，特别是不知道、不想说具体是什么动作的时候或者设法取得某物的时候。

弄 has a meaning similar to 做 and 干 and is often used in oral language. It is especially used when the action is unknown, when the speaker doesn't want to speak out the exact action, or when the speaker wants to try to get something.

1. 你帮我把这张床**弄**走，好吗？

2. 孩子把妈妈的衣服**弄**脏了。

3. 他又把我的书**弄**丢了。

4. 今天朋友来我家玩儿，我得多**弄**儿个菜。

5. 我从朋友那儿**弄**了一张电影票。

 请选择最接近画线部分的一项。

Choose the answer with the closest meaning to the underlined part.

今天朋友来我家玩儿，我多<u>弄</u>了几个菜。

A. 吃　　　　B. 做　　　　C. 买　　　　D. 洗

 请用"弄"完成句子。

Please use 弄 to complete the following sentences.

1. 听说后天有演唱会，票很难买，你能不能帮我_____。（票）

2. 孩子们把房间_____。（很乱）

（二）"被"字句　The 被 sentence

表示被动，常用于"主语+被+（宾语）+动词+其他成分"结构，主语是动作的承受者，宾语是动作的施事者。

被 indicates the passive voice, and is commonly used in the structure "subject+被+(object)+ verb+other". The subject is whoever performs the action, the object is whoever the action is performed on or to.

1. 我的巧克力**被**妹妹吃了。

2. 我的衣服**被**他弄脏了。

3. 我的钱包**被**偷了。

4. 他的汉语书**被**杰克借去了。

 为括号中的词语选择适当位置。

Choose the correct position for the word in parentheses.

1. A那些菜都B他C一个人D吃了。（被）

2. 妈妈A给的钱B已经C他D花没了。（被）

根据下图，两人一组，用"被"造句。　　　　　　　　　新HSK 模拟题

According to the pictures below, make sentences in pairs using the 被 sentence.

1.

2.

3.

4.

◎生　词 | New words and expressions 🎧 08-03

1. 中毒　　　*v.*　　zhòngdú　　to be affected by viruses

> 我先看看是不是中毒了。
> First let me see if it's affected by viruses.

2. 杀毒　　　*v.*　　shādú　　to kill a virus

> 你电脑里没有杀毒软件吗?
> Doesn't your computer have any anti-virus software?

3. 免费　　　*v.*　　miǎnfèi　　to be free of charge
4. 更新　　　*v.*　　gēngxīn　　to update

> 因为是免费的杀毒软件,不能更新。
> Because it was free I can't update it.

5. 哇　　　*interj.*　　wā　　wow
6. 病毒　　　*n.*　　bìngdú　　virus

> 哇,你电脑里的病毒这么多!
> Wow, there are so many viruses on your computer!

7. 文件　　　*n.*　　wénjiàn　　document

> 没有用的文件也很多。
> There are lots of useless documents.

| 8. | 整理 | *v.* | zhěnglǐ | to clean the disk |

> 你没整理过吧?
> Haven't you ever clean up the disks?

| 9. | 安装 | *v.* | ānzhuāng | to install |
| 10. | 系统 | *n.* | xìtǒng | operating system |

> 用杀毒软件杀毒以后还不行的话,就重新安装系统吧。
> After the anti-virus software has killed the viruses, it's still not good enough, you need to reinstall the operating system.

■ 请连线。

Matching.

安　　　　文　　　　病

毒　　　　装　　　　件

ānzhuāng　　　bìngdú　　　wénjiàn

◎ 课文二 | Text 2 🎧 08-04

(At Fina's dorm, Vika is helping her to fix her computer.)

菲娜: 你看,又重启了吧!

维卡: 我先看看是不是中毒了。你电脑里没有杀毒软件吗?

菲娜: 有,但是因为是免费的,不能更新。

维卡: 那很可能是中毒了,先用我的杀毒软件杀一下毒吧。

(A few minutes later.)

维卡: 哇,你电脑里的病毒这么多!没有用的文件也很多。你没整理过吧?我看你的电脑不是被巴布弄坏的,是你自己弄坏的。

菲娜: 是吗?不过我真的没整理过,病毒这么多,怎么办呢?

维卡: 用杀毒软件杀毒以后还不行的话,就重新安装系统吧。你有系统盘吗?

菲娜：有，但是被丽娜借去了。非重新安装不可吗？

维卡：是啊，重新安装以后如果还有问题，就可能是硬件坏了。这样吧，我晚
上有时间帮你重新安装系统吧。

Fēinà: Nǐ kàn, yòu chòngqǐ le ba!

Wéikǎ: Wǒ xiān kànkan shì bu shì zhòngdú le. Nǐ diànnǎo lǐ méiyǒu shādú ruǎnjiàn
ma?

Fēinà: Yǒu, dànshì yīnwèi shì miǎnfèi de, bù néng gēngxīn.

Wéikǎ: Nà hěn kěnéng shì zhòngdú le, xiān yòng wǒ de shādú ruǎnjiàn shā yíxià
dú ba.

Wéikǎ: Wā, nǐ diànnǎo lǐ de bìngdú zhème duō! Méi yǒuyòng de wénjiàn yě hěn
duō. Nǐ méi zhěnglǐ guò ba? Wǒ kàn nǐ de diànnǎo bú shì bèi Bābù nòng
huài de, shì nǐ zìjǐ nòng huài de.

Fēinà: Shì ma? Búguò wǒ zhēn de méi zhěnglǐ guò, bìngdú zhème duō, zěnme bàn
ne?

Wéikǎ: Yòng shādú ruǎnjiàn shādú yǐhòu hái bùxíng de huà, jiù chóngxīn ānzhuāng
xìtǒng ba. Nǐ yǒu xìtǒng pán ma?

Fēinà: Yǒu, dànshì bèi Lìnà jiè qù le. Fēi chóngxīn ānzhuāng bùkě ma?

Wéi kǎ: Shì a, chóngxīn ānzhuāng yǐhòu rúguǒ háiyǒu wèntí jiù kěnéng shì yìngjiàn
huài le. Zhèyàng ba, wǒ wǎnshang yǒu shíjiān bāng nǐ chóngxīn ānzhuāng
xìtǒng ba.

1 听课文，判断对错。　🎧 08-04　　新HSK 模拟题

Listen to the text and judge true or false.

（　　）(1) 菲娜的电脑里有杀毒软件。

（　　）(2) 她经常整理她的电脑。

（　　）(3) 维卡觉得菲娜的电脑是菲娜自己弄坏的。

（　　）(4) 维卡说如果杀毒后还不行的话，就需要重新安装系统。

2 两人一组，根据课文完成填空，再分角色练习对话。

In pairs, fill in the blanks according to the text, then practice the conversation as a role-play.

维卡：你的电脑里没有_____吗？

菲娜：有，但是是_____不能_____。

维卡：你的电脑_____太多了，_____也很多。我觉得你的电脑不
是_____，是_____。

菲娜：我真的没有_____，这么多病毒怎么办呢？

维卡：_____，还不行的话，就重新安装系统吧。

101

◎ 语言点例释二 | Language points II

(三) 非……不可　Must

有"一定要"或者"一定会"的意思，用来表示意志很强或者比较肯定的推测，常用于口语。

非……不可 has the meaning of 一定要 or 一定会. It's often used in oral language to express a very determined or positive assumption.

---

1. 我不让他去，他非去不可。　　　3. 天这么阴，非下雨不可。

2. 孩子非要吃巧克力不可。　　　　4. 你这么做，父母非生气不可。

 请选择最接近画线部分的一项。

Choose the answer with the closest meaning to the underlined part.

要想说好汉语，非学好声调不可。

A. 不是学好声调就可以　　　　　B. 不学好声调才可以

C. 一定要学好声调才可以　　　　D. 声调非常好才可以

 请用"非……不可"改写句子。

Use 非……不可 to rewrite the sentences.

1. 要想看到美丽的日出，一定要早起。

　_____

2. 如果回家太晚的话，父母一定会生气的。

　_____

实践活动  Practical Activity

请调查四位朋友，向他们了解一下他们的电脑使用的基本情况，是否出现过问题；如果出现过，他们是怎样解决的。把结果填入下表，并选出一人在全班做口头汇报。

Investigate 4 friends to find out the basic situation of their computer usage. Have they had any problems? If so, how did they resolve them? Enter the results into the table below and choose one classmate to give an oral presentation to the class.

	电脑出现过的问题 **Computer encountered problems**	如何解决的 **How it was solved**
朋友 1		
朋友 2		
朋友 3		
朋友 4		

汉字练习 | Chinese Character Exercises ▶

一、为下列汉字选择正确的拼音 | Choose the correct *pinyin* for the characters below

1. 弄　　　A. lòng　　　B. nòng
2. 软件　　A. ruǎnjiàn　　B. luǎnjiàn
3. 重启　　A. chóngqǐ　　B. zhòngqǐ
4. 死机　　A. sǐqī　　　B. sǐjī
5. 速度　　A. jùdù　　　B. sùdù
6. 中毒　　A. zhòngdú　　B. zhōngdú
7. 整理　　A. zhěnglǐ　　B. zhènglǐ
8. 安装　　A. ànchuāng　　B. ānzhuāng
9. 系统　　A. jìtǒng　　　B. xìtǒng
10. 更新　　A. gēngxīn　　B. kēngxīn

二、选择汉字，写在相应拼音后面 | Choose the characters and write them next to the corresponding *pinyin*

运行	死机	重启	更新	台式	硬件	免费	杀毒

1. táishì　　(　　　)
2. chóngqǐ　(　　　)
3. shādú　　(　　　)
4. gēngxīn　(　　　)

5. yùnxíng　(　　　)
6. yìngjiàn　(　　　)
7. sǐjī　　　(　　　)
8. miǎnfèi　(　　　)

三、写汉字 | Write the characters

弄 弄 弄 弄 弄 弄 弄 弄

硬 硬 硬 硬 硬 硬 硬 硬 硬 硬 硬 硬

软 软 软 软 软 软 软 软 软

毒 毒 毒 毒 毒 毒 毒 毒 毒

免 免 免 免 免 免 免 免

整 整 整 整 整 整 整 整 整 整 整 整 整

整 整 整

四、汉字小游戏 | Character game

将A组和B组中的两个部件连线组成汉字，并写出这个汉字。
Match the radicals in A and B to form new characters, then write the characters out.

A   亲   弗   壮   王   舟   石

B   里   斤   皿   贝   更   衣

汉字   新

五、写出下列每组汉字中相同的部分 | Write out the common parts in each group of characters below

1. 灯 伙 灰 （　　）   3. 玩 完 远 （　　）

2. 眼 看 睛 （　　）   4. 庆 度 庭 （　　）

扩展知识 Extensive knowledge

计算机专业常用词汇 Common vocabulary in Computer Science 08-05

1. 主机	zhǔjī	base unit	10. 复制	fùzhì	copy
2. 显示器	xiǎnshìqì	monitor	11. 粘贴	zhāntiē	paste
3. 键盘	jiànpán	keyboard	12. 存储	cúnchǔ	to save
4. U盘	U pán	USB stick	13. 死机	sǐjī	to crash
5. 鼠标	shǔbiāo	mouse	14. 中毒	zhòngdú	affected by viruses
6. 音箱	yīnxiāng	speakers	15. 查杀	cháshā	virus check
7. 磁盘	cípán	CD	16. 输入	shūrù	to enter
8. 杀毒软件	shādú ruǎnjiàn	anti-virus software	17. 扫描	sǎomiáo	to scan
9. 硬盘	yìngpán	harddisk	18. 防火墙	fánghuǒqiáng	firewall

课后自测 Self-evaluation

1. Can you change 大风把他的帽子吹跑了 into a sentence using 被?

2. Are you able to make a sentence using 非……不可, and a sentence using 弄?

3. Are you able to use the commonly used technical language of computers in Chinese?

第 9 课

Wǒ cóng lóutī shang shuāi xiàlai le
我从楼梯上摔下来了

I fell down the stairs

教学目标 Objectives

① 学会复合趋向补语。To learn complements of compound tendency.

② 掌握关联词"只要……就……"。To master the sentence structure 只要……就…….

③ 能熟练使用"越来越+形容词"。To become comfortable using the expression "越来越+adjective".

④ 了解物理专业相关词汇和句型。To learn the commonly used vocabulary and sentence structures in Physics.

第一部分 Part 1

◎ 生 词 | New words and expressions 09-01

1. 腿	n.	tuǐ	leg

> 听说你的腿受伤了。
> We heard you injured your leg.

2. 楼梯	n.	lóutī	stairs
3. 摔	v.	shuāi	to fall

> 我从楼梯上摔下来了。
> I fell down the stairs.

4. 电梯	n.	diàntī	lift, elevator

> 不是有电梯吗?
> Isn't there a lift?

5. 跑	v.	pǎo	run
6. 一下子	adv.	yíxiàzi	suddenly

> 结果一下子摔倒了。
> The result was that all of a sudden I fell.

7. 严重   *adj.*   yánzhòng   serious

> 开始没有这么严重。
> At first it wasn't that serious.

8. 出院   *v.*   chūyuàn   to leave the hospital

> 什么时候能出院？
> When can you leave the hospital?

9. 固定   *v.*   gùdìng   to fix

> 医生帮我固定好了。
> The doctors fixed it for me.

■ 请连线。
Matching.

严   本   楼   出   固

定   院   重   来   梯

lóutī   gùdìng   chūyuàn   běnlái   yánzhòng

 课文一 │ Text 1   09-02

(Vika and Fina are visiting Jack at the hospital.)

杰克：你们怎么来了？

维卡：听说你的腿受伤了，我们来看看你。

菲娜：是啊，怎么受伤了呢？

杰克：别提了，那天我从楼梯上摔下来了。

维卡：楼梯？不是有电梯吗？

杰克：那天我马上就要迟到了，电梯还出了问题，我很着急，打算从六楼跑下去，结果一下子摔倒了。

菲娜：你怎么不小心点儿啊？你一个人来医院的吗？

杰克：是。开始没有这么严重，本来没想来医院，结果腿越来越疼，没办法就来了。

维卡：医生说现在怎么样？什么时候能出院？

杰克：医生帮我固定好了，休息休息就没事了。下个星期一就可以出院了。

菲娜：那就好，下次一定要小心点儿。

Jiékè:　Nǐmen zěnme lái le?

Wéikǎ:　Tīngshuō nǐ de tuǐ shòushāng le, wǒmen lái kànkan nǐ.

Fēinà:　Shì a, zěnme shòushāng le ne?

Jiékè:　Bié tí le, nàtiān wǒ cóng lóutī shang shuāi xiàlai le.

Wéikǎ:　Lóutī? Bú shì yǒu diàntī ma?

Jiékè:　Nàtiān wǒ mǎshàng jiù yào chídào le, diàntī hái chū le wèntí, wǒ hěn zháojí, dǎsuan cóng liù lóu pǎo xiàqu, jiéguǒ yíxiàzi shuāidǎo le.

Fēinà:　Nǐ zěnme bù xiǎoxīn diǎnr a? Nǐ yí ge rén lái yīyuàn de ma?

Jiékè:　Shì. Kāishǐ méiyǒu zhème yánzhòng, běnlái méi xiǎng lái yīyuàn, jiéguǒ tuǐ yuè lái yuè téng, méi bànfǎ jiù lái le.

Wéikǎ:　Yīshēng shuō xiànzài zěnmeyàng? Shénme shíhou néng chūyuàn?

Jiékè:　Yīshēng bāng wǒ gùdìng hǎo le, xiūxi xiūxi jiù méishì le. Xià ge Xīngqīyī jiù kěyǐ chūyuàn le.

Fēinà:　Nà jiù hǎo, xiàcì yídìng yào xiǎoxīn diǎnr.

1 两人一组，互相问答，再根据答案复述课文。

In pairs, ask and answer questions, then retell the text according to the answers.

(1) 杰克怎么了？

(2) 杰克那天为什么没坐电梯？

(3) 杰克开始想住院吗？

(4) 杰克的腿现在怎么样，什么时候能出院？

2 选择正确的词语填空。　新HSK 模拟题

Choose the proper words to fill in blanks.

小心点儿	打算	受伤	严重	迟到

(1) 杰克的腿_____了。

(2) 那天他马上就要_____了。

(3) 他_____从六楼跑下去。

(4) 开始没有这么_____。

(5) 下次一定要_____。

◎ 语言点例释一 | Language points I

(一) 复合趋向补语　Complements of compound tendency

"动词+上来/下来、上去/下去、进来/进去、出来/出去、回来/回去、过来/过去、起来"表示动作的方向或者结果。

"Verb+上来/下来, 上去/下去, 进来/进去, 出来/出去, 回来/回去, 过来/过去 or 起来" shows the tendency or result of an action.

---

1. 他从房间里跑出来了。

2. 请大家站起来。

3. 阿里把书都带回去了。

4. 下雨了，人们都跑进商店里来了。

5. 我们都爬上9楼来了。

Note

当"动词+趋向补语"后边需要有处所名词时，处所名词一般放在"来、去"之前。
When "verb+complement of tendency" needs to be followed by nouns of location, these nouns are usually placed before 来 and 去.

 为括号中的词语选择适当位置。
Choose the correct position for the word in parentheses.

1. 我A看见那个孩子B向我跑C了过D。（来）

2. 你上楼A帮我B把书C下来D，好吧。（拿）

 根据下图，两人一组，用"复合趋向补语"造句。
In pairs, use complements of compound tendency to make sentences about the pictures below.

1.

2.

3.

（二）越来越+形容词 越来越+adjective

表示随着时间的变化而变化。

"越来越+adjective" indicates that as time goes by, change happens.

1. 她**越来越**漂亮。
2. 我们学的汉语**越来越**难了。
3. 我**越来越**饿了。
4. 来中国以后我**越来越**胖。

 请选择最接近画线词语的一项。

Choose the one that has the closest meaning to the underlined part.

（   ）菲娜来中国三年了，她的汉语说得<u>越来越好</u>。

A. 特别好   B. 不太好   C. 一天比一天好   D. 有时好，有时不好

用"越来越+形容词"完成句子。

Use "越来越+adjective" to complete the sentences.

1. 雨 _____。
2. 天气 _____。
3. 北京的汽车 _____。

第二部分 **Part 2**

◎ **生 词 | New words and expressions**   09-03

1. 喂	*interj.*	wèi	hello
2. 恐怕	*adv.*	kǒngpà	afraid

> 恐怕没有时间去医院。
> I'm afraid I don't have time to go to hospital.

3. 正	*adv.*	zhèng	just

> 我正想说呢。
> I was just gonna say.

4. 实验报告	*n.*	shíyàn bàogào	lab report
5. 实验室	*n.*	shíyànshì	laboratory

> 我的实验报告在我实验室的桌子上。
> My lab report is on my desk in the lab.

6. 交　　　　　v.　　　　　jiāo　　　　　to hand in

> 这个星期三之前得交上去。
> It has to be handed in before this Wednesday.

7. 推荐　　　　v.　　　　　tuījiàn　　　　to recommend
8. 篇　　　　　*measure word*　piān　　　　　piece
9. 电动力学　　v.　　　　　diàndònglìxué　electrodynamics

> 李老师推荐我们看几篇电动力学论文。
> Mr. Li suggested that I read some articles about electrodynamics

10. 打印　　　　v.　　　　　dǎyìn　　　　　to print

> 明天我打印出来给你带去。
> Tomorrow I can print them out and bring them to you.

11. 安心　　　　v.　　　　　ānxīn　　　　　to keep one's mind on sth.
12. 养病　　　　v.　　　　　yǎngbìng　　　　to get better, recuperate

> 你就安心养病吧。
> You concentrate on getting well soon.

◎ 专有名词 | Proper noun

玛丽　　　Mǎlì　　　　Mary, American, a graduate student of the Physics Department, Jack and Vika's classmate.

■ 填汉字成词，并写出词语的拼音。
Add characters to form words, then write the *pinyin* of the words.

（　　　）　　（　　　）　　（　　　）　　（　　　）　　（　　　）
实_____　　安_____　　养_____　　打_____　　推_____

◎ 课文二｜Text 2　 09-04

(Jack is at the hospital answering his classmate Mary's call.)

杰克：喂！

玛丽：喂，杰克，我是玛丽。

杰克：你好，玛丽。

玛丽：我听菲娜说你从楼梯上摔下来了，把腿摔坏了，现在怎么样了？

杰克：好多了，只要住几天院就没事了。

玛丽：我今天课很多，恐怕没有时间去医院，明天下午我去看你。有没有需要我帮忙的事情？

杰克：我正想说呢，我的实验报告在我实验室的桌子上，这个星期三以前得交给老师，你能不能帮我交上去？

玛丽：没问题。李老师推荐我们看几篇电动力学论文，我已经下载了。明天我打印出来给你带去。李老师说下个星期上课的时候大家讨论，期末作业也可以写相关方面的论文。

杰克：多谢了，玛丽。我也正担心上课的问题呢，这几天我在这儿好好儿看看。讨论我恐怕参加不了了，写个作业交给老师吧。

玛丽：行，我告诉老师，你就安心养病吧。

杰克：好的，谢谢你！

Jiékè:　Wèi!

Mǎlì:　Wèi, Jiékè, wǒ shì Mǎlì.

Jiékè:　Nǐ hǎo, Mǎlì.

Mǎlì:　Wǒ tīng Fēinà shuō nǐ cóng lóutī shang shuāi xiàlai le, bǎ tuǐ shuāi huài le, xiànzài zěnmeyàng le?

Jiékè:　Xiànzài hǎo duō le, zhǐyào zhù jǐ tiān yuàn jiù méishì le.

Mǎlì:　Wǒ jīntiān kè hěn duō, kǒngpà méiyǒu shíjiān qù yīyuàn, míngtiān xiàwǔ wǒ qù kàn nǐ. Yǒu méi yǒu xūyào wǒ bāngmáng de shìqing?

Jiékè:　Wǒ zhèng xiǎng shuō ne, wǒ de shíyàn bàogào zài wǒ shíyànshì de zhuōzi shang, zhège Xīngqīsān yǐqián děi jiāogěi lǎoshī, nǐ néng bu néng bāng wǒ jiāo shàngqù?

Mǎlì:　Méi wèntí. Lǐ lǎoshī tuījiàn wǒmen kàn jǐ piān diàndònglìxué lùnwén, wǒ yǐjīng xiàzǎi le. Míngtiān wǒ dǎyìn chūlai gěi nǐ dàiqù. Lǐ lǎoshī shuō xià ge xīngqī shàngkè de shíhou dàjiā tǎolùn, qīmò zuòyè yě kěyǐ xiě xiāngguān fāngmiàn de lùnwén.

Jiékè:　Duō xiè le, Mǎlì. Wǒ yě zhèng dānxīn shàngkè de wèntí ne, zhè jǐ tiān wǒ zài zhèr hǎohāor kànkan. Tǎolùn wǒ kǒngpà cānjiā bù liǎo le, xiě ge zuòyè jiāogěi lǎoshī ba.

Mǎlì:　Xíng, wǒ gàosu lǎoshī, nǐ jiù ānxīn yǎngbìng ba.

Jiékè:　Hǎo de, xièxie nǐ!

1 听课文，选择正确的答案。 🎧 09-04　　新HSK 模拟题

Listen to the text and choose the right answer.

（　　）(1) 玛丽为什么今天不能去医院？

A. 看论文　　　　B. 作业很多　　　　C. 写实验报告　　　　D. 课很多

（　　）(2) 杰克让玛丽帮什么忙？

A. 打印论文　　　　B. 写作业　　　　C. 交实验报告　　　　D. 下载论文

2 两人一组，根据课文完成填空，再分角色练习对话。

In pairs, fill in the blanks according to the text, then practice the conversation as a role-play.

玛丽：我听菲娜说_____，把_____摔坏了，现在_____？

杰克：是啊，不过现在_____，只要_____就没事了。

玛丽：我今天_____，恐怕没有时间_____，明天下午_____。有没有需要我帮忙的事情？

杰克：我的实验报告在_____，这个星期三之前得_____，你能不能_____？

玛丽：没问题。李老师推荐_____，我已经下载了。明天我打印_____给你带去，李老师说下个星期上课的时候_____，期末作业也可以写_____。

◎ 语言点例释二 | **Language points II**

（三）只要……就……　　If only …

用来表示充分条件，"只要"后边的内容是"就"后边结果的充分条件。

只要……就…… indicates sufficient conditions. What follows 只要 is the sufficient condition of what follows 就.

> 1. 只要努力，就一定能进步。　　　3. 考试以前只要看笔记就能及格吗？
>
> 2. 只要有爱，就会幸福。

✎ 请选择正确答案。

Choose the right answer.

1. _____自己能力强，_____能找到好工作。

A. 如果　才　　　B. 如果　所以　　　C. 只要　就　　　D. 只有　才

113

2. _____有钱，我_____自己办个公司。

　　A. 如果　才　　　　B. 如果　所以　　　　C. 只要　就　　　　D. 只有　才

实践活动 Practical Activity ▶

四人一组，找身边的中国朋友了解一下：在中国看病的步骤有哪些？跟你们国家的一样不一样？然后每组形成一份调查报告，并选出一人在全班同学面前做口头汇报，要求不看文本。

In groups of four, find your Chinese friends to discover: How to go about seeing a doctor in China, and whether it's the same as in your countries? Each group should form an investigation report, and choose one person from the class to give an oral presentation without using their notes.

汉字练习 Chinese Character Exercises ▶

一、为下列汉字选择正确的拼音 | Choose the correct *pinyin* for the characters below

1. 腿　　　A. tuǐ　　　　　　　B. tuì

2. 楼梯　　A. lóutī　　　　　　B. lóudī

3. 本来　　A. běilái　　　　　　B. běnlái

4. 担心　　A. dānxīn　　　　　B. dànxīn

5. 实验　　A. shíyàn　　　　　B. shìyàn

6. 严重　　A. yánchòng　　　　B. yánzhòng

7. 交　　　A. xiāo　　　　　　B. jiāo

8. 篇　　　A. piān　　　　　　B. biàn

二、选择汉字，写在相应拼音后面 | Choose the correct characters and write them next to the corresponding *pinyin*

| 楼梯　迟到　结果　固定　打印　担心　养病　推荐 |

1. yǎngbìng　（　　　）　　　5. tuījiàn　（　　　）

2. dǎyìn　（　　　）　　　　　6. chídào　（　　　）

3. lóutī　（　　　）　　　　　7. gùdìng　（　　　）

4. jiéguǒ　（　　　）　　　　　8. dānxīn　（　　　）

三、写汉字 | Write the characters

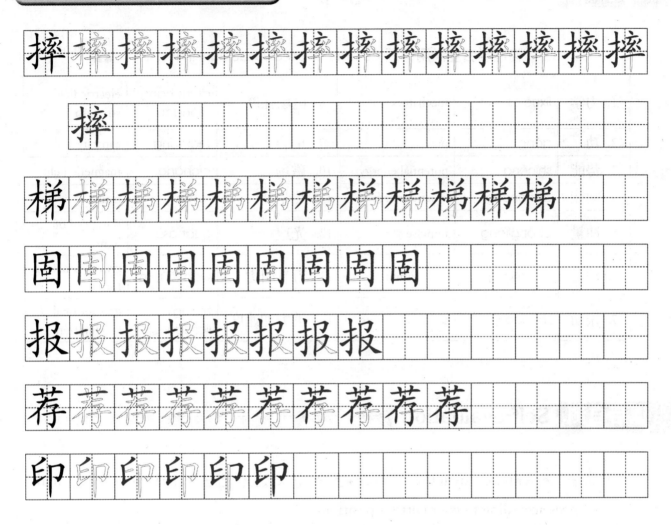

四、汉字小游戏 | Character game

将A组和B组中的两个部件连线组成汉字，并写出这个汉字。
Match the radicals in A and B to form new characters, then write the characters out.

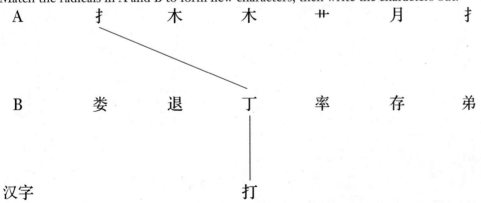

扩展知识 Extensive Knowledge

物理学专业常用词汇 Commonly used vocabulary in Physics 09-05

1. 力学	lìxué	mechanics	8. 电场强度	diànchǎng qiángdù	electric field strength
2. 功	gōng	power	9. 电容	diànróng	capacity
3. 势能	shìnéng	potential energy	10. 磁场	cíchǎng	magnetic field
4. 动能	dòngnéng	kinetic energy	11. 热学	rèxué	heat
5. 冲量	chōngliàng	impulse	12. 光速	guāngsù	the speed of light
6. 动量	dòngliàng	momentum	13. 万有引力	wànyǒuyǐnlì	gravitational force
7. 振动	zhèndòng	to shake, vibrate	14. 重力加速度	zhònglì jiāsùdù	gravitational acceleration

课后自测 Self-evaluation

1. Using the sentence structure "verb+上来/下来/进来/进去" are you able to make sentences according to your current position?

2. Are you able to make sentences using "只要……就……" and "越来越 + adjective"?

3. How much Physics terminology are you able to say in Chinese?

HSK模拟小测试三

姓名_____ 学号_____

听力

一、听录音，判断对错 🎧 HSK03-01

( ) 1. 老师，我的开题报告您看了吗？

( ) 2. 我们的开题报告下个月就开始了。

( ) 3. 杰克的电脑有问题，需要重新安装。

( ) 4. 那天汤姆迟到了，是跑到教室的。

二、听对话，选择正确的答案 🎧 HSK03-02

( ) 1. A. 自动重启　　B. 运行慢　　　C. 常常死机　　D. 不能杀毒

( ) 2. A. 给电脑杀毒　B. 重新安装系统　C. 吃晚饭　　　D. 回宿舍

三、听短文，选择正确的答案 🎧 HSK03-03

( ) 1. A. 能通过　　　B. 不能通过　　C. 修改一点儿　D. 不需要修改

( ) 2. A. 理论基础　　B. 选题意义　　C. 研究进度　　D. 国内外研究综述

( ) 3. A. 春节　　　　B. "十·一"放假　C. 今天晚上　　D. 中秋节

阅读

一、选填恰当的词语完成下列句子

A. 系统　　　B. 楼梯　　　C. 建议　　　D. 好了　　　E. 严重　　　F. 被

1. 明天旅游节的东西我已经准备（　　　）。

2. 他的电视（　　　）弟弟弄坏了。

3. 开题的时候老师要给我们提（　　　）。

4. 昨天停电了，学生们不得不走（　　　）。

5. 他要给电脑重新安装（　　　）。

6. 老师不知道他的感冒这么（　　　）。

二、排列顺序

1. A. 维卡很担心。

   B. 可是杰克告诉他如果开题没通过，还得重新选题。

   C. 维卡原来以为开题只是提意见呢。

   _____

2. A. 维卡的电脑里安杀毒软件了。

   B. 所以他的电脑很容易中毒。

   C. 但是杀毒软件是免费的，不能更新。

   _____

3. A. 可是电梯坏了。

   B. 他只能从楼上跑下去了。

   C. 杰克马上要迟到了。

   _____

4. A. 但是越来越重，没办法就去了。

   B. 本来没想去医院。

   C. 杰克腿摔坏了。

   _____

三、选择正确答案

1. 菲娜的电脑坏了，她让维卡帮她修电脑，维卡让她把电脑拿来检查一下，可是菲娜说她的电脑很重，不能拿来。

   可以知道菲娜的电脑可能是：（　　　）

   A. 台式的　　　　　B. 新的　　　　C. 黑色的　　　D. 手提的

2. 杰克在医院里，同学来看他，玛丽告诉他下节课老师让他们讨论，杰克说他恐怕参加不了了，他只能写个作业交给老师了。

杰克只能做什么：（　　　）

A. 写作业　　　　　B. 做实验　　　C. 参加讨论　　　D. 上课

书写

一、组词成句

1. 考试　　熬夜　　得　　了　　快　　他

_____

2. 详细　　应该　　老师　　论文　　说　　我　　一点儿　　的　　写得

_____

3. 狗　　伤　　了　　小王　　咬　　被

_____

4. 太　　漂亮　　是　　就是　　贵　　了　　衣服　　这件　　很

_____

5. 下雨　　我们　　不　　就　　玩儿　　只要　　出去

_____

6. 小心点　　怎么　　啊　　不　　儿　　你

_____

二、看图，用所给词语造句

1. 摔

_____

2. 熬夜

3. 台式电脑

4. 整理

口语

一、听后重复 HSK03-04

二、听后根据实际情况回答下列问题 HSK03-05

三、成段表达，要求至少说六个句子

1. 你的电脑出现过什么问题？

2. 电脑出现问题时你怎么办？

3. 来中国以后去医院看过病吗？

语法

为括号中的词语选择正确位置

（ 　 ）1. 妈妈A给的钱B已经C他D用完了。　　　　　　　　（被）

（ 　 ）2. A要想学好B汉语，C非努力D。　　　　　　　　　（不可）

（ 　 ）3. A那些菜B被他C一个人D吃了。　　　　　　　　　　（都）

（ 　 ）4. A孩子B向妈妈C跑过D。　　　　　　　　　　　　　（来）

（ 　 ）5. A年轻，B应该多C穿漂亮D衣服。　　　　　　　　　（趁）

（ 　 ）6. A大家B那个女孩是C韩国人，D原来她是日本人。　（以为）

（ 　 ）7. A认真B复习，考试C就一定能D通过。　　　　　　（只要）

（ 　 ）8. 你上楼A帮我B把书C下来D，好吧。　　　　　　　（拿）

硕士毕业后我还会读博士的

Shuòshì bìyè hòu wǒ hái huì dú bóshì de

After my Master's Degree I'll study for a PhD

教学目标　Objectives

① 学会能愿动词"会"的基本用法。To learn the common usage of the verb 会.

② 掌握疑问代词的两种任指用法。To master the general usage of integral pronouns.

③ 了解教育学专业的相关词汇和句型。To learn vocabulary and sentence structures in Education.

第一部分　Part 1

◎ 生　词 | New words and expressions 10-01

1. 收集	v.	shōují	to gather
2. 资料	n.	zīliào	data

> 还在收集资料、做实验。
> I'm still gathering data and doing experiments.

3. 文献	n.	wénxiàn	literature

> 我的也在准备，看了一些文献。
> I'm also preparing and have read some literature.

4. 调查	v.	diàochá	to research

> 但是我的调查有很多问题。
> But I've run into a lot of problems in my research.

5. 样本	n.	yàngběn	source

> 我调查的样本太少了。
> I don't have enough sources for my research.

| 6. | 得出 | *v.* | déchū | to obtain results |
| 7. | 数据 | *n.* | shùjù | data |

> 得出的数据也有很多问题。
> So the data I've got has a lot of problems.

| 8. | 天啊 | *interj.* | tiān a | my God |

> 天啊，那不是得需要很多时间吗？
> My God, won't that take a long time?

| 9. | 难说 | *v.* | nánshuō | to be hard to say |
| 10. | 实在 | *adv.* | shízài | in reality |

> 很难说，实在不行，我就延期半年再毕业。
> It's hard to say, if worst comes to worst, I'll have to postpone my graduation by half a year.

| 11. | 耽误 | *v.* | dānwu | to delay |

> 那不是耽误读博士了吗？
> Won't that delay the start of your PhD study?

| 12. | 搞 | *v.* | gǎo | to do |

> 我喜欢搞研究。
> I love to do research.

| 13. | 枯燥 | *adj.* | kūzào | boring |

> 搞研究太枯燥了。
> It's so boring to do research!

◎ 专有名词 | Proper noun

王芳　Wáng Fāng　Wang Fang, Chinese, a graduate student of the Education Department, a friend of Mary.

■ 请连线。

Matching.

枯	收	文	实	耽
在	误	燥	集	献

shōují　　　wénxiàn　　　shízài　　　kūzào　　　dānwu

◎ 课文一 ｜ Text 1　　10-02

(Vika is in a restaurant having dinner with Wang Fang, they're discussing their graduation papers.)

维卡：王芳！

王芳：维卡，好久不见。你毕业论文准备得怎么样了？

维卡：还在收集资料、做实验。你的论文怎么样了？

王芳：我的也在准备中，看了一些文献，但是我的调查有很多问题，还不知道
　　　怎么办呢。

维卡：有什么问题？

王芳：我调查的样本太少了，得出的数据也有很多问题，所以很可能得重新
　　　调查。

维卡：天啊，那不是得需要很多时间吗？还能及时毕业吗？

王芳：很难说，实在不行，我就延期半年再毕业。

维卡：那不是耽误读博士了吗？

王芳：我不打算读博士了，想早点儿工作。从小学到现在，我已经快读了二十
　　　年的书了，我想工作了。你呢？

维卡：我喜欢搞研究，硕士毕业以后我还会读博士的。

王芳：搞研究太枯燥了。你可真厉害！

Wéikǎ:　Wáng Fāng!

Wáng Fāng:　Wéikǎ, hǎojiǔ bújiàn. Nǐ bìyè lùnwén zhǔnbèi de zěnmeyàng le?

Wéikǎ:　Hái zài shōují zīliào, zuò shíyàn. Nǐ de lùnwén zěnmeyàng le?

Wáng Fāng:　Wǒ de yě zài zhǔnbèi zhōng, kàn le yìxiē wénxiàn, dànshì wǒ de diàochá
　　　yǒu hěn duō wèntí, hái bù zhīdào zěnme bàn ne.

Wéikǎ:　Yǒu shénme wèntí?

Wáng Fāng:　Wǒ diàochá de yàngběn tài shǎo le, déchū de shùjù yě yǒu hěn duō
　　　wèntí, suǒyǐ hěn kěnéng děi chóngxīn diàochá.

Wéikǎ:	Tiān a, nà bú shì děi xūyào hěn duō shíjiān ma? Hái néng jíshí bìyè ma?
Wáng Fāng:	Hěn nánshuō, shízài bùxíng, wǒ jiù yánqī bànnián zài bìyè.
Wéikǎ:	Nà bú shì dānwu dú bóshì le ma?
Wáng Fāng:	Wǒ bù dǎsuan dú bóshì le, xiǎng zǎo diǎnr gōngzuò. Cóng xiǎoxué dào xiànzài, wǒ yǐjīng kuài dú le èrshí nián de shū le, wǒ xiǎng gōngzuò le. Nǐ ne?
Wéikǎ:	Wǒ hěn xǐhuan gǎo yánjiū, shuòshì bìyè yǐhòu wǒ hái huì dú bóshì de.
Wáng Fāng:	Gǎo yánjiū tài kūzào le. Nǐ kě zhēn lìhai!

1 三人一组，根据课文完成填空。

Work in groups of three and fill in the blanks according to the text.

　　　王芳是教育＿＿＿＿＿＿＿的研究生，是维卡的朋友。聊天时，王芳问维卡毕业论文准＿＿＿＿＿＿得怎么样了，维卡说自己还在收集资＿＿＿＿＿＿、做实验。王芳说自己的调查有问题，需要＿＿＿＿＿＿新调查，很可能得＿＿＿＿＿＿期半年毕业，她毕业以后不打算读博士了，想＿＿＿＿＿＿点儿工作。维卡很喜欢搞＿＿＿＿＿＿究，他打算毕业以后＿＿＿＿＿＿博士的。

2 两人一组，互相问答，再根据答案复述课文。

In pairs ask and answer questions, then retell the text according to the answers.

(1) 维卡的毕业论文准备得怎么样了？

(2) 王芳的毕业论文准备得怎么样了？

(3) 王芳能按时毕业吗？

(4) 维卡想再读博士吗？

(5) 王芳想再读博士吗？

◎ 语言点例释一 │ Language points I

（一）"会"的推测义　会 for prediction

能愿动词，用于第一人称表示个人的意志，用于第二、三人称表示推测，陈述句后常常有"的"。

The modal auxiliary 会 when used in the first person indicates personal wishes. When used in the second or third person, it indicates prediction. There is often a 的 included in the statement.

1. 我不会告诉他的。

2. 我会努力学习的。

3. 他明天不会去的，不要等他。

4. 天这么阴，可能会下雨，你别去了。

5. 他那么忙，会来吗？

🖊 请选择最接近画线词语的一项。

Choose the answer with the closest meaning to the underlined word.

（　）1. 我不<u>会</u>告诉他的。

　　　　A. 愿意或想　　　B. 有能力　　　C. 有技术　　　D. 有方法

（　）2. 明天不<u>会</u>下雨的。

　　　　A. 愿意或想　　　B. 可能　　　　C. 有技术　　　D. 有方法

（二）疑问代词的任指用法（一）　General usage of interrogative pronouns Ⅰ

疑问代词的任指用法，表示普遍性意义，用来强调任何人或任何事物，后面常用"都""也"等与之搭配。

The first usage of interrogative pronouns is to indicate a general meaning that emphasizes anyone or anything. It is often followed by 都, 也, etc.

1. 我什么都不知道。　　　　　　　　　　4. 他什么茶都不喝。

2. 他哪儿都去过，我哪儿也没去过。　　　5. 这儿的电脑谁都可以用。

3. 什么时候去都可以，不用跟我说。

🖊 请选择最接近画线部分的一项。

Choose the answer with the closest meaning to the underlined part.

（　）1. 我刚来中国的时候，<u>什么汉字都不会写</u>。

　　　　A. 一个汉字都不会写　　　　　　B. 不认识的汉字不会写

　　　　C. "什么"这两个汉字不会写　　D. 什么汉字都不想写

（　）2. 他什么酒<u>也</u>不爱喝。

　　　　A. 就　　　B. 会　　　C. 都　　　D. 只

🖊 请用疑问代词的任指用法完成句子。

Use the general usage of integral pronouns to complete the sentences.

1. 那个地方不太好，所有的人都不想去。

　　＿＿＿＿＿＿＿＿＿＿＿＿＿＿＿＿＿＿＿＿＿＿

2. 他任何外语都不会。

　　＿＿＿＿＿＿＿＿＿＿＿＿＿＿＿＿＿＿＿＿＿＿

第二部分 | Part 2 ▶

◎ 生 词 | New words and expressions 🎧 10-03

1. 买单　　　v.　　mǎidān　　　to get the bill

> 今天我买单。
> The meal's on me today.

2. 客气　　　v.　　kèqi　　　speak or behave deferentially
3. 部门　　　n.　　bùmén　　　department

> 也可能会去公司的研究部门工作。
> Or maybe I'll work in the research department of a company.

4. 教育　　　n.　　jiàoyù　　　education
5. 系　　　　n.　　xì　　　department
6. 管理　　　v.　　guǎnlǐ　　　to manage

> 我学的是教育管理。
> My major is Education Management.

7. 行政　　　n.　　xíngzhèng　　　administration

> 比如在学校里或者教育部门做行政工作。
> For example working in a school, or doing administrative tasks in an Education Bureau.

8. 赚钱　　　v.　　zhuànqián　　　to earn money

> 我喜欢赚钱多的工作。
> I like jobs with a high salary.

■ 填汉字成词，并写出词语的拼音。
Add characters to form words, then write the *pinyin* of the words.

(　　　　)　　　(　　　　)　　　(　　　　)　　　(　　　　)　　　(　　　　)

管_____　　赚_____　　相_____　　部_____　　行_____

◎ 课文二 | Text 2 🎧 10-04

(Wang Fang has invited Mary to dinner, they're in the restaurant.)

王芳： 玛丽，今天我买单，你一定要多吃点儿。

玛丽： 我不会客气的。马上就要毕业了，以后一起吃饭的机会也不多了。

王芳： 是啊。玛丽，你毕业以后想做什么？

玛丽： 我现在还没想好，可能会去大学当老师，也可能会去公司的研究部门工作。你呢？你们教育系的学生毕业以后一般做什么工作？

王芳： 做什么工作的都有。我学的是教育管理，和我专业相关的工作我都不太喜欢，比如在学校或者教育部门做行政工作。

玛丽： 那你想做什么啊？

王芳： 我喜欢赚钱多的工作，什么工作赚钱多我就做什么工作。

玛丽： 我觉得找工作不能只看钱，主要应该看跟自己的专业有没有关系。

Wáng Fāng: Mǎlì, jīntiān wǒ mǎidān, nǐ yídìng yào duō chī diǎnr.

Mǎlì: Wǒ bú huì kèqi de. Mǎshàng jiùyào bìyè le, yǐhòu yìqǐ chīfàn de jīhuì yě bù duō le.

Wáng Fāng: Shì a. Mǎlì, nǐ bìyè yǐhòu xiǎng zuò shénme?

Mǎlì: Wǒ xiànzài hái méi xiǎng hǎo, kěnéng huì qù dàxué dāng lǎoshī, yě kěnéng huì qù gōngsī de yánjiū bùmén gōngzuò. Nǐ ne? Nǐmen jiàoyùxì de xuésheng bìyè yǐhòu yìbān zuò shénme gōngzuò?

Wáng Fāng: Zuò shénme gōngzuò de dōu yǒu. Wǒ xué de shì jiàoyù guǎnlǐ, hé wǒ zhuānyè xiāngguān de gōngzuò wǒ dōu bú tài xǐhuan, bǐrú zài xuéxiào huòzhě jiàoyù bùmén zuò xíngzhèng gōngzuò.

Mǎlì: Nà nǐ xiǎng zuò shénme a?

Wáng Fāng: Wǒ xǐhuan zhuànqián duō de gōngzuò, shénme gōngzuò zhuànqián duō wǒ jiù zuò shénme gōngzuò.

Mǎlì: Wǒ juéde zhǎo gōngzuò bùnéng zhǐ kàn qián, zhǔyào yīnggāi kàn gēn zìjǐ de zhuānyè yǒu méi yǒu guānxì.

1 听课文，判断对错。 🎧 10-04　　　新HSK 模拟题

Listen to the text and judge true or false.

（　　）(1) 今天王芳请客。

（　　）(2) 玛丽毕业以后想做小学老师。

（　　）(3) 王芳的专业是历史。

（　　）(4) 王芳喜欢赚钱多的专业。

2 两人一组，根据课文完成填空，再分角色练习对话。

In pairs, fill in the blanks according to the text, then practice the conversation as a role-play.

玛丽：毕业以后我可能会去_____，也可能会去_____。你们教育系的学生毕业以后一般做什么？

王芳：教育系的学生毕业以后_____，我学的是_____，和我专业相关的工作，比如_____或者教育部门做_____，我都不太喜欢。

玛丽：那你想做什么啊？

王芳：我喜欢_____的工作，_____我就做什么工作。

◎ 语言点例释二 | Language points II

（三）疑问代词的任指用法（二） General usage of interrogative pronouns II

句子前后用两个同样的疑问代词，表示前后内容一致，也表示任指。

The second common usage of interrogative pronouns is to use the same interrogative pronoun both at the beginning and at the end of sentence. It is included in the general usage of interrogative pronouns.

1. 你吃什么我就吃什么。
2. 你想去哪儿我们就去哪儿。
3. 你想跟谁结婚就跟谁结婚，跟我没有关系。
4. 谁汉语说得好就让谁去。
5. 哪个好看我就买哪个。
6. 什么茶好喝我就喝什么茶。

请用疑问代词任指用法改写下面句子。

Use the interrogative pronouns to rewrite the following sentences.

1. 你想去北京就去北京，你想去上海就去上海，……

   _____

2. 中国茶好喝我就买中国茶，日本茶好喝我就买日本茶，……

   _____

实践活动 Practical Activity

请找四位中国朋友调查一下他们毕业后的打算和原因，然后给大家介绍一下。

Find out about some Chinese friends' plan for after graduation and their reasons, then introduce to the class.

	毕业后的打算 Plans after graduation	原因 Reasons
朋友 1		
朋友 2		
朋友 3		
朋友 4		

汉字练习 Chinese Characters Exercises

一、为下列汉字选择正确的拼音 | Choose the correct *pinyin* for the characters below

1. 耽误   A. dānwu   B. tānwu
2. 赚钱   A. jiānqián   B. zhuànqián
3. 资料   A. zīliào   B. cīliào
4. 收集   A. sōují   B. shōují
5. 样本   A. yángběn   B. yàngběn
6. 博士   A. bóshì   B. póshì
7. 研究   A. yánjiū   B. yānjiǔ
8. 搞   A. gāo   B. gǎo

二、选择汉字，写在相应拼音后面 | Choose the correct characters and write them next to the corresponding *pinyin*

调查	需要	部门	管理	文献	实在	数据	专门

1. guǎnlǐ   (   )   4. wénxiàn   (   )   7. shízài   (   )

2. zhuānmén   (   )   5. shùjù   (   )   8. diàochá   (   )

3. xūyào   (   )   6. bùmén   (   )

三、写汉字 | Write the characters

集 集 集 集 集 集 集 集 集 集 集 集

献 献 献 献 献 献 献 献 献 献 献 献

据 据 据 据 据 据 据 据 据 据

耽 耽 耽 耽 耽 耽 耽 耽 耽 耽

燥 燥 燥 燥 燥 燥 燥 燥 燥 燥 燥 燥

燥 燥 燥 燥

赚 赚 赚 赚 赚 赚 赚 赚 赚 赚 赚 赚

赚

四、汉字小游戏 | Character game

将A组和B组中的两个部件连线组成汉字，并写出这个汉字。
Match the radicals in Groups A and B to form new characters, then write the characters out.

132

五、将下面的字去掉偏旁变成新字，再用新字组词 | **Change the radicals of the characters below to form new characters, then regroup the new characters**

1. 洗—先（先生）　　3. 让—　（　　）　　5. 研—　（　　）

2. 体—　（　　）　　4. 理—　（　　）　　6. 搞—　（　　）

扩展知识 Extensive Knowledge ▶

教育学专业常用词汇 Common vocabulary in Education 🎧 10-05

1. 教学论	jiàoxuélùn	teaching theory
2. 课程论	kèchénglùn	curriculum theory
3. 选修课	xuǎnxiū kè	elective course
4. 必修课	bìxiū kè	compulsory course
5. 培养目标	péiyǎng mùbiāo	learning objectives
6. 教学改革	jiàoxué gǎigé	teaching reform
7. 教学计划	jiàoxué jìhuà	teaching plan
8. 教学大纲	jiàoxué dàgāng	syllabus
9. 素质教育	sùzhì jiàoyù	all-round education
10. 应试教育	yìngshì jiàoyù	exam-oriented education
11. 学前教育	xuéqián jiàoyù	pre-school education
12. 义务教育	yìwù jiàoyù	compulsory education
13. 高等教育	gāoděng jiàoyù	higher education
14. 职业教育	zhíyè jiàoyù	professional education
15. 成人教育	chéngrén jiàoyù	adult education
16. 继续教育	jìxù jiàoyù	continued education

课后自测 Self-evaluation

1. Are you able to use 会 to talk about your plans for after you finish your overseas study?

2. Do you know if integral pronouns such as 什么，哪儿 and 什么时候 have other meanings?

3. Are you able to use Chinese vocabulary related to education?

Shíyàn hái děi zuò xiàqu
实验还得做下去

We must carry on doing experiments

教学目标 Objectives

❶ 学会趋向补语"下去""下来""起来"的引申用法。To learn the extended usage of tendency complements 下去, 下来 and 起来.

❷ 能够熟练使用"无论……都……"句型。To become proficient at using the structure 无论……都…….

❸ 掌握汉语中的状语及结构助词"地"的用法。To master the usage of adverbial expression and structure auxiliary word 地.

❹ 了解化学及生物专业相关词汇和句型。To understand vocabulary and sentence structures related to Chemistry and Biology.

第一部分 Part 1

◎ 生 词 | New words and expressions 🎧 11-01

1. 参观	v.	cānguān	to visit

> 我想去参观参观。
> I'd like to go and visit it.

2. 生物	n.	shēngwù	Biology
3. 化学	n.	huàxué	Chemistry

> 我想学生物或者化学。
> I'd like to study Biology or Chemistry.

4. 药品	n.	yàopǐn	chemical
5. 打交道	v.	dǎjiāodào	to be in contact with

> 整天跟化学药品打交道。
> You spend the whole day in contact with chemicals.

| 6. | 搞不好 | | gǎobuhǎo | it could be; if the worst happens |
| 7. | 危险 | *adj.* | wēixiǎn | dangerous |

> 搞不好还有危险呢。
> It could be very dangerous.

| 8. | 对象 | *n.* | duìxiàng | object |

> 生物专业跟化学专业的实验对象
> 有点儿不一样。
> The objects of Biology experiments and
> Chemistry experiments are a little different.

| 9. | 动植物 | *n.* | dòngzhíwù | plants and animals |
| 10. | 微生物 | *n.* | wēishēngwù | microorganisms |

> 生物系的实验对象很多都是动植
> 物、微生物什么的。
> The objects of most Biology experiments are
> plants, animals, microorganisms and so on.

■ 请连线。
Matching.

| 药 | 化 | 对 | 危 |
| 险 | 象 | 品 | 学 |

duìxiāng　　　　yàopǐn　　　　huàxué　　　　wēixiǎn

 课文一 ｜ Text 1　🎧 11-02

(Fina and Babou are having a chat in the café.)

菲娜：巴布，你们学院是不是有实验室？

巴布：是啊，怎么了？

菲娜：我想去参观参观，我明年也要入本科了，我想学生物或者化学。

巴布：那你还是学生物吧，我们化学专业整天做实验，有时候一个月做下来，一点儿结果也没有，一想到这个就很头疼。而且整天跟化学药品打交道，搞不好还有危险呢。

菲娜：但是无论去生物系还是化学系，我都得做实验。

巴布：生物专业跟化学专业的实验对象有点儿不一样，生物系的实验对象很多
都是动植物、微生物什么的，比我们有意思多了。

菲娜：反正我觉得看起来都很有意思。

巴布：看起来是很有意思，但是做起来很累。

Fēinà:　Bābù, nǐmen xuéyuàn shì bu shì yǒu shíyànshì?
Bābù:　Shì a, zěnme le?
Fēinà:　Wǒ xiǎng qù cānguān cānguān, wǒ míngnián yě yào rù běnkē le, wǒ
xiǎng xué shēngwù huòzhě huàxué.
Bābù:　Nà nǐ háishi xué shēngwù ba, wǒmen huàxué zhuānyè zhěngtiān
zuò shíyàn, yǒushíhou yí ge yuè zuò xiàlai, yìdiǎnr jiéguǒ yě méiyǒu, yì
xiǎngdào zhège jiù hěn tóuténg. Érqiě zhěngtiān gēn huàxué yàopǐn
dǎjiāodào, gǎobuhǎo háiyǒu wēixiǎn ne.
Fēinà:　Dànshì wúlùn qù shēngwùxì háishi huàxuéxì, wǒ dōu děi zuò shíyàn.
Bābù:　Shēngwù zhuānyè gēn huàxué zhuānyè de shíyàn duìxiàng yǒudiǎnr
bùyíyàng, shēngwùxì de shíyàn duìxiàng hěn duō dōu shì dòngzhíwù,
wēishēngwù shénme de, bǐ wǒmen yǒuyìsi duō le.
Fēinà:　Fǎnzhèng wǒ juéde kàn qǐlai dōu hěn yǒuyìsi.
Bābù:　Kàn qǐlai shì hěn yǒuyìsi, dànshì zuò qǐlai hěn lèi.

1 根据课文，重新排列下面句子的顺序。　　　新HSK 模拟题

Reorder the following sentences according to the text.

A. 而且跟药品打交道，也有危险

B. 但是菲娜觉得做实验很有意思

C. 化学专业整天做实验

D. 有时候一个月下来，也没有结果

_____

2 两人一组，互相问答，再根据答案复述课文。

In pairs ask and answer questions, then retell the text according to the answers.

(1) 菲娜入本科想学习什么？

(2) 巴布建议菲娜学习什么？

(3) 巴布为什么觉得化学专业不太好？

(4) 巴布觉得化学专业和生物专业有什么不同？

◎ 语言点例释一 | Language points I

(一) "动词+下来/下去" 的引申用法　The extended usage of "verb+下来/下去"

"动词+下来" 表示动作从过去到现在。"动词+下去" 表示动作从现在到未来，有继续之意。

"Verb+下来" indicates that the action moves from the past to the present. "Verb+下去" indicates that the action moves from the present to the future, and is continuous.

> 1. 三个月运动下来，我瘦了很多。
> 2. 两个小时看下来，我快累死了。
> 3. 虽然汉语很难，但是我还会学下去的。
> 4. 这么累的工作我很担心他干不下去。
> 5. 这种药一点儿效果也没有，不要再吃下去了。

 请选择正确答案。
Choose the correct answer.

1. 玛丽每天都跑步，三个月下＿＿＿＿＿瘦了十几斤。
   A. 来　　　　　　B. 去　　　　　　C. 次　　　　　　D. 回
2. 早起读课文的习惯非常好，你一定要坚持下＿＿＿＿＿。
   A. 来　　　　　　B. 去　　　　　　C. 次　　　　　　D. 回

(二) 无论……都……　No matter...

"无论……都……" 用来强调任何假设条件下结果不变，一般 "无论" 后边的内容应该是两种情况或者任何情况，不可以是一种情况。

无论……都…… is used to emphasize that the result remains the same no matter under what condition. The condition after 无论 should be either two conditions or any condition, but it should not be only one condition.

> 1. 无论我说什么，他都不听。
> 2. 无论谁来找我，我都不去。
> 3. 无论中国菜还是日本菜，我都很喜欢。
> 4. 无论明天下不下雨，我都要去他家。
> 5. 无论我怎么讲，他都听不懂。

请选择正确答案。
Choose the correct answer.

＿＿＿＿＿明天下不下雨，我们＿＿＿＿＿不去公园玩儿了。
　A. 如果　　就　　　　　　　　　B. 无论　　都
　C. 无论　　就　　　　　　　　　D. 如果　　才

✎ 请完成句子。
Complete the sentences.

1. 无论天气怎么样，我＿＿＿＿＿＿＿＿＿＿＿＿。
2. 无论＿＿＿＿＿＿＿＿＿＿＿＿，我都要去北京。

（三）"动词+起来"的引申用法　The extended usage of "verb+起来"

"动词+起来"表示对某一方面进行估计和评价。
"Verb+起来" indicates evaluation and comment on something.

---

1. 这件衣服看起来很漂亮。　　　　3. 汉字写起来很难。

2. 这件事情听起来很奇怪。　　　　4. 中国菜吃起来很好吃。

✎ 请选择正确答案。
Choose the correct answer.

1. 你现在的学习方法很好，如果你一直这样学＿＿＿＿，半年以后你一定会说得特别好的。

   A. 起来　　　　B. 下去　　　　C. 下来　　　　D. 起去

2. 看＿＿＿＿要下雨了。

   A. 起来　　　　B. 下去　　　　C. 下来　　　　D. 起去

第二部分　Part 2

生　词 | New words and expressions　🎧 11-03

1. 植物	*n.*	zhíwù	plant
2. 标本	*n.*	biāoběn	specimen, sample

前几天我看到生物系教学楼里边有很多动植物标本。
These last few days I've seen lots of animal and plant specimens in the Biology Department Teaching Building.

3. 实用	*adj.*	shíyòng	practical

而且生物是很实用的专业。
Biology is also a very practical major.

4. 细胞学	*n.*	xìbāoxué	Cytology
5. 医学	*n.*	yīxué	Medicine
6. 方面	*n.*	fāngmiàn	aspect, field
7. 应用	*v.*	yìngyòng	to apply

> 他的研究在医学方面有很多应用呢。
>
> His research has many applications in the field of medicine.

| 8. 认真 | *adj.* | rènzhēn | serious |

> 我再认真地想一想。
>
> I'll give it some more serious consideration.

■ **填汉字组词，并写出词语的拼音。**
Insert a character to form a word, then write the *pinyin* of the word.

|　(　　　)　|　(　　　)　|　(　　　)　|　(　　　)　|　(　　　)　|
| 标＿＿＿ | 应＿＿＿ | 认＿＿＿ | 实＿＿＿ | 细＿＿＿ |

◎ **课文二　Text 2** 11-04

(Fina and Carsey are having a chat at the entrance of the dorm.)

菲娜：卡西，下午咱们去书店逛逛怎么样？

卡西：下午恐怕不行，我下午得去做实验。

菲娜：又做实验？你怎么每天都做实验？累不累？

卡西：累是累，但是实验还要做下去。

菲娜：不过，前几天我看到生物系教学楼里边有很多动植物标本，看起来很有意思，还想以后也学生物呢。

卡西：学吧，生物研究起来很有意思，而且生物是很实用的专业。我们院里的李老师是研究细胞学的，他的研究在医学方面有很多应用。想想如果有一天你的研究也被应用了，那是多高兴的事情啊！

菲娜：也是啊，我再认真地想一想。

Fēinà:　Kǎxī, xiàwǔ zánmen qù shūdiàn guàngguang zěnmeyàng?

Kǎxī:　Xiàwǔ kǒngpà bùxíng, wǒ xiàwǔ děi qù zuò shíyàn.

Fēinà:　Yòu zuò shíyàn? Nǐ zěnme měitiān dōu zuò shíyàn? Lèi bu lèi?

Kǎxī:　Lèi shì lèi, dànshì shíyàn háiyào zuò xiàqu.

Fēinà:　Búguò, qián jǐ tiān wǒ kàndào shēngwùxì jiàoxuélóu lǐbian yǒu hěn duō dòngzhíwù biāoběn, kàn qǐlai hěn yǒuyìsi, hái xiǎng yǐhòu yě xué shēngwù ne.

Kǎxī:　Xué ba, shēngwù yánjiū qǐlái hěn yǒuyìsi, érqiě shēngwù shì hěn shíyòng de zhuānyè. Wǒmen yuàn lǐ de Lǐ lǎoshī shì yánjiū xìbāoxué de, tā de yánjiū zài yīxué fāngmiàn yǒu hěn duō yìngyòng. Xiǎngxiang rúguǒ yǒu yìtiān nǐ de yánjiū yě bèi yìngyòng le, nà shì duō gāoxìng de shìqing a!

Fēinà:　Yě shì a, wǒ zài rènzhēn de xiǎng yì xiǎng.

1 两人一组，根据课文完成填空，再分角色练习对话。

In pairs, fill in the blanks according to the text, then practice the conversation as a role-play.

菲娜：卡西，下午＿＿＿＿＿怎么样？

卡西：下午＿＿＿＿＿，我下午得＿＿＿＿＿。

菲娜：又做实验？你怎么＿＿＿＿＿？累不累？

卡西：很累，但是＿＿＿＿＿。

菲娜：不过，前几天我看到＿＿＿＿＿，看起来＿＿＿＿＿，还想以后也＿＿＿＿＿呢。

2 两人一组，互相问答，再根据答案复述课文。

In pairs, ask and answer questions, then retell the text according to the answers.

(1) 菲娜下午想和卡西做什么？

(2) 卡西下午能去吗？为什么？

(3) 菲娜看到什么之后想学习生物？

(4) 卡西为什么觉得学习生物不错？

◎ 语言点例释二 ｜ Language points II

(四) 结构助词"地"　The structural particle 地

结构助词"地"，用于状语后。但不是所有的状语后边都要用"地"，大部分描写性状语，特别是描写动作者的状语后边一般有"地"。

The structural particle 地 is used after an adverbial, but not every adverbial can be followed by 地. It is mostly used after descriptive adverbials, especially those adverbials which describe a person's action.

141

1. 他高兴地对我说："明天我们一起去吧！"
2. 我们随便（地）聊了聊。
3. 阿里非常（地）想念他的家人。
4. 菲娜的朋友轻轻松松地就通过了信HSK五级。

为括号中的词语选择适当位置。
Choose the correct position for the word in parentheses.

1. 她高兴A告诉B我们，她已经C找到D工作了。（地）
2. 他A飞快B向前面C跑D过去了。（地）

实践活动　Practical Activity ▶

四人一组，参观本校的生物、化学或物理实验室，每个人找身边三位做过实验的中国朋友，询问一下他们做实验的经历，把结果填入下表。然后在小组内互相交流，并选出一人在全班做口头汇报。

In groups of four, visit the Biology, Chemistry and Physics labs, and ask 3 Chinese friends that have done experiments before about their experience in laboratories. Fill in the form below with the information and discuss within your group, then pick one student to make an oral presentation to the class.

	实验内容 Content	实验时间 Time	实验结果 Result	实验感受 Feedback
朋友 1				
朋友 2				
朋友 3				

汉字练习　Chinese Characters Exercises ▶

一、为下列汉字选择正确的拼音 | Choose the correct *pinyin* for the characters below

1. 参观　　A. shēngguān　　B. cānguān
2. 细胞　　A. xìpāo　　B. xìbāo
3. 生物　　A. shēngwù　　B. shēnghù
4. 标本　　A. biāoběn　　B. piāoběn
5. 整天　　A. zhěngtiān　　B. zhèngtiān

二、选择汉字，写在相应的拼音后面 | Choose a character and write it next to the corresponding *pinyin*

危险	认真	医学	植物	对象	实用	动物	应用

1. shíyòng （　　　　） 　4. wēixiǎn （　　　　） 　7. dòngwù （　　　　）

2. yīxué （　　　　） 　5. zhíwù （　　　　） 　8. duìxiàng （　　　　）

3. yìngyòng （　　　　） 　6. rènzhēn （　　　　）

三、写汉字 | Write the characters

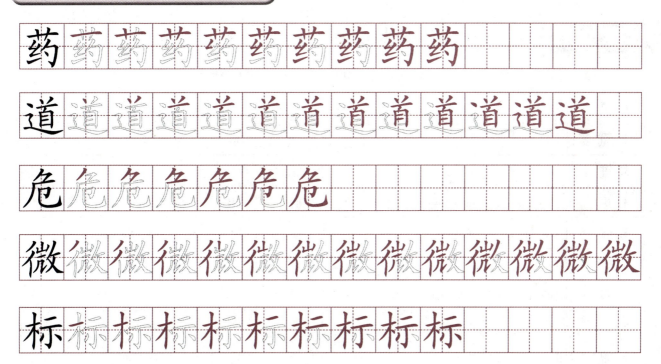

药	药 药 药 药 药 药 药 药 药			
道	道 道 道 道 道 道 道 道 道 道 道			
危	危 危 危 危 危 危			
微	微 微 微 微 微 微 微 微 微 微 微 微			
标	标 标 标 标 标 标 标 标 标			

四、汉字小游戏 | Character game

将A组和B组中的两个部件连线组成汉字，并写出这个汉字。
Match the radicals in Groups A and B to form new characters, then write the characters out.

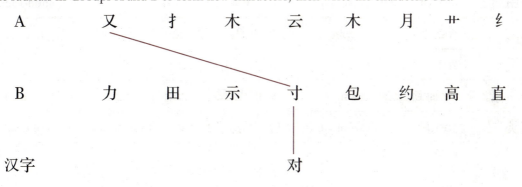

A　　　又　　扌　　木　　云　　木　　月　　艹　　纟

B　　　力　　田　　示　　寸　　包　　约　　高　　直

汉字　　　　　　　　　　　　对

五、找出下列每组汉字中相同的部分│Find the common parts in each group of characters below

1. 带　　帮　　师　　币　　（　　）
2. 现　　觉　　规　　视　　（　　）
3. 留　　备　　男　　画　　（　　）
4. 票　　综　　禁　　标　　（　　）

扩展知识　Extensive Knowledge

1. 常用化学元素 Common chemical elements 11-05

1. 氢	qīng	hydrogen	11. 钠	nà	sodium
2. 氦	hài	helium	12. 镁	měi	magnesium
3. 锂	lǐ	lithium	13. 铝	lǚ	aluminium
4. 铍	pí	beryllium	14. 硅	guī	silicon
5. 硼	péng	boron	15. 磷	lín	phosphorus
6. 碳	tàn	carbon	16. 硫	liú	sulfur
7. 氮	dàn	nitrogen	17. 氯	lǜ	chlorine
8. 氧	yǎng	oxygen	18. 钾	yiǎ	kalium
9. 氟	fú	fluorine	19. 钙	jài	calcium
10. 氖	nǎi	neon	20. 铜	góng	copper

2. 生物学专业常用词汇 Common vocabulary in Biology 🎧 11-05

1. 蛋白质	dànbáizhì	protein	6. 氨基酸	ānjīsuān	amino acids
2. 酶	méi	enzyme	7. 核酸	hésuān	nucleic acid
3. 脂类	zhīlèi	lipids	8. 胆固醇	dǎngùchún	cholesterol
4. 维生素	wéishēngsù	vitamin	9. 脂肪酸	zhīfángsuān	fatty acids
5. 糖类	tánglèi	carbohydrate	10. 生物氧化	shēngwù yǎnghuà	biological oxidation

课后自测 **Self-evaluation**

1. Do you know the meaning of 下来 and 下去 in this sentence: 一个学期学下来，我觉得汉语挺有意思的，所以我一定要学下去?

2. Is the meaning of 看起来 the same in both of these sentences: 她拿出一本书，看起来 and 看起来，她很喜欢看书? Why?

3. Is this sentence correct: 无论汉语非常难，我都要学下去? Why?

4. Do you know the difference between 的, 得 and 地?

5. How much vocabulary can you remember that is related to the study of Chemistry and Biology?

第12课

Bùrú xué lìshǐ ba!
不如学历史吧

Why not study history?

教学目标 Objectives

1　掌握"动词+出来"的引申用法。To master the extended usage of "verb+出来".

2　能用"不如"表示建议。To be able to use 不如 to make suggestions.

3　了解历史专业相关词汇及句型。To understand vocabulary and sentence structures related to History.

第一部分　Part 1

生　词 | New words and expressions　 12-01

| 1. | 趟 | measure word | tàng | times |
| 2. | 历史 | n. | lìshǐ | history |

> 我得去一趟历史系。
> I have to go to the History Department.

| 3. | 老乡 | n. | lǎoxiāng | hometown fellow |
| 4. | 世界 | n. | shìjiè | the world |

> 我的一个老乡在历史系学世界史。
> Someone from my hometown is in the History Department studying the World History.

5.	国别史	n.	guóbiéshǐ	National History
6.	古代史	n.	gǔdàishǐ	Ancient History
7.	现代史	n.	xiàndàishǐ	Modern History

> 不但有世界史，还有国别史、中国古代史、现代史等专业。
> Not only World History, but also National History, Chinese Ancient History, Modern History and so on.

8. 流利   *adj.*   liúlì   fluent

> （他）连现代汉语都说不流利呢。
> He even can't speak modern Chinese fluently.

9. 不如   *v.*   bùrú   to suggest why not

> 不如学历史吧。
> Why not study history?

10. 将来   *n.*   jiānglái   the future

> 将来可以读中国古代史的研究生。
> In the future you could read Ancient Chinese History for your Master's Degree.

■ 请连线。
Matching.

老　　　　世　　　　流　　　　不

如　　　　利　　　　界　　　　乡

shìjiè　　　　lǎoxiāng　　　　bùrú　　　　liúlì

◎ 课文一 ｜ Text 1 🎧 12-02

(Fina is at Babou's dorm having a chat.)

菲娜：巴布，你下午做什么？有空儿的话，我们一起去图书馆看书，怎么样？

巴布：今天下午不行，我得去一趟历史系。

菲娜：你去历史系做什么？

巴布：我的一个老乡在历史系学世界史，让我去他那儿玩儿。

菲娜：是吗？咱们学校还有世界史专业吗？

巴布：有，不但有世界史，还有国别史、中国古代史、现代史等专业。我朋友以前想学中国古代史，但是老师说最好会一点儿古代汉语。

菲娜：你的朋友会古代汉语吗？

巴布：他一点儿也不会，连现代汉语都说不流利呢。

菲娜：那学什么中国古代史啊！

巴布：所以就学了世界史。对了，你最近正在选专业吧？不如学历史吧，将来可以读中国古代史的研究生，你不是对中国文化挺感兴趣的吗？下午跟我一起去看看吧。

菲娜：中国古代史？我从来没想过这个问题，再说，我的古代汉语也不太好。

巴布：慢慢儿学嘛，反正明年才入学。

菲娜：那我去看看？

Fēinà: Bābù, nǐ xiàwǔ zuò shénme? Yǒu kòngr de huà, wǒmen yìqǐ qù túshūguǎn kànshū, zěnmeyàng?

Bābù: Jīntiān xiàwǔ bùxíng, wǒ děi qù yí tàng lìshǐxì.

Fēinà: Nǐ qù lìshǐxì zuò shénme?

Bābù: Wǒ de yí ge lǎoxiāng zài lìshǐxì xué shìjièshǐ, ràng wǒ qù tā nàr wánr.

Fēinà: Shì ma? Zánmen xuéxiào háiyǒu shìjièshǐ zhuānyè ma?

Bābù: Yǒu, búdàn yǒu shìjièshǐ, háiyǒu guóbiéshǐ, Zhōngguó gǔdàishǐ, xiàndàishǐ děng zhuānyè. Wǒ péngyou yǐqián xiǎng xué Zhōngguó gǔdàishǐ, dànshì lǎoshī shuō zuìhǎo huì yìdiǎnr gǔdài Hànyǔ.

Fēinà: Nǐ de péngyou huì gǔdài Hànyǔ ma?

Bābù: Tā yìdiǎnr yě bú huì, lián xiàndài Hànyǔ dōu shuō bù liúlì ne.

Fēinà: Nà xué shénme Zhōngguó gǔdàishǐ a!

Bābù: Suǒyǐ jiù xué le shìjièshǐ. Duì le, nǐ zuìjìn zhèngzài xuǎn zhuānyè ba? Bùrú xué lìshǐ ba. Jiānglái kěyǐ dú Zhōngguó gǔdàishǐ de yánjiūshēng, nǐ bú shì duì Zhōngguó wénhuà tǐng gǎnxìngqù de ma? Xiàwǔ gēn wǒ yìqǐ qù kànkan ba.

Fēinà: Zhōngguó gǔdàishǐ? Wǒ cónglái méi xiǎngguò zhège wèntí, zàishuō, wǒ de gǔdài Hànyǔ yě bú tài hǎo.

Bābù: Mànmānr xué ma, fǎnzhèng míngnián cái rùxué.

Fēinà: Nà wǒ qù kànkan?

1 听课文，判断对错。🎧 12-02　　新HSK 模拟题

Listen to the text and judge true or false.

（　　）(1) 菲娜下午想做什么？

　　　　A. 去历史系　　　　B. 聊天　　　　C. 去图书馆　　　　D. 看朋友

（　　）(2) 巴布下午想做什么？

　　　　A. 去历史系　　　　B. 聊天　　　　C. 去图书馆　　　　D. 看朋友

（　　）(3) 谁学世界史？

      A. 巴布　　　　　　B. 菲娜　　　　　　C. 菲娜的朋友　　　　D. 巴布的朋友

（　　）(4) 巴布的朋友为什么没学中国古代史？

      A. 他的汉语水平低。　　　　　　B. 他不感兴趣。

      C. 他非常喜欢世界史。　　　　　D. 他的古代汉语说得不流利。

2 两人一组，根据课文完成对话，再分角色练习对话。

In pairs, fill in the blanks according to the text, then practice the conversation as a role-play.

巴布：我的一个老乡在＿＿＿＿＿＿，让我＿＿＿＿＿＿。我朋友以前＿＿＿＿＿＿，但是老师

     说＿＿＿＿＿＿。

菲娜：你的朋友＿＿＿＿＿＿怎么样？

巴布：古代汉语＿＿＿＿＿＿，连＿＿＿＿＿＿都说不流利呢。所以就学＿＿＿＿＿＿。你最近不是

     正在选专业吗？不如＿＿＿＿＿＿！

菲娜：我＿＿＿＿＿＿，我的古代汉语也不太好。

巴布：慢慢儿学嘛，反正明年才入学。

◎ **语言点例释一 | Language points I**

(一) 不如……　　Not as good as

"不如……" 常用于比较句 "A不如B+（这么/那么）+形容词"，表示A比不上B，A没有B好。"不如……" 也常用来表示建议。

不如…… is often used in the comparative sentence "A不如B+(这么/那么)+adjective", meaning A is lacking in comparison to B, or A is not as good as B. 不如…… is also often used to make a suggestion.

> 1. 这个菜不如那个菜好吃。　　　3. 你不如再去一次。
>
> 2. 姐姐不如妹妹（那么）漂亮。　4. 这件衣服太贵了，你不如试试那件。

请选择最接近画线词语的一项。

Choose the answer closest to the underlined word.

巴布的汉语<u>不如</u>菲娜好。

A. 不是　　　　　B. 比如　　　　　C. 好像　　　　　D. 没有

请用"不如"改写句子。
Use 不如 to rewrite the following sentences.

1. 他的汉语没有杰克的汉语好。

   _____。

2. 今天上海38℃，北京30℃。

   _____。

(二) 再说　Besides

多用于连接两个小句，表示追加理由。
再说 is used to connect two clauses and means to give an additional reason.

> 1. 我们这次去北京玩儿吧，北京是中国的首都，**再说**，我在那儿有很多朋友。
>
> 2. 别买这件衣服了，太贵了，**再说**，这个月你已经买了三件衣服了。
>
> 3. 你不用带那么多衣服，那儿很热，**再说**，你的行李已经太多了。

请用"再说"回答下面的问题。
Use 再说 to answer the questions below.

1. 你为什么不趁着暑假好好儿玩儿?

   _____

2. 你为什么学汉语?

   _____

第二部分　Part 2

◎ 生　词 | New words and expressions　12-03

1. 石像	*n.*	shíxiàng	statue
2. 伟大	*adj.*	wěidà	great
3. 教育家	*n.*	jiàoyùjiā	educator
4. 思想家	*n.*	sīxiǎngjiā	thinker

> 你知道那座石像是谁吗?
> Do you know who that statue is?

> 我只知道他是中国伟大的教育家和思想家。
> I only know that he was China's great educator and thinker.

5.	春秋（时期）	*n.*	Chūnqiū (shíqī)	Spring and Autumn Period (770 B.C.—476 B.C.)
6.	相当于	*v.*	xiāngdāngyú	to equate to
7.	公元前	*n.*	gōngyuánqián	B.C.

> 春秋时期，相当于公元前500年左右。
> The Spring and Autumn period, which equates to about 500 B.C.

| 8. | 文化 | *n.* | wénhuà | culture |

> 我来中国以前看了不少中国历史文化方面的书。
> Before I came to China, I read a lot of books about Chinese history and culture.

| 9. | 儒家思想 | *n.* | rújiā sīxiǎng | Confucianism |

> 你就一定得了解孔子的儒家思想。
> You must certainly comprehend Kongzi's Confucianism.

10.	东南亚	*n.*	Dōngnányà	South-East Asia
11.	受	*v.*	shòu	*used to indicate the passive voice*
12.	影响	*n.*	yǐngxiǎng	influence

> 很多东南亚国家也受儒家思想的影响很大。
> Many South-East Asian countries have been deeply influenced by Confucianism.

◎ 专有名词 | Proper noun

孔子　　Kǒngzǐ　　Confucius (551 B.C.—479 B.C.), Chinese thinker, educator and philosopher of the Spring and Autumn Period.

■ 填汉字成词，并写出词语的拼音。
Add characters to form words, then write the *pinyin* of the words.

（　　　）　　　（　　　）　　　（　　　）　　　（　　　）
历_____　　影_____　　儒_____　　伟_____

◎ 课文二 ｜ Text 2　🎧 12-04

(Babou and Fina are in front of a statue at the entrance to the History department.)

巴布：　菲娜，你知道那座石像是谁吗？

菲娜：　知道啊，孔子，你不知道吗？

巴布：　孔子？就是Confucius吗？我只知道他是中国伟大的教育家和思想家。他是什么时候的人？

菲娜：　春秋时期，相当于公元前500年左右。

巴布：　哇，你真厉害！

菲娜：　我来中国以前看了不少中国历史文化方面的书。如果想真正了解中国人，你就一定得了解孔子的儒家思想，很多东南亚国家也受儒家思想的影响。这个说起来可以说上好几天。

巴布：　是吗？没看出来你对中国文化还这么了解。

菲娜：　哪儿啊，只是知道一点儿。

> Bābù:　Fēinà, nǐ zhīdào nà zuò shíxiàng shì shuí ma?
> Fēinà:　Zhīdào a, Kǒngzǐ, nǐ bù zhīdào ma?
> Bābù:　Kǒngzǐ? Jiùshì Confucius ma? Wǒ zhǐ zhīdào tā shì Zhōngguó wěidà de jiàoyùjiā hé sīxiǎngjiā. Tā shì shénme shíhou de rén?
> Fēinà:　Chūnqiū shíqī, xiāngdāngyú gōngyuánqián wǔbǎi nián zuǒyòu.
> Bābù:　Wā, nǐ zhēn lìhai!
> Fēinà:　Wǒ lái Zhōngguó yǐqián kàn le bùshǎo Zhōngguó lìshǐ wénhuà fāngmiàn de shū. Rúguǒ xiǎng zhēnzhèng liáojiě Zhōngguórén, nǐ jiù yídìng děi liáojiě Kǒngzǐ de rújiā sīxiǎng, hěn duō Dōngnányà guójiā yě shòu rújiā sīxiǎng de yǐngxiǎng. Zhège shuō qǐlai kěyǐ shuō shàng hǎo jǐ tiān.
> Bābù:　Shì ma? Méi kàn chūlai nǐ duì Zhōngguó wénhuà hái zhème liáojiě.
> Fēinà:　Nǎr a! Zhǐshì zhīdào yìdiǎnr.

1 两人一组，根据课文完成填空。

In pairs, fill in the blanks according to the text.

　　巴布在历史＿＿＿＿教学楼里看见一个石像，但他不知道这石像是什么人。菲娜告诉他，这就是孔子，春秋时期中国＿＿＿＿大的教育家和思想家。他创立的儒家思＿＿＿＿不仅对中国，而且对许多东南亚的国家都有很大的影＿＿＿＿。

2 两人一组，互相问答，再根据答案复述课文。
In pairs ask and answer questions, then retell the text according to the answers.

(1) 巴布看到的石像是什么人？

(2) 菲娜为什么对中国历史比较了解？

(3) 除了中国，儒家思想还对哪些国家有影响？

(4) 什么样的外国留学生才能学习中国古代史？

◎ 语言点例释二 | Language points II

【三】"动词+出来"的引申用法   The extended usage of "verb+出来"

"动词+出来"可以表示通过动作分辨、识别人或者物。
"Verb+出来" means to identify or recognize people or things by their action.

1. 我想出来一个好办法。   2. 我喝不出来这是什么酒。   3. 你听出来这是什么歌了吗？

请选择正确答案。
Choose the correct answer.

1. 我真的看不_____他写的是什么字。
   A. 起来   B. 下来   C. 下去   D. 出来

2. 他的字看_____很漂亮。
   A. 起来   B. 下来   C. 下去   D. 出来

实践活动 Practical Activity

四人一组，每人分别向自己的中国朋友了解一位中国历史人物，把结果填入下表，组内同学互相交流，并选出一人在全班做口头汇报。
In groups of four, each learn about a Chinese historical figure from your Chinese friends, and fill in the form below with the information. Discuss within your group and pick one student to make an oral presentation to the class.

	历史人物 Historical figure	所在时代 Period of time	主要贡献 Main achievements
同学 1			
同学 2			
同学 3			
同学 4			

汉字练习 Chinese Character Exercises ▶

一、为下列汉字选择正确的拼音｜Choose the correct *pinyin* for the characters below

1. 石像	A. shíxiàng	B. shíxiāng	5. 历史	A. lǐshì	B. lìshǐ
2. 儒家	A. rǔjiā	B. rújiā	6. 思想	A. sīxiǎng	B. sīxiāng
3. 教育	A. jiàoyù	B. jiāoyù	7. 世界	A. shìjiè	B. shǐjì
4. 影响	A. jǐngxiàng	B. yǐngxiǎng	8. 受	A. ài	B. shòu

二、选择汉字，写在相应拼音后面｜Choose the characters and write them next to the corresponding *pinyin*

老乡　　最好　　伟大　　相当于　　文化　　世界　　将来　　春秋

1. wénhuà 　（　　　　　）
2. chūnqiū 　（　　　　　）
3. zuìhǎo 　（　　　　　）
4. shìjiè 　（　　　　　）
5. lǎoxiāng 　（　　　　　）
6. xiāngdāngyú 　（　　　　　）
7. jiānglái 　（　　　　　）
8. wěidà 　（　　　　　）

三、写汉字｜Write the characters

史　史　史　史　史　史

秋　秋　秋　秋　秋　秋　秋　秋　秋

亚　亚　亚　亚　亚　亚

受　受　受　受　受　受　受　受

世　世　世　世　世　世

界　界　界　界　界　界　界　界　界

四、汉字小游戏 | Character game

将A组和B组中的两个部件连线组成汉字，并写出这个汉字。
Match the radicals in Groups A and B to form new characters, then write the characters out.

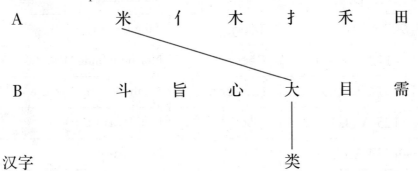

A　　米　亻　木　扌　禾　田

B　　斗　旨　心　大　目　需

汉字　　　　　　　　类

五、选字填空 | Choose the correct character to fill in the blanks

1. 学好汉语不（　　）易。　　　（客　容）
2. 这是（　　）的铅笔?　　　（谁　难）
3. 她的电话号（　　）是多少?　　　（吗　码）
4. 我买（　　）个信封。　　　（两　面）
5. 请问，（　　）书馆在哪儿?　　　（国　图）

扩展知识　Extensive Knowledge

中国历史主要朝代 Dynasties in Chinese History 12-05

1. 夏（2070 B.C. – 1600 B.C.）	Xià	Xia Dynasty
2. 商（1600 B.C. – 1046 B.C.）	Shāng	Shang Dynasty
3. 西周（1046 B.C. – 771 B.C.）	Xīzhōu	Western Zhou Dynasty
4. 东周（770 B.C. – 256 B.C.）	Dōngzhōu	Eastern Zhou Dynasty
5. 春秋（770 B.C. – 476 B.C.）	Chūnqiū	Spring and Autumn Period
6. 战国（475 B.C. – 221 B.C.）	Zhànguó	Warring States Period
7. 秦（221 B.C. – 206 B.C.）	Qín	Qin Dynasty
8. 西汉（206 B.C. – 25 A.D.）	Xīhàn	Western Han Dynasty
9. 东汉（25 A.D. – 220 A.D.）	Dōnghàn	Eastern Han Dynasty
10. 三国（220 A.D. – 280 A.D.）	Sānguó	Three Kingdoms

11. 晋（265 A.D. – 420 A.D.）	Jìn	Jin Dynasty
12. 南北朝（420 A.D. – 589 A.D.）	Nánběicháo	Northern and Southern Dynasties
13. 隋（581 A.D. – 618 A.D.）	Suí	Sui Dynasty
14. 唐（618 A.D. – 907 A.D.）	Táng	Tang Dynasty
15. 北宋（960 A.D. – 1127 A.D.）	Běisòng	Northern Song Dynasty
16. 南宋（1127 A.D. – 1279 A.D.）	Nánsòng	Southern Song Dynasty
17. 辽（907 A.D. – 1125 A.D.）	Liáo	Liao Dynasty
18. 金（1115 A.D. – 1234 A.D.）	Jīn	Jin Dynasty
19. 元（1206 A.D. – 1368 A.D.）	Yuán	Yuan Dynasty
20. 明（1368 A.D. – 1644 A.D.）	Míng	Ming Dynasty
21. 清（1644 A.D. – 1911 A.D.）	Qīng	Qing Dynasty

课后自测 Self-evaluation ▶

1. Do you know the different meanings of "verb+出来"?

2. Are you able to use 不如 to make a suggestion to somebody?

3. How much History terminology are you able to say in Chinese?

HSK模拟小测试四

姓名＿＿＿＿＿＿　　　　　学号＿＿＿＿＿＿

听力 ▶

一、听录音，判断对错　🎧 HSK04-01

（　　）1. 我喜欢做行政工作。

（　　）2. 我学的是经济管理，可能去公司工作。

（　　）3. 玛丽喜欢学教育学。

（　　）4. 露西的男朋友在历史系学习中国古代史。

二、听对话，选择正确的答案　🎧 HSK04-02

（　　）1. A. 选老师　　　B. 写论文　　　C. 选专业　　　D. 做实验

（　　）2. A. 历史　　　　B. 文学　　　　C. 化学　　　　D. 经济

（　　）3. A. 经济　　　　B. 化学　　　　C. 教育　　　　D. 经济

三、听短文，选择正确的答案　🎧 HSK04-03

（　　）1. A. 做调查了　　B. 写论文了　　C. 工作了　　　D. 毕业了

（　　）2. A. 样本小　　　B. 不容易准备　C. 做调查不容易　D. 写起来麻烦

（　　）3. A. 赚钱多的工作　B. 轻松的工作　C. 调查的工作　　D. 写论文的工作

阅读 ▶

一、选填恰当的词语完成下列句子

A. 很大　　　B. 想想　　　C. 老师　　　D. 延期　　　E. 系　　　F. 交道

1. 很多孩子非常喜欢当（　　　）。

2. 医生每天都要和病人打（　　　）。

157

3. 如果第三年不能完成毕业论文，只能（　　　）毕业。

4. 选择专业的时候，一定要认真（　　　）。

5. 儒家思想对中国人影响（　　　）。

6. 我的朋友在历史（　　　）。

二、排列顺序

1. A. 所以我不能学古代汉语。

   B. 我连现代汉语都说不流利呢，古代汉语更是一点儿也不会。

   C. 老师说学习中国古代历史，最好会一点古代汉语。

   _____

2. A. 如果想真正了解中国人。

   B. 你一定得了解儒家思想。

   C. 儒家思想的代表人物是孔夫子。

   _____

3. A. 所以巴布不喜欢这个专业。

   B. 而且整天和药品打交道，可能还有危险。

   C. 化学专业不但要整天做实验。

   _____

4. A. 王芳已经读了快二十年的书了。

   B. 所以她不想再读研究生了。

   C. 而且她觉得搞研究太枯燥了。

   _____

三、选出正确答案

1. 化学专业的学生整天做实验，有时候一个月下来，一点儿结果也没有。而且整天和化学药品打交道，还有危险。

   以下哪一个不是学化学的缺点：（　　　）

   A. 可能有危险　　　　　　　　B. 化学题很难

   C. 做实验有可能没有结果　　　D. 整天在做实验

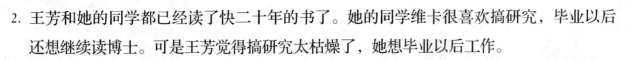

2. 王芳和她的同学都已经读了快二十年的书了。她的同学维卡很喜欢搞研究，毕业以后还想继续读博士。可是王芳觉得搞研究太枯燥了，她想毕业以后工作。

王芳为什么不想读博士了？（　　　）

A. 太好　　　　B. 太难　　　C. 太枯燥　　　D. 太贵

书写

一、组词成句

1. 还　　的　　硕士　　我　　会　　以后　　读　　博士　　毕业

_____

2. 很　　研究　　喜欢　　搞　　我

_____

3. 生物系　　的　　很多　　动植物　　微生物　　什么的　　实验对象　　都是

_____

4. 胖　　一　　个　　下来　　他　　了　　很多　　月

_____

5. 不如　　写　　写　　汉字　　难　　拼音

_____

6. 毛病　　我　　不　　出来　　衣服　　有　　什么　　看　　这件

_____

二、看图，用所给词语造句

1. 买单

2. 参观

_____

3. 药品

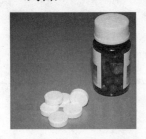

_____

4. 危险

_____

口语

一、听后重复 HSK04-04

二、听后根据实际情况回答下列问题 HSK04-05

三、成段表达，要求至少说六个句子

1. 你对中国历史感兴趣吗？

2. 你想要了解中国的哪一段历史? 为什么?

3. 说一说你知道的儒家思想家。

语法

为括号中的词语选择正确位置

(   ) 1. 我爸爸A都去过B，C看过很多D美丽的风景。   （哪儿）

(   ) 2. 无论天气B好不好，C我D要去上课。   （都）

(   ) 3. A北京大学B是有名的C大学，D都知道。   （谁）

(   ) 4. A他的B汉语水平C他妹妹高D。   （不如）

(   ) 5. 我们A大家B相信C你的D。   （会）

(   ) 6. A明天B不会C下雨D。   （的）

(   ) 7. 现在A他B东西C都不吃D。   （什么）

(   ) 8. A老师B怎么讲，他C都听D不懂。   （无论）

第13课

Lián zhème nán de tí nǐ dōu huì!
连这么难的题你都会！

Such difficult questions can you answer!

教学目标 Objectives

1. 掌握"连……也/都……"句型。To master the sentence structure 连……也/都…….

2. 学会用"难道"表示反问。To learn the use of 难道 to ask a rhetorical question.

3. 能熟练使用"既……又……"句型。To be able to proficiently use the structure 既……又…….

4. 了解数学专业常用词语及句型。To understand the commonly used vocabulary and sentence structures in Mathematics.

第一部分 Part 1

生 词 | New words and expressions 🎧 13-01

1. 讲　　　　*v.*　　　jiǎng　　　　teach
2. 高等数学　*n.*　　　gāoděng shùxué　Advanced Mathematics

> 今天高等数学课上老师讲的题你都听懂了吗？
> Did you fully understand the problems the teacher lectured on in today's Advanced Maths class?

3. 道　*measure word*　dào　*measure word of questions, orders, etc.*

> （我）好几道题都没听懂。
> There were a lot of questions I didn't understand.

4. 发愁　*v.*　　　fāchóu　　　to worry about sth.

> 我们正为高等数学课上的问题发愁呢。
> We're anxious about the problems in today's Advanced Maths class.

163

| 5. | 微积分 | *n.* | wēijīfēn | Calculus |
| 6. | 数学分析 | *n.* | shùxué fēnxī | Mathematical Analysis |

> 我不但学过高等数学中的微积分，还学过数学分析什么的。
> Not only did I study Advanced Mathematical Calculus, but also Mathematical Analysis and soon.

| 7. | 辅导 | *v.* | fǔdǎo | to tutor |

> 你有空儿帮我们两个辅导一下吧。
> When you have time could you tutor us?

■ 请连线。
Matching.

辅　　　　数　　　　发

愁　　　　导　　　　学

shùxué　　　fāchóu　　　fǔdǎo

 ◎ 课文一 | Text 1　🎧 13-02

(While Babou and Lina are discussing Advanced Mathematics, Vika walks in.)

巴布：丽娜，今天高等数学课老师讲的题你都听懂了吗？

丽娜：没有，好几道题都没听懂。

维卡：你们聊什么呢？

巴布：我们正为高等数学课上的问题发愁呢。

维卡：是吗？什么问题？我看看。

巴布：好啊。

(After Vika explains how to do the question for Babou and Lina.)

巴布：维卡，你真厉害！连这么难的题你都会！

丽娜：难道你不知道吗？维卡本科学的是数学专业。

巴布：真的？

维卡：是啊，我不但学过高等数学中的微积分，还学过数学分析什么的。

丽娜：维卡，你有空儿给我们两个辅导一下吧。

维卡：行，你们有问题可以随时来找我。

Bābù:　Lìnà, jīntiān gāoděng shùxué kè lǎoshī jiǎng de tí nǐ dōu tīngdǒng le ma?

Lìnà:　Méiyǒu, hǎo jǐ dào tí dōu méi tīngdǒng.

Wéikǎ:　Nǐmen liáo shénme ne?

Bābù:　Wǒmen zhèng wèi gāoděng shùxué kè shang de wèntí fāchóu ne!

Wéikǎ:　Shì ma? Shénme wèntí? Wǒ kànkan?

Bābù:　Hǎo a.

Bābù:　Wéikǎ, nǐ zhēn lìhai! Lián zhème nán de tí nǐ dōu huì!

Lìnà:　Nándào nǐ bù zhīdào ma? Wéikǎ běnkē xué de shì shùxué zhuānyè.

Bābù:　Zhēn de?

Wéikǎ:　Shì a, wǒ búdàn xuéguo gāoděng shùxué zhōng de wēijīfēn, hái xuéguò shùxué fēnxī shénmede.

Lìnà:　Wéikǎ, nǐ yǒukòngr gěi wǒmen liǎng ge fǔdǎo yíxià ba.

Wéikǎ:　Xíng, nǐmen yǒu wèntí kěyǐ suíshí lái zhǎo wǒ.

1 听课文，判断对错。🎧 13-02　新HSK 模拟题

Listen to the text and judge true or false.

（　　）(1) 巴布和丽娜感觉今天课上的题很难。

（　　）(2) 维卡也觉得这些题很难。

（　　）(3) 维卡本科学过高等数学。

（　　）(4) 维卡没有时间给巴布和丽娜辅导。

2 两人一组，根据课文完成填空，再分别以巴布和丽娜的身份复述课文。

In pairs, fill in the blanks according to the text, then retell the story from Babou's and from Lina's point of view.

　　　　巴布和丽娜今天上了高等数学课，太_____了，他们都没听懂，很发愁。

维卡本科学的是数学专业，不但学过高等数学中的微_____分，还学过数学分析

什么_____呢。维卡为他们认真地_____解了数学题，并且答应他们如果有

问_____可以随_____辅导。

◎ 语言点例释一 | Language points |

(一) 连……也/都…… Even...

"连……也/都……"用最基本的情况、程度最轻或者程度最高的情况进一步强调。

The most basic use of "连……也/都……" is to further emphasize the gentlest or highest degree of a situation.

> 1. 这个问题太难了，连老师也不知道。
>
> 2. 这个问题太简单了，连孩子都知道。
>
> 3. 连父母都忘了他的生日，他很伤心。
>
> 4. 他一点儿汉语也不会，连"你好"都不会说。

 为括号中的词语选择适当位置。
Choose the correct position for the word in parentheses.

1. 孩子A太B小了，C连话D说不全。（都）
2. 他A太忙了，B连吃饭C忘了D。（也）

(二) 难道

"难道"用来反问，句子用否定的形式表达肯定的意思，肯定的形式表达否定的意思，表示道理上应该或者不应该怎么样。

难道 is used to make a rhetorical question. It uses a negative form to give a positive meaning and a positive form to a negative meaning, to imply whether something is supposed or not supposed to be done.

> 1. 难道你又忘了他的生日了吗？
>
> 2. 难道你不知道她叫什么名字。
>
> 3. 难道你是阿里？
>
> 4. 难道你不了解我吗？

 请选择最接近画线句子的一项。
Choose the answer with the closest meaning to the underlined sentence.

1. 老师生气地说："不用学习？难道你不是学生吗？"
   A. 你不是学生。　　　B. 你是不是学生？　　　C. 你是学生。

2. 妈妈生气地说："整天不上班，往网吧里跑，难道你是小孩儿吗？"
   A. 你不是小孩儿。　　B. 你是不是小孩儿？　　C. 你是小孩儿。

第二部分 | Part 2

生 词 | New words and expressions 13-03

1. 实际上   *adv.*   shíjìshang   actually

> 实际上我以前既喜欢数学又喜欢物理。
> Actually, I liked both maths and physics before.

2. 理科   *n.*   lǐkē   science
3. 基础   *n.*   jīchǔ   basis

> 因为数学是理科的基础。
> Because maths is the basis of science.

4. 过程   *n.*   guòchéng   process
5. 计算   *v.*   jìsuàn   to calculate
6. 能力   *n.*   nénglì   capability

> 在物理学习过程中，我的计算能力比其他同学好一点儿。
> In the process of studying physics, I can do the calculation better than my classmates.

7. 确实   *adv.*   quèshí   indeed

> 学理科确实应该好好学数学。
> To study science you should indeed study hard on maths.

8. 文科   *n.*   wénkē   arts
9. 奇怪   *adj.*   qíguài   strange

> 但是我听说有些大学连文科学生都要学高等数学，很奇怪。
> But I heard that at some universities, arts students will also study advanced maths, it's very strange.

10.	培养	v.	péiyǎng	to train
11.	逻辑	n.	luóji	logic
12.	思维	n.	sīwéi	thinking

数学可以培养人的逻辑思维。
Maths can train people's logical thinking ability.

| 13. | 简单 | adj. | jiǎndān | simple |

文科学生学习的都是一些简单的微积分。
What arts students study is some basic calculus.

| 14. | 后悔 | v. | hòuhuǐ | to regret |

我本科也学数学好了，真后悔。
I would have chosen it as my major. I really regret it!

■ 填汉字组词，并写出词语的拼音。
Insert a character to form a word, then write the *pinyin* of the word.

(   )　　(   )　　(   )　　(   )　　(   )

培_____　　奇_____　　逻_____　　思_____　　简_____

◎ 课文二 | Text 2 🎧 13-04

(Babou, Lina and Vika are eating and chatting in the dining-hall.)

巴布：维卡，你的数学那么好，怎么学起物理来了？

维卡：实际上我以前既喜欢数学又喜欢物理，但是觉得数学更重要，因为数学是理科的基础，像物理、生物、化学什么的都会用到数学，所以决定先学好数学。

丽娜：那你觉得数学和物理哪个更有意思？

维卡：都很有意思。因为我有很好的数学基础，在物理学习过程中，我的计算能力比其他同学好一点儿。

丽娜：学理科确实应该好好儿学数学，但是我听说，有的大学文科学生也要学高等数学，很奇怪。

维卡：我觉得不奇怪，数学可以培养人的逻辑思维能力，文科学生学习的都是一些简单的微积分。

巴布：早知道数学这么重要，我本科也学数学好了，真后悔！

> Bābù: Wéikǎ, nǐ de shùxué nàme hǎo, zěnme xuéqǐ wùlǐ lái le?
>
> Wéikǎ: Shíjìshang wǒ yǐqián jǐ xǐhuan shùxué yòu xǐhuan wùlǐ, dànshì juéde shùxué gèng zhòngyào, yīnwèi shùxué shì lǐkē de jīchǔ, xiàng wùlǐ, shēngwù, huàxué shénmede dū huì yòngdào shùxué, suǒyǐ juédìng xiān xué hǎo shùxué.
>
> Lìnà: Nà nǐ juéde shùxué hé wùlǐ nǎge gèng yǒuyìsi?
>
> Wéikǎ: Dōu hěn yǒuyìsi. Yīnwèi wǒ yǒu hěn hǎo de shùxué jīchǔ, zài wùlǐ xuéxí guòchéng zhōng, wǒ de jìsuàn nénglì bǐ qítā tóngxué hǎo yìdiǎnr.
>
> Lìnà: Xué lǐkē quèshí yīnggāi hǎohaor xué shùxué, dànshì wǒ tīngshuō, yǒu de dàxué wénkē xuésheng yě yào xué gāoděng shùxué, hěn qíguài.
>
> Wéikǎ: Wǒ juéde bù qíguài, shùxué kéyǐ péiyǎng rén de luóji sīwéi nénglì, wénkē xuésheng xuéxí de dōu shì yì xiē jiǎndān de wēijīfēn.
>
> Bābù: Zǎo zhīdào shùxué zhème zhòngyào, wǒ běnkē yě xué shùxué hǎo le, zhēn hòuhuǐ!

1 听课文，选择正确的答案。 13-04   新HSK 模拟题

Listen to the text and choose the right answer.

(   ) (1) 维卡为什么学物理？

    A. 觉得物理比数学容易   B. 觉得物理比数学有意思

    C. 觉得物理很有意思   D. 觉得物理更重要

(   ) (2) 巴布为什么后悔本科没学数学？

    A. 觉得数学容易   B. 觉得数学有意思

    C. 觉得数学很重要   D. 觉得数学可以提高计算能力

2 两人一组，互相问答，再根据答案复述课文。

In pairs ask and answer questions, then retell the text according to the answers.

(1) 数学为什么重要？

(2) 维卡在学习物理的过程中为什么计算比别的同学做得好？

(3) 为什么有些大学文科生也要学习数学？

(4) 课文中提到了哪些理科专业？

◎ 语言点例释二 | Language points Ⅱ

（三） 既……又…… As well as

"既……又……"表示两个动作同时进行或者两种状态同时存在。

既……又…… indicates that two actions are happening at the same time or two states exist at the same time.

1. 他既学习又工作，所以最近很累。 3. 菲娜既聪明又漂亮。

2. 他既是我的老师又是我的朋友。 4. 中国菜既便宜又好吃。

请用"既……又……"完成句子。
Use 既……又…… to complete the sentences.

1. 她的男朋友＿＿＿＿＿＿＿＿＿＿＿＿。 3. 北京＿＿＿＿＿＿＿＿＿＿＿＿。

2. 汉语＿＿＿＿＿＿＿＿＿＿＿＿＿＿。

实践活动 Practical Activity

请调查四位朋友，向他们了解一下他们认为什么课比较难，为什么难以及学习这门专业课有什么好处，把结果填入下表，并选出一人在全班做口头汇报。

Ask around 4 of your friends, find out which subjects they think are difficult, why they are difficult and the benefits of studying them. Fill in the form below with the information and pick one student to make an oral presentation to the class.

	比较难的课 Difficult subjects	为什么难 Reasons	学习这门课的好处 Benefits
朋友 1			
朋友 2			
朋友 3			
朋友 4			

汉字练习 | Chinese Character Exercises

一、为下列汉字选择正确的拼音 | Choose the correct *pinyin* for the characters below

1. 高等   A. gāoděng   B. gāodàng

2. 后悔   A. hòuguǐ   B. hòuhuǐ

3. 简单   A. xiǎndān   B. jiǎndān

4. 随时   A. chuízhí   B. suíshí

5. 确实   A. quèshí   B. quèsí

6. 实际上   A. shíjìshang   B. shíqìshang

7. 理科   A. lǐkè   B. lǐkē

8. 奇怪   A. qíguài   B. jíguài

9. 发愁   A. fāchóu   B. fàchóu

二、选择汉字，写在相应拼音后面 | Choose characters and write them next to the corresponding *pinyin*

逻辑	思维	基础	过程	分析	培养	辅导	文科

1. jīchǔ   (   )   5. sīwéi   (   )

2. fǔdǎo   (   )   6. guòchéng   (   )

3. fēnxī   (   )   7. péiyǎng   (   )

4. wénkē   (   )   8. luóji   (   )

三、写汉字 | Write the characters

愁 愁 愁 愁 愁 愁 愁 愁 愁 愁 愁 愁 愁 愁

微 微 微 微 微 微 微 微 微 微 微 微 微 微

际　际　际　际　际　际　际　际

基　基　基　基　基　基　其　其　其　基　基

怪　怪　怪　怪　怪　怪　怪　怪

逻　逻　逻　逻　逻　逻　罗　逻　逻　逻　逻

辑　辑　辑　辑　辑　辑　辑　辑　辑　辑　辑　辑

悔　悔　悔　悔　悔　悔　悔　悔　悔

四、汉字小游戏 | Character game

将A组和B组中的两个部件连线组成汉字，并写出这个汉字。

Match the radicals in Groups A and B to form new characters, then write the characters out.

A　　大　讠　石　忄　禾　讠　禾　秋

B　　十　只　可　角　心　呈　圣　井

汉字　　　　　　　　奇

五、找出下列每组汉字中相同的部分 | Find the common parts in each group of characters below

1. 问　　号　　别　　给　　（　　）
2. 很　　银　　退　　良　　（　　）
3. 难　　谁　　售　　集　　（　　）
4. 贵　　贸　　质　　员　　（　　）

扩展知识　Extensive knowledge

数学专业词汇 Common vocabulary in Mathematics　 13-05

1. 面积	miànjī	area	8. 正数	zhèngshù	positive number
2. 分数	fēnshù	fraction	9. 负数	fùshù	negative number
3. 小数	xiǎoshù	decimal	10. 直角	zhíjiǎo	right angle
4. 分子	fēnzǐ	numerator	11. 体积	tǐjī	volume
5. 分母	fēnmǔ	denominator	12. 半径	bànjìng	radius
6. 周长	zhōucháng	girth	13. 直径	zhíjìng	diameter
7. 乘法	chéngfǎ	multiplication	14. 加法	jiāfǎ	addition

课后自测　Self-evaluation

1. Are you able to use the structure 连……也/都…… to add emphasis to a sentence?

2. Do you know the difference between these two sentences: 难道你不知道今天考试吗 and 你不知道今天考试吗?

3. In a short time, are you able to form a sentence including 既……又……?

4. How much mathematical terminology are you able to use in Chinese?

第 14 课

Gāo Qiáng yě biànchéng gǔmín le
高强也变成股民了

Gao Qiang had also became an investor

教学目标 Objectives

① 学会结果补语"成、住、上"的用法。To learn the usage of complements of result 成, 住 and 上.

② 掌握表示方式的"着"。To master the usage of 着 when indicating a method.

③ 了解与经济学专业相关的词语及句型。To understand vocabulary and sentence structures related to Economics.

第一部分 Part 1

生 词 | New words and expressions 🎧 14-01

| 1. 基本 | adv. | jīběn | basically |

现在基本没有问题了。
There's basically no problem now.

| 2. 聚 | v. | jù | to gather, get together |

改天找几个朋友我们聚一下。
Some day we should get a few friends together.

| 3. 发 | v. | fā | to send |
| 4. 短信 | n. | duǎnxìn | SMS, text message |

我住院的时候他给我发短信了。
He sent me a text while I was in the hospital.

| 5. 所有 | adj. | suǒyǒu | all |
| 6. 炒股 | v. | chǎogǔ | to trade stocks |

他把所有的时间都用在炒股上了。
He's been spending all his time on his stocks.

7. 股民　　*n.*　　gǔmín　　stock investor

8. 变　　*v.*　　biàn　　change

没想到高强也变成股民了。
I don't know Gao Qiang had also became an stock investor.

9. 谈论　　*v.*　　tánlùn　　to discuss

最近大家都在炒股，谈论股票。
Everyone's been talking about stocks recently.

10. 攒　　*v.*　　zǎn　　to put aside

工作以后攒了一些钱。
After getting a job, he saved some money.

11. 股市　　*n.*　　gǔshì　　stock market

他上大学的时候就整天看着电脑研究股市。
When he was at university he spent all his time on his computer researching the stock market.

12. 投资　　*v.*　　tóuzī　　to invest

13. 金融　　*n.*　　jīnróng　　finance

他还选了很多跟投资和金融相关的课呢。
He also chose a lot of courses related to investment and finance.

◎ 专有名词 | Proper nouns

高强　　　　Gāo Qiáng　　　　Gao Qiang, Chinese, a friend of Jack and Vika.

■ 请连线。
Matching exercise.

基	股	投	金	短
信	融	本	资	市

jīběn　　　tóuzī　　　gǔshì　　　duǎnxìn　　　jīnróng

◎ 课文一 ｜ Text 1 14-02

(Jack is going to Vika's dorm for a chat.)

维卡：　杰克，你出院了？现在腿怎么样了？

杰克：　现在基本没有问题了。对了，改天找几个朋友我们聚一下，我请客。

维卡：　好啊，把高强也叫上，好久没见到他了。

杰克：　是啊，我住院的时候他给我发短信了。他最近忙什么呢？

维卡：　最近他可忙了，除了工作以外，把所有的时间都用在炒股上了。

杰克：　炒股？最近大家都在炒股，谈论股票，没想到高强也变成股民了。

维卡：　是啊，他以前就对炒股感兴趣，但是那时候是学生没有钱，工作以后
　　　　攒了一些钱，就想试试了。

杰克：　我也想起来了，他上大学的时候就整天看着电脑研究股市，他还选了
　　　　很多跟投资和金融相关的课呢。

维卡：　是啊，希望高强能赚大钱，到时候能多请我们吃几次饭就行了。

Wéikǎ:　Jiékè, nǐ chūyuàn le? Xiànzài tuǐ zěnmeyàng le?

Jiékè:　Xiànzài jīběn méiyǒu wèntí le. Duì le, gǎitiān zhǎo jǐ ge péngyou wǒmen jù yíxià, wǒ qǐngkè.

Wéikǎ:　Hǎo a, bǎ Gāo Qiáng yě jiàoshang, hǎojiǔ méi jiàndào tā le.

Jiékè:　Shì a, wǒ zhùyuàn de shíhou tā gěi wǒ fā duǎnxìn le. Tā zuìjìn máng shénme ne?

Wéikǎ:　Zuìjìn tā kě máng le, chúle gōngzuò yǐwài, bǎ suǒyǒu de shíjiān dōu yòng zài chǎogǔ shàng le.

Jiékè:　Chǎogǔ? Zuìjìn dàjiā dōu zài chǎogǔ, tánlùn gǔpiào, méi xiǎng dào Gāo Qiáng yě biànchéng gǔmín le.

Wéikǎ:　Shì a, tā yǐqián jiù duì chǎogǔ gǎn xìngqù, dànshì nà shíhou shì xuésheng méiyǒu qián, gōngzuò yǐhòu zǎn le yìxiē qián, jiù xiǎng shìshi le.

Jiékè:　Wǒ yě xiǎng qǐlai le, tā shàng dàxué de shíhou jiù zhěngtiān kàn zhe diànnǎo yán jiū gǔshì, tā hái xuǎn le hěn duō gēn tóuzī hé jīnróng xiāngguān de kè ne.

Wéikǎ:　Shì a, xīwàng Gāo Qiáng néng zhuàn dà qián, dào shí hou néng duō qǐng wǒmen chī jǐ cì fàn jiù xíng le.

1 两人一组，互相问答，再根据答案复述课文。

In pairs, ask and answer questions, then retell the text according to the answers.

(1) 杰克的腿现在怎么样了？

(2) 高强最近忙什么呢？

(3) 高强上学时对炒股感兴趣吗？

(4) 维卡希望高强赚大钱之后做什么？

2 根据课文内容，重新排列下面句子的顺序。　　新HSK 模拟题

Reorder the following sentences according to the text.

A. 毕业以后他开始炒股。

B. 可是那时候他没有钱炒股。

C. 高强上学的时候开始对炒股感兴趣。

_____

◎ 语言点例释一｜ **Language points** ｜

（一）动词+成　Verb+成

"动词+成"中的"成"是结果补语，表示动作是否实现及实现的结果等。

成 in the structure "verb+成" is a complement of result, it indicates whether an action is going to come true, and the result of the action.

1. 我上个星期本来想去北京，但是因为工作太忙了没去成。

2. 我在电影院门口等他一个小时了他还没来，看来今天的电影看不成了。

3. 下午我打算跟妹妹一起听歌，但是MP3坏了没听成。

4. 她已经从一个小女孩变成漂亮的女人了。

5. 我打算把这些美元换成人民币。

✎ 请选择正确答案。

Choose the correct answer.

1. 考试的时候，太着急了。我把"太"写_____"大"了。

　　A. 上　　　　B. 住　　　　C. 成　　　　D. 了

2. 工作三年了，他已经变_____一位受学生们欢迎的好老师了。

　　A. 上　　　　B. 成　　　　C. 住　　　　D. 了

(二) "着" 的用法(二)　The usage of "着" II

"动词1+着+动词2" 表示动作或者动作状态的持续，"动词1+着" 放在动词前表示动作的方式。

"Verb1+着+verb2" indicates the continuation of an action or the status of an action. "Verb1+着" can be placed before a verb to show the way that the action happens.

> 1. 老师**站着讲**课，我们**坐着听**课。　　3. **吃着**饭说话对身体不好。
>
> 2. 巴布**看着**电视**睡**着了。　　4. 我喜欢**听着**歌学习。

请选择正确答案。
Choose the correct answer.

1. 打_____电话开车太危险！

    A. 了　　　　　B. 完　　　　　C. 着　　　　　D. 过

2. 下雨_____！

    A. 了　　　　　B. 完　　　　　C. 着　　　　　D. 过

3. 我去_____三次北京。

    A. 对　　　　　B. 完　　　　　C. 着　　　　　D. 过

第二部分　Part 2

生　词｜New words and expressions　14-03

1. 赔　　*v.*　　péi　　to lose money in business

> 赚的不多，但是没赔。
> I haven't made much, but I haven't made a loss.

2. 风险　　*n.*　　fēngxiǎn　　risk

3. 比较　　*adv.*　　bǐjiào　　comparatively

> 我还是觉得炒股是一种风险比较大的投资。
> I still think trading on stocks is a pretty risky kind of investment.

4. 适合   v.   shìhé   to suit

> 所以炒股适合两种人。
> So trading stocks is suitable for two kinds of people.

5. 善于   v.   shànyú   to be good at sth.

6. 抓   v.   zhuā   to seize

7. 发财   v.   fācái   to become rich

> 那我们就等你发财了。
> So we'll just wait for you to become rich.

■ 填汉字组词，并写出词语的拼音。
Insert a character to form a word, then write the *pinyin* of the word.

(   )   (   )   (   )   (   )

机_____   适_____   善_____   风_____

◎ 课文二 │ Text 2   🎧 14-04

(Jack, Gao Qiang and Vika are having dinner.)

杰克：高强，好久不见。听说你最近在炒股？

高强：是啊。

维卡：怎么样？赚到钱了吗？

高强：还行，赚的不多，但是没赔。

维卡：我的很多朋友炒股都赔了，很后悔。

高强：但也有人因为炒股赚了很多钱，过上了很好的生活。

杰克：我还是觉得炒股是一种风险比较大的投资，要是有很多钱，试试还行。

高强：所以炒股适合两种人：第一种，对股市很了解，善于抓住机会的人。第
　　　二种，有一些钱，只是想玩儿玩儿的人。如果是既没有相关知识，又想
　　　赚大钱的人，一定会赔的。

维卡：那你是哪种人啊？

高强：我呀，当然是第一种人。

杰克：那我们就等你发财了。

Jiékè: Gāo Qiáng, hǎojiǔ bú jiàn. Tīngshuō nǐ zuìjìn zài chǎogǔ?

Gāo Qiáng: Shì a!

Wéikǎ: Zěnmeyàng? Zhuàn dào qián le ma?

Gāo Qiáng: Hái xíng, zhuàn de bù duō, dànshì méi péi.

Wéikǎ: Wǒ de hěn duō péngyou chǎogǔ dōu péi le, hěn hòuhuǐ.

Gāo Qiáng: Dàn yě yǒu rén yīnwèi chǎogǔ zhuàn le hěn duō qián, guòshang le hěn hǎo de shēnghuó.

Jiékè: Wǒ háishì juéde chǎogǔ shì yì zhǒng fēngxiǎn bǐjiào dà de tóuzī, yàoshì yǒu hěn duō qián, shìshi hái xíng.

Gāo Qiáng: Suǒyǐ chǎogǔ shìhé liǎng zhǒng rén: dì yì zhǒng, duì gǔshì hěn liáojiě, shànyú zhuāzhù jīhuì de rén. Dì èr zhǒng, yǒu yìxiē qián, zhǐshì xiǎng wánrwanr de rén. Rúguǒ shì jì méiyǒu xiāngguān zhīshí, yòu xiǎng zhuàn dà qián de rén, yídìng huì péi de.

Wéikǎ: Nà nǐ shì nǎzhǒng rén a?

Gāo Qiáng: Wǒ ya, dāngrán shì dì yì zhǒng rén.

Jiékè: Nà wǒmen jiù děng nǐ fācái le.

1 听课文，判断对错。 🎧 14-04   新HSK 模拟题

Listen to the text and judge true or false.

（　　）(1) 高强炒股赚到很多钱。

（　　）(2) 杰克也想试试炒股。

（　　）(3) 高强因为炒股，过上了很好的生活。

2 三人一组，根据课文完成填空，再分角色练习对话。

In groups of three, fill in the blanks according to the text, then practice the conversation as a role-play.

高强：炒股赚的钱_____，但是_____。

维卡：我的很多朋友_____。

杰克：我觉得炒股是_____，要是_____。

高强：两种人适合炒股，第一种是_____，

　　　第二种是_____。如果_____，肯定_____。

◎ 语言点例释二 | **Language points** ‖

(三) 动词+上   Verb+上

"动词+上"中的"上"是结果补语，表示动作开始并持续。本课中表示物质生活从不好的状态到好的状态的变化并持续。

The 上 in the structure "verb+上" is a complement of result, it indicates the start and continuance of an action. In this lesson, it indicates material life changes from a bad to a good status, and continues to be good.

> 1. 他们过上了幸福的生活。
>
> 2. 我们攒了很多年钱，终于住上了自己的房子。
>
> 3. 现在连阿里都开上车了。

请选择正确答案。

Choose the correct answer.

1. 今天上午的工作太忙了，都十二点了，我们还没吃_____午饭呢。

   A. 上   B. 成   C. 住   D. 了

2. 以前我的电脑很旧，现在我也用_____好电脑了。

   A. 成   B. 住   C. 上   D. 了

(四) 动词+住   Verb+住

"动词+住"结果补语，表示动作的固定在某个位置不发生变化。

"Verb+住" is a complement of result, it indicates that an action is fixed in a place, and nothing can happen to change it.

> 1. 警察大声地对小偷儿说："你站住！"   3. 火车突然在前边停住了。
>
> 2. 菲娜，这是你的钥匙，接住！

请选择正确答案。

Choose the correct answer.

1. 杯子很热，你一定要拿_____了。

   A. 上   B. 住   C. 成   D. 了

2. 我的电话号码你记_____了吗？别忘了。

   A. 上   B. 了   C. 成   D. 住

实践活动 Practical Activity

请找四位朋友调查一下他们对炒股的看法，然后给大家介绍一下。

Find out the opinions of 4 of your friends' on investing in the stock market, share the opinions with your class.

	态度 Opinions	原因 Reasons
朋友 1		
朋友 2		
朋友 3		
朋友 4		

汉字练习 Chinese Character Exercises

一、为下列汉字选择正确的拼音 | Choose the correct *pinyin* for the characters below

1. 攒　　A. zǎn　　B. zàn

2. 赔　　A. bèi　　B. péi

3. 抓　　A. guā　　B. zhuā

4. 聚　　A. jù　　B. qù

5. 投　　A. tóu　　B. méi

6. 所　　A. tuǒ　　B. suǒ

7. 谈　　A. tán　　B. dàn

8. 基　　A. qī　　B. jī

二、选择汉字，写在相应拼音后面 | Choose the correct characters and write them next to the corresponding *pinyin*

投资	风险	适合	谈论	股市	短信	金融	善于

1. jīnróng　　（　　　　）

2. fēngxiǎn　　（　　　　）

3. gǔshì　　（　　　　）

4. tóuzī　　（　　　　）

5. duǎnxìn　　（　　　　）

6. shìhé　　（　　　　）

7. tánlùn　　（　　　　）

8. shànyú　　（　　　　）

三、写汉字 | Write the characters

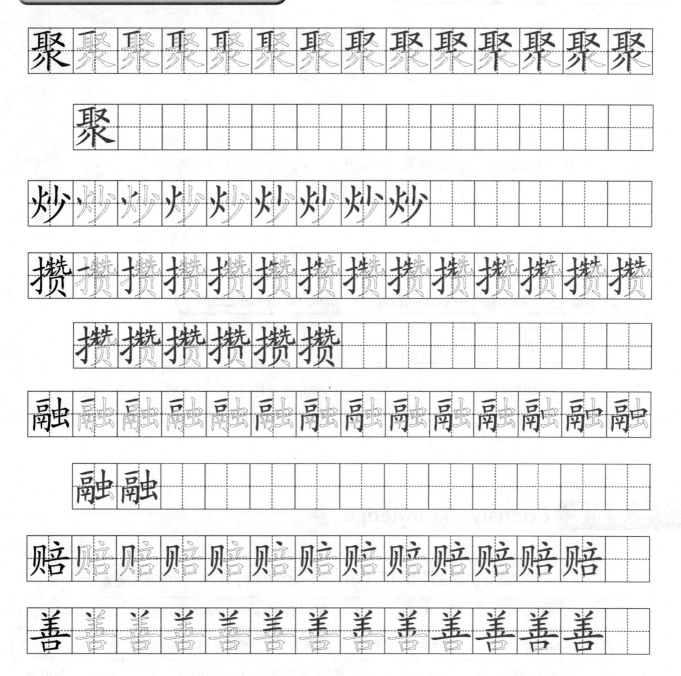

四、汉字小游戏 | Character game

将A组和B组中的两个部件连线组成汉字，并写出这个汉字。
Match the radicals in Groups A and B to form new characters, then write the characters out.

A　矢　扌　火　次　讠　氵

B　豆　贝　炎　仑　赞　少

汉字　　　　短

五、选字填空 | Choose the correct character to fill in the blanks

边	这	还	远

1.（　　）是银行吗？

2. 我（　　）要两斤鸡蛋。

3. 商店离学校（　　）吗？

4. 邮局在超市北（　　）。

扩展知识 Extensive knowledge

经济学专业常用词汇 Common vocabulary in Economics 14-05

1. 营销	yíngxiāo	marketing	7. 履行合同	lǚxíng hétong	to fulfill a contract
2. 公关	gōngguān	Public Relations	8. 通货膨胀	tōnghuò péngzhàng	inflation
3. 垄断	lǒngduàn	monopoly	9. 泡沫经济	pàomò jīngjì	economic bubble
4. 竞争	jìngzhēng	competition	10. 卖方市场	màifāng shìchǎng	seller's market
5. 策划	cèhuà	planning	11. 买方市场	mǎifāng shìchǎng	buyer's market
6. 电子商务	diànzǐ shāngwù	e-commerce			

课后自测 Self-evaluation ▷

1. Are you able to form a sentence of the pattern "verb+complement of result" for each of the complements 成，住 and 上?

2. Can you talk about your habits using 着?

3. How much terminology of economics are you able to use in Chinese?

第 **15** 课

Hǎinán de dōngtiān hǎoxiàng xiàtiān yíyàng

海南的冬天好像夏天一样

Winter in Hainan is just like Summer

教学目标 Objectives

① 掌握"好像"的两个意义。To master the two meanings of 好像.

② 学会"是……之一"句型。To learn the structure 是……之一.

③ 熟知双重否定的意义。To become familiar with the meaning of double negatives.

④ 了解地理学专业相关的词汇和句型。To understand vocabulary and sentence structures in Geography.

第一部分 Part 1

◎ 生 词 | New words and expressions 15-01

1. 地图   *n.*   dìtú   map

> 我们正在看中国地图。
> We're just looking at a map of China.

2. 利用   *n.*   lìyòng   use

> （我们）打算利用寒假去旅行。
> We plan to use the winter holiday to go traveling.

3. 城市   *n.*   chéngshì   city

> 上海是大城市。
> Shanghai is a large city.

4. 好像   *v.*   hǎoxiàng   like

> 海南的冬天好像夏天一样。
> The winter in Hainan is just like summer.

5. 热带   *n.*   rèdài   tropics

> 海南是热带气候。
> Hainan has a tropical climate.

6. 纬度   *n.*   wěidù   latitude

> 跟美国夏威夷在同一纬度上。
> It's on the same latitude as Hawaii of the US.

7. 海洋   *n.*   hǎiyáng   ocean
8. 面积   *n.*   miànjī   area
9. 省   *n.*   shěng   province

> 海南省是中国海洋面积比较大的省之一。
> Hainan is a province with one of the longest ocean borders in China.

10. 海边   *n.*   hǎibiān   seaside, coast
11. 景色   *n.*   jǐngsè   scenery

> 海边的景色美极了。
> The coastal scenery is very beautiful.

◎ 专有名词 | Proper nouns

海南   Hǎinán   Hainan Province
夏威夷   Xiàwēiyí   Hawaii

■ **请连线。**
Matching exercise.

面	海	热	暖
带	积	和	洋

nuǎnhuo   hǎiyáng   rèdài   miànjī

◎ 课文一 ｜ Text 1 15-02

(Babou, Fina and Lina are looking at a map when Vika walks in.)

维卡：你们几个干什么呢？

巴布：我们正在看中国地图，打算利用寒假去旅行，正在选地方。你有空儿的
　　　话一起去吧！

维卡：好啊，你们想去哪儿？我很多地方都去过了。

丽娜：我想去上海，他们两个不想去。

巴布：上海是大城市，人太多，花钱也多。

菲娜：是啊，寒假的时候应该去最暖和的地方。

维卡：那去海南吧，听说海南的冬天好像夏天一样。

巴布：那儿有什么好玩儿的吗？

维卡：海南是热带气候，跟美国夏威夷在同一纬度上，是中国海洋面积比较大
　　　的省之一，海边的景色美极了。

丽娜：好是好，可是我们家乡的海也非常大，我不想去那儿。

维卡：选择这么多人都想去的地方太难了，你们去找王芳问问吧，让她给我们
　　　推荐一下。

Wéikǎ:　Nǐmen jǐ ge gān shénme ne?

Bābù:　Wǒmen zhèngzài kàn Zhōngguó dìtú. Wǒmen dǎsuàn lìyòng hánjià qù lǚxíng,
　　　zhèngzài xuǎn dìfang. Nǐ yǒu kòngr de huà yìqǐ qù ba!

Wéikǎ:　Hǎo a, nǐmen xiǎng qù nǎr? Wǒ hěn duō dìfang dōu qùguo le.

Lìnà:　Wǒ xiǎng qù Shànghǎi, tāmen liǎng ge bù xiǎng qù.

Bābù:　Shànghǎi shì dà chéngshì, rén tài duō, huāqián yě duō.

Fēinà:　Shì a, hánjià de shíhou yīnggāi qù zuì nuǎnhuo de dìfang.

Wéikǎ:　Nà qù Hǎinán ba, tīngshuō Hǎinán de dōngtiān hǎoxiàng xiàtiān yíyàng.

Bābù:　Nǎr yǒu shénme hǎowánr de ma?

Wéikǎ:　Hǎinán shì rèdài qìhòu, gēn Měiguó Xiàwēiyí zài tóng yí wěidùshang, shì Zhōngguó
　　　hǎiyáng miànjī bǐjiào dà de shěng zhī yī, hǎibiān de jǐngsè měi jí le.

Lìnà:　Hǎo shì hǎo, kěshì wǒmen jiāxiāng de hǎi yě fēicháng dà, wǒ bù xiǎng qù nàr.

Wéikǎ:　Xuǎn zé zhème duō rén dōu xiǎng qù de dìfang tài nán le, nǐmen qù zhǎo Wáng
　　　Fāng wènwen ba, ràng tā gěi wǒmen tuījiàn yíxià.

1 听课文，判断对错。 🎧 15-02   新HSK 模拟题

Listen to the text and judge true or false.

(   ) (1) 巴布打算利用暑假去旅行。

(   ) (2) 维卡去过中国的很多地方。

(   ) (3) 丽娜打算去上海。

(   ) (4) 巴布决定去海南。

(   ) (5) 维卡建议找王芳推荐个旅游的地方。

2 两人一组，互相问答，再根据答案复述课文。

In pairs ask and answer questions, then retell the text according to the answers.

(1) 巴布寒假打算做什么？

(2) 丽娜为什么不想去海南？

(3) 巴布为什么不想去上海？

◎ 语言点例释一 | **Language points Ⅰ**

(一) 好像   Look like

"好像"既可以表示相似、接近，也可以表示推测。表示相似和接近的时候常用"好像……一样"。

好像 can indicate similarity and approximation, and can also indicate speculation. When it's used to indicate similarity and approximation, it usually follows the pattern 好像……一样.

1. 她的脸红得好像苹果一样。

2. 这个孩子说话好像老人一样。

3. 昨天晚上好像下雨了，地上有很多水。

4. 她的眼睛很红，好像刚刚哭过了。

 请选择正确答案。

Choose the correct answer.

她妈妈看着很年轻，_____她的姐姐_____。

A. 因为 一样   B. 好像 一样   C. 好像 一起   D. 好像 同样

✏ 为括号中的词语选择适当位置。

Choose the correct position for the word in parentheses.

和他们A一起聊天的感觉B特别好，C一对老朋友D一样。（好像）

（二）是……之一　Be one of...

"是……之一"表示多数中的一个。

是……之一 indicates one of many.

> 1. 北京是我最喜欢的城市之一。　　　　3. 四川省是人口比较多的城市之一。
>
> 2. 成龙是我最喜欢的演员之一。

 请用"是……之一"改写句子。

Use 是……之一 to rewrite the sentences.

1. 中国有很多好玩儿的地方，比如上海。

————————————————————————————

2. 世界上有很多难学的语言，比如汉语。

————————————————————————————

第二部分　Part 2

◎ 生　词 | New words and expressions　🎧 15-03

1. 古城	n.	gǔchéng	ancient town
2. 遗产	n.	yíchǎn	heritage

> 听说云南有个丽江古城，是世界文化遗产之一。
>
> I heard Yunnan has an ancient town called Lijiang, it's one of the World's Cultural Heritage sites.

3. 古老	a.	gǔlǎo	old
4. 民族	n.	mínzú	minority

> （丽江）也是云南最大、最古老的民族古城。
>
> Lijiang's also Yunnan's largest and most ancient ethnic ancient town.

5. 值得	v.	zhídé	to be worth doing

> 很值得看看。
>
> It's really worth checking out

6. 雪景   *n.*   xuějǐng   snow scenery

（我们）应该去一个雪景漂亮的城市。

(We) should go to a city that has beautiful snow scenery.

7. 冰灯   *n.*   bīngdēng   ice lantern

那儿的冰灯非常漂亮。

The ice lanterns there are really very beautiful.

8. 冻   *v.*   dòng   to freeze

我是怕冻死了。

I'm afraid I'll freeze to death.

9. 零下   *n.*   língxià   below zero

10. 冬泳   *n.*   dōngyǒng   winter swimming

听说那儿还有很多人冬泳呢。

I heard a lot of people there go winter swimming.

◎ **专有名词 | Proper nouns**

云南	Yúnnán	Yunnan Province
丽江	Lìjiāng	Lijiang
哈尔滨	Hā'ěrbīn	Harbin

■ 填汉字组词，并写出词语的拼音。

Insert a character to form a word, then write the *pinyin* of the word.

（   ） （   ） （   ） （   ） （   ）

民＿＿＿＿　　雪＿＿＿＿　　值＿＿＿＿　　导＿＿＿＿　　冬＿＿＿＿

 课文二 ｜ Text 2　15-04

(Babou, Fina and Lina go to Wang Fang's dorm to discuss the travel destination.)

王芳：请进！你们怎么一起来了？

菲娜：我们找你有点儿事儿。

王芳：什么事儿？

丽娜：我们寒假的时候想去旅行，你给我们推荐几个地方吧。

王芳：寒假的时候很冷，去南方比较好，云南怎么样？听说云南有个丽江古城，是世界文化遗产之一，也是云南最大、最古老的民族古城，很值得看看，而且云南也不太冷。

菲娜：跟我想的一样。

巴布：我觉得去南方不如去北方，我们的家乡都不下雪，所以应该去一个雪景漂亮的城市。

王芳：那去哈尔滨怎么样？那儿的冰灯非常漂亮，而且我家就在那儿，你们去的话我可以给你们当导游。

菲娜：哈尔滨？不是我不想去，我是怕冻死了。听说那儿的冬天零下30多度呢。

丽娜：天啊，太冷了！

巴布：怕什么！听说那儿还有很多人冬泳呢，我也想试试。

Wáng Fāng: Qǐng jìn! Nǐmen zěnme yìqǐ lái le?

Fēinà: Wǒmen zhǎo nǐ yǒudiǎnr shìr.

Wáng Fāng: Shénme shìr?

Lìnà: Wǒmen hánjià de shí hou xiǎng qù lǚxíng, nǐ gěi wǒmen tuījiàn jǐ ge dìfang ba.

Wáng Fāng: Hánjià de shíhou hěn lěng, qù nánfāng bǐjiào hǎo, Yúnnán zěnmeyàng? Tīngshuō Yúnnán yǒu ge Lìjiāng gǔchéng, shì shìjiè wénhuà yíchǎn zhī yī, yě shì Yúnnán zuì dà, zuì gǔlǎo de mínzú gǔchéng, hěn zhídé kànkan, érqiě Yúnnán yě bú tài lěng.

Fēinà: Gēn wǒ xiǎng de yíyàng.

Bābù: Wǒ juéde qù nánfāng bùrú qù běifāng, wǒmen de jiāxiāng dōu bú xiàxuě, suǒyǐ yīnggāi qù yí ge xuějǐng piàoliang de chéngshì.

Wáng Fāng: Nà qù Hā'ěrbīn zěnmeyàng? Nàr de bīngdēng fēicháng piàoliang, érqiě wǒ jiā jiù zài nàr, nǐmen qù de huà wǒ kěyǐ gěi nǐmen dāng dǎoyóu.

Fēinà: Hā'ěrbīn? Bú shì wǒ bù xiǎng qù, wǒ shì pà dòngsǐ le. Tīng shuō nàr de dōngtiān líng xià sānshí duō dù ne.

Lìnà: Tiān a, tài lěng le!

Bābù: Pà shénme! Tīngshuō nàr hái yǒu hěn duō rén dōngyǒng ne, wǒ yě xiǎng shìshi.

1 听课文，选择正确的答案。🎧 15-04　　　新HSK 模拟题

Listen to the text and choose the right answer.

(　　)(1) 下面哪个不是云南的特点？

　　　A. 很暖和。　　　　　　　　B. 是中国最大的省。

　　　C. 有丽江古城。　　　　　　D. 有世界文化遗产。

(　　)(2) 哈尔滨怎么样？

　　　A. 冬天非常冷。　　　　　　B. 冰灯非常漂亮。

　　　C. 在中国北方。　　　　　　D. 景色不太好。

2 三人一组，根据课文完成填空，再分角色练习对话。

In pairs, fill in the blanks according to the text, then practice the conversation as a role-play.

王芳：寒假的时候很冷，去_____，云南怎么样？听说_____，是云南最大、最古

　　　老的古城，很_____，而且_____。

巴布：我觉得_____，我们的家乡都不下雪，所以_____。

菲娜：不是_____，我是怕_____。听说_____。

◎ **语言点例释二** │ **Language points Ⅱ**

(三) 双重否定　Double negatives

双重否定常用来强调肯定的意思，句子中常常有两个否定性词语。

Double negatives are usually used to stress a positive meaning, there are usually two negative phrases in a sentence.

---

1. 丽娜性格很好，没有不喜欢她的人。

2. 不是我不帮你，我实在没有办法。

3. 没有他不知道的国家。

4. 没有没带护照和机票的人吧？那我们进去吧。

🖊 请选择最接近画线句子的一项。

Choose the answer with the closest meaning to the underlined sentence.

(　　) 他是个"中国通"，在中国，没有他不知道的事儿。

　　　A. 所有的事儿他都知道　　　　B. 没有的事儿他也知道

　　　C. 很多事儿他都不知道　　　　D. 没有的事儿他不知道

 为括号中的词语选择适当位置。
Choose the correct position for the word in parentheses.

我们班A没有人B喜欢C上汉字课D。（不）

实践活动 Practical Activity ▶

请调查一下三个来自不同国家的朋友他们家乡的情况，然后给大家介绍一下。
Talk to 4-5 of your friends about their hometowns, then introduce them to the class.

	家乡 Hometown	家乡特点（气候、特产、环境等） Introductions (climate, special products, environment, etc.)
朋友 1		
朋友 2		
朋友 3		

汉字练习 Chinese Character Exercises ▶

一、为下列汉字选择正确的拼音 | Choose the correct *pinyin* for the characters below

1. 暖和　　　A. nuǎnhuo　　　B. nuǎnhé

2. 面积　　　A. miànjí　　　B. miànjī

3. 寒假　　　A. hánjiǎ　　　B. hánjià

4. 地图　　　A. dìtú　　　B. detú

5. 气候　　　A. qìhóu　　　B. qìhòu

6. 度　　　A. dù　　　B. duó

7. 冻　　　A. dòng　　　B. dōng

二、选择汉字，写在相应拼音后面｜Choose the characters and write them next to the corresponding *pinyin*

值得	雪景	导游	冬泳	面积	民族	古城	冰灯

1. dōngyǒng 　　（　　　　）
2. bīngdēng 　　（　　　　）
3. mínzú 　　（　　　　）
4. zhídé 　　（　　　　）

5. miànjī 　　（　　　　）
6. xuějǐng 　　（　　　　）
7. gǔchéng 　　（　　　　）
8. dǎoyóu 　　（　　　　）

三、写汉字｜Write the characters

图 图 图 图 图 图 图 图 图

暖 暖 暖 暖 暖 暖 暖 暖 暖 暖 暖 暖 暖

冻 冻 冻 冻 冻 冻 冻 冻

省 省 省 省 省 省 省 省 省

度 度 度 度 度 度 度 度 度

泳 泳 泳 泳 泳 泳 泳 泳 泳

195

四、汉字小游戏 | Character game

将A组和B组中的两个部件连线组成汉字，并写出这个汉字。
Match the radicals in Groups A and B to form new characters, then write the characters out.

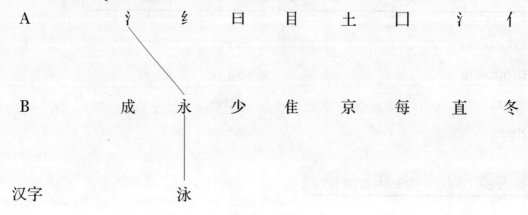

A　氵　氵　纟　曰　目　土　口　氵　亻

B　成　永　少　佳　京　每　直　冬

汉字　　　　泳

扩展知识 Extensive knowledge ▶

中国的行政区划 China's administrative regions 15-05

四个直辖市　Four Municipalities	
北京　Běijīng　Beijing	上海　Shànghǎi　Shanghai
重庆　Chóngqìng　Chongqing	天津　Tiānjīn　Tianjin
二十三个省　Twenty-three Provinces	
河北省　Héběi shěng　Hebei Province	山西省　Shānxī shěng　Shanxi Province
辽宁省　Liáoníng shěng　Liaoning Province	吉林省　Jílín shěng　Jilin Province
黑龙江省　Hēilóngjiāng shěng　Heilongjiang Province	江苏省　Jiāngsū shěng　Jiangsu Province
浙江省　Zhèjiāng shěng　Zhejiang Province	安徽省　Ānhuī shěng　Anhui Province
福建省　Fújiàn shěng　Fujian Province	江西省　Jiāngxī shěng　Jiangxi Province
山东省　Shāndōng shěng　Shandong Province	河南省　Hénán shěng　Henan Province
湖北省　Húběi shěng　Hubei Province	湖南省　Húnán shěng　Hunan Province
广东省　Guǎngdōng shěng　Guangdong Province	海南省　Hǎinán shěng　Hainan Province
四川省　Sìchuān shěng　Sichuan Province	贵州省　Guìzhōu shěng　Guizhou Province
云南省　Yúnnán shěng　Yunnan Province	陕西省　Shǎnxī shěng　Shaanxi Province
甘肃省　Gānsù shěng　Gansu Province	青海省　Qīnghǎi shěng　Qinghai Province
台湾省　Táiwān shěng　Taiwan Province	

五个少数民族自治区　Five Autonomous Regions	
广西壮族自治区 Guǎngxī zhuàngzú zìzhìqū Guangxi Zhuang Autonomous Region	内蒙古自治区 Nèiměnggǔ zìzhìqū Inner Mongolia Autonomous Region
宁夏回族自治区 Níngxià huízú zìzhìqū Ningxia Hui Autonomous Region	新疆维吾尔自治区 Xīnjiāng wéiwú'ěr zìzhìqū Xinjiang Uygur Autonomous Region
西藏自治区 Xīzàng zìzhìqū Tibet Autonomous Region	
两个特别行政区　Two Special Administrative Regions	
香港特别行政区 Xiānggǎng tèbié xíngzhèngqū Hong Kong Special Administrative Region	澳门特别行政区 Àomén tèbié xíngzhèngqū Macao Special Administrative Region

课后自测 Self-evaluation

1. Are you able to use 好像 to evaluate the climate of your hometown?

2. Do you know the meaning of the sentence 她不是没有准备?

3. How much Geography terminology are you able to say in Chinese?

HSK模拟小测试五

姓名_____ 学号_____

一、听录音，判断对错　🎧 HSK05-01

(　)1. 你应该知道，汤姆本科的时候学的是化学。

(　)2. 物理化学我都喜欢，不过觉得化学更有意思。

(　)3. 丽江是海南最大、最古老的民族古城，很值得看看。

(　)4. 在南希的家乡看不到雪。

二、听对话，选择正确的答案　🎧 HSK05-02

(　)1. A. 春天　　　　B. 夏天　　　　C. 秋天　　　　D. 冬天

(　)2. A. 凉快一点儿的地方　　　　B. 有冰灯的地方

　　　　 C. 哈尔滨　　　　D. 云南

(　)3. A. 云南　　　　B. 丽江　　　　C. 哈尔滨　　　　D. 古城

三、听短文，选择正确的答案　🎧 HSK05-03

(　)1. A. 炒股　　　B. 股民　　　C. 赚钱　　　D. 赔钱

(　)2. A. 炒股的钱　B. 爸爸的钱　C. 吃饭的钱　D. 股票的钱

阅读 ▶

一、选填恰当的词语完成下列句子

　　A. 极了　　B. 信息　　C. 一下　　D. 知识　　E. 专业　　F. 思维

1. 老师对学生不懂的问题应该讲解（　　　　）。

2. 数学可以培养人的逻辑（　　　）。

3. 炒股之前一定要学习相关（　　　）。

4. 我昨天已经给他发了（　　　）。

5. 夏威夷的风景美（　　　）！

6. 现在很多学生都已经选完（　　　）了。

二、排列顺序

1. A. 丽娜和巴布让王芳帮助她选择旅游的地方。

   B. 王芳给他们推荐寒假去南方旅游。

   C. 但是巴布觉得南方不如北方，他说雪景很漂亮。

   _____

2. A. 巴布和丽娜希望维卡以后有空儿给他们辅导。

   B. 巴布觉得维卡非常厉害，连这么难的题都会。

   C. 维卡给巴布和丽娜讲数学题。

   _____

3. A. 但是文科生学的都是一些简单的微积分。

   B. 维卡觉得因为数学可以培养人的逻辑思维能力，所以没什么奇怪的。

   C. 丽娜觉得大学的文科生也要学习高等数学很奇怪。

   _____

4. A. 高强觉得很多人因为炒股赚到了钱。

   B. 听说高强最近在炒股，朋友问高强关于炒股的事。

   C. 但是杰克觉得炒股风险很大。

   _____

三、选择正确答案

1. 丽娜他们在说放假去旅游的事，丽娜想去上海，可是巴布觉得上海人太多；维卡想去海南，可是丽娜觉得海南和她的家乡差不多。选择这么多人都想去的地方太难了，他们只好去问王芳。

   丽娜他们决定去哪儿了？（　　　）

   A. 海南　　　　　　B. 上海　　　　　　C. 哈尔滨　　　　　　D. 不知道

200

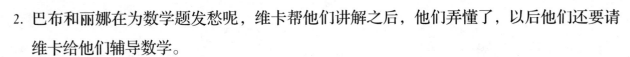

2. 巴布和丽娜在为数学题发愁呢，维卡帮他们讲解之后，他们弄懂了，以后他们还要请
   维卡给他们辅导数学。

   从句子中我们可以知道：（　　）

   A. 维卡很努力。　　　　　　　　B. 维卡的专业是英语。

   C. 维卡数学很好。　　　　　　　D. 维卡考得很好。

书写

一、组词成句

1. 不　难道　努力　可以　汉语　学好　吗　就

   _____

2. 后悔　他　很　没　学习　好好儿　数学

   _____

3. 都　除了　她　吃饭　把　时间　用　在　了　以外　学习上

   _____

4. 善于　这样　的　他　问题　很　处理

   _____

5. 时间　他　爱　玩儿　而是　没　不是不

   _____

6. 旅行　打算　放　的　时候　去　我们　寒假

   _____

二、看图，用所给词语造句

1. 发愁

2. 讲解

_____

3. 短信

_____

4. 聚

_____

口语

一、听后重复 HSK05-04

二、听后根据实际情况回答下列问题 HSK05-05

三、成段表达，要求至少说六个句子

1. 你业余时间做什么？

2. 你喜欢去什么地方旅游？为什么？

3. 你现在住的城市怎么样？

综合填空

杰克的腿坏了，现在还没有完全好，不过已经 __1__ 没有问题了。

杰克问维卡高强在忙什么，维卡说最近大家都在 __2__ 股票，高强以前就 __3__ 股票感兴趣， __4__ 那时候是学生没有钱，工作以后攒了一些钱，就想试试了。他们都希望高强 __5__ 赚大钱。

( ) 1. A. 根本 B. 原本 C. 本来 D. 基本

( ) 2. A. 谈论 B. 聊天 C. 谈话 D. 说话

( ) 3. A. 向 B. 朝 C. 对 D. 给

( ) 4. A. 但是 B. 于是 C. 倒是 D. 才是

( ) 5. A. 想 B. 要 C. 可以 D. 能

第16课

Zhōngyào zhème shénqí?

中药这么神奇？

Is Chinese herbal medicine really so magic?

教学目标 Objectives

❶ 学会介词短语"对……来说"。To learn the usage of the prepositional phrase 对……来说.

❷ 能熟练使用"别说……了"。To be familiar with the usage of 别说……了.

❸ 熟知"既然……就……"。To be familiar with 既然……就…….

❹ 了解中医文化和与之相关的常用词汇。To get to know traditional Chinese medicine culture and its commonly used vocabulary.

第一部分 Part 1

◎ 生 词 | New words and expressions 16-01

1. 医古文　　*n.*　　yīgǔwén　　ancient Chinese of medicine

> 我们专业课里面有一门叫"医古文"。
> There is a lesson called "Ancient Chinese of Medicine".

2. 中医　　*n.*　　zhōngyī　　Traditional Chinese Medicine

> 如果这门课学不好的话，很难学好中医。
> If we can't learn it well, we'll struggle to learn Traditional Chinese Medicine.

3. 针灸　　*n.*　　zhēnjiǔ　　acupuncture

> 中医特别是针灸在很多国家都很流行。
> Traditional Chinese Medicine, especially acupuncture, is very popular around the world.

205

4. 按摩   *v.*   ànmó   massage

> 我最想学的就是针灸和中医按摩。
> What I want to learn most is acupuncture and Chinese massage.

5. 把脉   *v.*   bǎmài   to check the pulse

> 要不要我给你把一下脉?
> Would you like me to check your pulse for you?

6. 算了   suànle   forget it
7. 相信   *v.*   xiāngxìn   believe

> 算了吧,我可不相信你。
> Forget it, I don't believe you.

8. 浑身   *n.*   húnshēn   all over
9. 没劲儿   *v.*   méijìnr   to feel tired

> 我最近总是浑身没劲儿。
> But I do feel tired all over recently.

10. 有名   *adj.*   yǒumíng   famous
11. 老   *adj.*   lǎo   old

> 他可是有名的老中医。
> He is a famous old doctor of Traditional Chinese Medicine.

◎ 专有名词 | Proper names

迪雅   Díyǎ   Diya, Guinean, a Chinese Medicine major and a friend of Lina.

■ **请连线。**
Matching.

针   按   把   何

脉   况   灸   摩

ànmó   zhēnjiǔ   bǎmài   hékuàng

◎ 课文一 ｜ Text 1　🎧 16-02

(Diya is Lina's friend, they are chatting in the café.)

丽娜：　迪雅，你是不是下个学期就要上专业课了？

迪雅：　是啊，现在很担心，我的汉语水平不知道能不能听懂专业课。

丽娜：　你的汉语那么好，应该没问题的。

迪雅：　最难的就是汉语了，我们专业课里面有一门叫"医古文"，如果这门课学不好的话，很难学好中医。对外国人来说，学现代汉语都很难，别说古代汉语了。

丽娜：　这么说还是西医容易一些。不过，中医特别是针灸在很多国家都很流行。

迪雅：　是啊，我最想学的就是针灸和中医按摩，最近我看了很多这方面的书。要不要我给你把一下脉？

丽娜：　算了吧，我可不相信你。不过，我最近总是浑身没劲儿，你带我去你们学校的中医院看看？

迪雅：　行啊，让我的老师给你看吧，他可是有名的老中医。

Lìnà:　Díyǎ, nǐ shì bu shì xià ge xuéqī jiù yào shàng zhuānyè kè le?

Díyǎ:　Shì a, xiànzài hěn dānxīn, wǒ de Hànyǔ shuǐpíng bù zhīdào néng bu néng tīngdǒng zhuānyè kè.

Lìnà:　Nǐ de Hànyǔ nàme hǎo, yīnggāi méi wèntí de.

Díyǎ:　Zuìnán de jiùshì Hànyǔ le, wǒmen zhuānyè kè lǐmian yǒu yì mén jiào "yīgǔwén", rúguǒ zhè mén kè xué bu hǎo de huà, hěn nán xué hǎo zhōngyī, duì wàiguórén lái shuō, xué xiàndài Hànyǔ dōu hěn nán, bié shuō gǔdài Hànyǔ le.

Lìnà:　Zhème shuō háishi xīyī róngyì yìxiē. Búguò, zhōngyī tèbié shì zhēnjiǔ zài hěn duō guójiā dōu hěn liúxíng.

Díyǎ:　Shì a, wǒ zuì xiǎng xué de jiù shì zhēnjiǔ hé zhōngyī ànmó, zuìjìn wǒ kàn le hěn duō zhè fāngmiàn de shū. Yào bu yào wǒ gěi nǐ bǎ yíxià mài?

Lìnà:　Suàn le ba, wǒ kě bù xiāngxìn nǐ. Búguò, wǒ zuìjìn zǒngshì húnshēn méijìnr, nǐ dài wǒ qù nǐmen xuéxiào de zhōngyīyuàn kànkan?

Díyǎ:　Xíng a, ràng wǒ de lǎoshī gěi nǐ kàn ba, tā kěshì yǒumíng de lǎo zhōngyī.

1 选择正确的词语填空。

新HSK 模拟题

Choose the proper words to fill in blanks.

流行	浑身	别说	专业

(1) 下个学期就要上（　　）课了。

(2) 对外国人来说，学现代汉语都很难，（　　）古代汉语了。

(3) 中医特别是针灸在很多国家都很（　　）。

(4) 我最近总是（　　）没劲儿。

2 两人一组，互相问答，再根据答案复述课文。

Ask and answer questions in pairs, then retell the text according to the answers.

(1) 迪雅担心什么？

(2) 迪雅的专业课中哪一门很难？

(3) 迪雅最想学什么？

(4) 丽娜最近身体怎么样？

(5) 丽娜和迪雅要做什么？

◎ **语言点例释一｜Language points I**

（一）对……来说 To...

"对……来说" 常用于引进对象或者事物的关系者。

对……来说 is usually used to draw out the object or the related item.

> 1. 对中国来说，现在最重要的事情就是发展经济。
>
> 2. 对父母来说，孩子们的健康是最重要的。
>
> 3. 对姐姐来说，现在最重要的事情是结婚。

 请选择跟下面句子中"对……来说"意义相同的一项。

Please choose the answer with the same meaning as 对……来说 *in the following sentence.*

对他来说，口语最容易。

A. 对了，明天还有汉字课。

B. 这个汉字你没写对。

C. 对妈妈来说，健康最重要。

(二) 别说……了   Don't mention about...

"别说……了"用来进一步强调说明，表示基本的情况都达不到，更不用说更高的程度了。

别说……了 is used to emphasize, and indicates that even the basic level cannot be reached, not to mention the higher level.

> 1. 这么难的问题，连老师都不会，别说学生了！
>
> 2. 他刚来的时候，一句汉语也不会说，别说听课了！
>
> 3. 这样的汉字，连中国人也不认识，别说外国人了！

 请选择跟下面句子意义最接近的一项。

Please choose the answer which has the closest meaning with the sentence below.

秋天很冷，别说冬天了！
A. 秋天很冷，冬天会更冷。
B. 秋天很冷，冬天怎么样？
C. 秋天很冷，冬天不太冷。

请用"别说……了"完成句子。

Use 别说……了 to complete the sentences.

1. 他连"你好"都不会说，＿＿＿＿＿＿＿＿＿。

2. 我连他的名字都不知道，＿＿＿＿＿＿＿＿＿。

3. 他忙得连吃饭时间都没有，＿＿＿＿＿＿＿＿＿。

第二部分 Part 2

◎ 生　词 | **New words and expressions**   16-03

1. 味儿　　*n.*　　wèir　　smell

> 这是什么味儿啊？
> What's that smell?

2. 难闻　　*adj.*　　nánwén　　(smells) horrible

> 太难闻了！
> Smells horrible!

209

3. 受不了   *v.*   shòubuliǎo   unbearable, cannot stand

（我）闻这味儿都受不了。
I can't even stand the smell.

4. 中成药   *n.*   zhōngchéngyào   traditional Chinese patent medicine

医生告诉她有中成药。
The doctor told her there is traditional Chinese patent medicine available.

5. 煎   *v.*   jiān   to cook (medicine)

非得要自己亲自煎。
It has to be cooked by yourself.

6. 汤药   *n.*   tāngyào   a decoction of herbal medicine

我看她喝汤药的样子比有病还痛苦。
Watching her drink a decoction of herbal medicine is more painful than being sick.

7. 自找苦吃   zìzhǎo kǔ chī   to lay it on oneself

真是自找苦吃。
She really laid it on herself.

8. 俗话   *n.*   súhuà   proverb
9. 良药   *n.*   liángyào   good medicine
10. 苦   *adj.*   kǔ   bitter
11. 利于   *v.*   lìyú   to be good for

我知道一句中国的俗话——良药苦口利于病。
I know a Chinese proverb, "Good medicine tastes bitter."

12. 治病　　　*v.*　　zhìbìng　　cure disease

好的药很苦，但是能治病。
Some medicine are bitter, but they can cure disease.

13. 效果　　　*n.*　　xiàoguǒ　　effect

效果非常好。
It has great effect.

14. 神奇　　　*adj.*　　shénqí　　magic

这么神奇？
Really so magic?

15. 副作用　　*n.*　　fùzuòyòng　　side effect

虽然中药的副作用小，但不是没有。
Chinese medicine doesn't have many side effects, but it's not side effect free.

16. 急　　　　*adj.*　　jí　　urgent

得了特别急、特别重的病。
One has some kind of urgent and heavy disease.

17. 阑尾炎　　*n.*　　lánwěiyán　　appendix

比如阑尾炎什么的。
Such as appendicitis etc.

18. 好处　　　*n.*　　hǎochu　　good

中医和西医各有各的好处。
Traditional Chinese Medicine and Western medicine have their advantages.

■ 填汉字组词，并写出词语的拼音。
Insert a character to form a word, then write the *pinyin* of the word.

（　　）　　（　　）　　　（　　）　　　　（　　）

汤_____　　俗_____　　效_____　　　难_____

◎ 课文二｜Text 2　🎧 16-04

(Babou and Fina are at the corridor in the dorm.)

巴布：这是什么味儿啊？太难闻了！

菲娜：中药，最近丽娜生病了，她学中医的朋友带她去了一趟中医院，医生给她开了一些中药。

巴布：中药？别说吃了，闻这味儿都受不了。

菲娜：就是啊，医生告诉她有中成药，她不要，非得要自己亲自煎，我看她喝汤药的样子比有病还痛苦。

巴布：真是自找苦吃。不过，我知道一句中国的俗话——良药苦口利于病，就是说好的药很苦，但是能治病，也不知道丽娜的病好点儿了没有？

菲娜：效果非常好，她吃了一个多星期以后身体就好多了。

巴布：中药这么神奇？既然这样，就让她多吃点儿。

菲娜：那可不行，虽然中药的副作用小，但不是没有，吃多了对身体也不好。而且，得了特别急、特别重的病，还得看西医。

巴布：是啊，比如阑尾炎什么的。

菲娜：所以说中医和西医各有各的好处啊。

Bābù： Zhè shì shénme wèir a? Tài nánwén le!
Fēinà： Zhōngyào, zuìjìn Lìnà shēngbìng le, tā xué zhōngyī de péngyou dài tā qù le yí tàng zhōngyīyuàn, yīsheng gěi tā kāi le yìxiē zhōngyào.
Bābù： Zhōngyào? Bié shuō chī le, wén zhè wèir dōu shòubuliǎo.
Fēinà： Jiùshì a, yīsheng gàosu tā yǒu zhōngchéngyào, tā bú yào, fēi děi yào zìjǐ qīnzì jiān, wǒ kàn tā hē tāngyào de yàngzi bǐ yǒubìng hái tòngkǔ.
Bābù： Zhēn shì zìzhǎo kǔ chī. Búguò, wǒ zhīdào yí jù Zhōngguó de súhuà —— liángyào kǔkǒu lìyú bìng, jiùshì shuō hǎo de yào hěn kǔ, dàn shì néng zhìbìng, yě bù zhīdào Lìnà de bìng hǎo diǎnr le méiyǒu?
Fēinà： Xiàoguǒ fēicháng hǎo, tā chī le yí ge duō xīngqī yǐhòu shēntǐ jiù hǎo duō le.

Bābù:　Zhōngyào zhème shénqí? Jìrán zhèyàng, jiù ràng tā duō chī diǎnr.

Fēinà:　Nà kě bùxíng, suīrán zhōngyào de fùzuòyòng xiǎo, dàn búshì méiyǒu, chī duō le duì shēntǐ yě bù hǎo. Érqiě, dé le tèbié jí, tèbié zhòng de bìng, hái děi kàn xīyī.

Bābù:　Shì a, bǐrú lánwěiyán shénme de.

Fēinà:　Suǒyǐ shuō zhōngyī hé xīyī gè yǒu gè de hǎochu a.

1 两人一组，互相问答。

In pairs, ask and answer the questions.

(1) 丽娜最近吃什么呢？好吃吗？

(2) "良药苦口利于病"是什么意思？

(3) 丽娜吃药后效果怎么样？

(4) 中药吃多了对身体有没有害处？

2 两人一组，根据课文完成填空，再分别以菲娜和丽娜的身份复述课文。

In pairs, fill in the blanks according to the text, then retell the text from both Fina and Lina's point of view.

丽娜最近生_____了，她的朋友带她去中医_____看病，医生给她_____了中药，她自己_____中药。吃了中药以后效_____很明显，但是中药吃_____了，也会损_____身体的。

◎ 语言点例释二｜Language points II

(三) 既然……就……　　Since…then…

"既然"表示说话的前提和原因，后边常常有"就"等副词与之呼应，表示推论的结果。

既然 indicates the condition and reason of speech, and is usually followed by adverbs such as 就 to show the results of logic.

> 1. 既然大家都来了，我们就开始开会吧！
>
> 2. 既然你不爱他，就跟他分手吧。
>
> 3. 既然你已经决定了，我也就不劝你了。

✐ 请用"既然……就……"完成句子。
Use 既然……就…… *to complete the sentences.*

1. 既然你不打算继续学习，＿＿＿＿＿＿＿＿＿＿。

2. ＿＿＿＿＿＿＿＿＿＿，就早点回家休息吧！

3. 既然你已经买了，＿＿＿＿＿＿＿＿＿＿。

实践活动　Practical Activity ▶

四人一组，向中国朋友了解一下：（1）生病的时候是否会去看中医？为什么？（2）他（她）知道哪些常见的中药？（要求：至少了解三种中药。）都治什么病？并去药店问一下这些药的价格，然后完成下表。然后组内同学互相交流了解到的信息，并选出一人在全班同学面前做口头汇报。

In groups of four, learn from Chinese friends the following: (1) Do they go to see Chinese doctors when they are sick? Why? (2) What common Chinese medicine do they know about (at least three kinds) and what are they for? Find out about the prices of the medicine and fill in the form below. Share information with your group and let one make an oral presentation to class.

	中药的名称 Name of Chinese medicine	治什么病 What it treats	价格 Price
1.			
2.			
3.			
4.			

汉字练习　Chinese Characters Exercises ▶

一、为下列汉字选择正确的拼音 | Choose the correct *pinyin* for the characters below

1. 按摩　　A. ànmó　　　　B. ānmá

2. 针灸　　A. zhenjiū　　　B. zhēnjiǔ

3. 神奇　　A. shénqí　　　 B. shénjī

4. 损害　　A. yuánhài　　　B. sǔnhài

5. 浑身　　A. hùnshēn　　　B. húnshēn

6. 劲儿　　A. jìnr　　　　　B. qìn

214

二、写汉字 | Write the characters

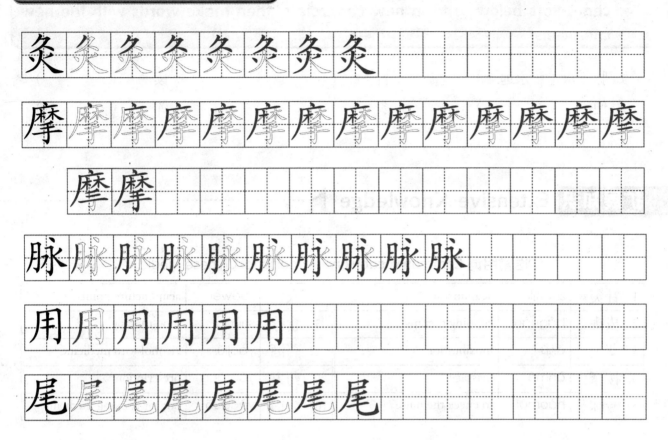

三、汉字小游戏 | Character game

将A组和B组中的两个部件连线组成汉字，并写出这个汉字。
Match the radicals in Groups A and B to form new characters, then write the characters out.

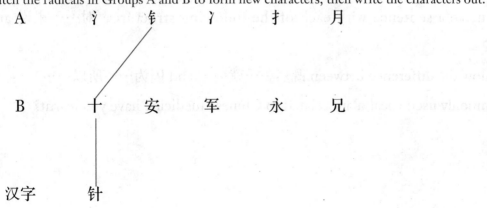

四、将下面的字去掉偏旁变成新字，再用新字组词 | Remove a radical from the characters below to form new characters, then make words with the new characters

1. 脉—永（　永远　）　　3. 针—　（　　　　）　　5. 读—　（　　　　　）

2. 便—　（　　　　）　　4. 灸—　（　　　　）　　6. 浑—　（　　　　　）

扩展知识 Extensive Knowledge ▶

中医常用词 Common vocabulary in Traditional Chinese Medicine 🎧 16-05

1. 针灸	zhēnjiǔ	acupuncture	6. 穴位	xuéwèi	acupuncture point
2. 拔罐	báguàn	cupping therapy	7. 食疗	shíliáo	food therapy
3. 艾灸	àijiǔ	moxibustion	8. 药酒	yàojiǔ	alcohol with medicine
4. 按摩	ànmó	massage	9. 药方	yàofāng	prescription
5. 号脉	hàomài	to check the pulse	10. 药锅	yàoguō	pot for cooking medicine

课后自测 Self-evaluation ▶

1. Can you make a sentence with each of the following structures: 对……来说 and 别说……了?

2. Do you know the difference between 既然……就…… and 因为……所以……?

3. What commonly used vocabulary related to Chinese medicine have you learnt?

Yàoshi tōngguò le lùnwén dábiàn gāi duō hǎo a

要是通过了论文答辩该多好啊

How great it would be to pass the thesis defence

教学目标 Objectives

❶ 掌握"要是……，该多……啊"的句型。To master the sentence structure 要是……，该多……啊.

❷ 能熟练使用"简直"。To be familiar with 简直.

❸ 了解写论文的一般方法和常用词语。To learn about the common methods and vocabulary of writing a thesis.

第一部分 Part 1

生 词 | New words and expressions 17-01

1.	才	*adv.*	cái	only
2.	……分之		... fēnzhī	out of, per

> 才写了三分之二。
> I've only written two thirds of it.

3.	死	*v.*	sǐ	to die

> 简直累死了。
> It's really hard work.

4.	刚	*adv.*	gāng	just
5.	有眉目		yǒu méimu	to take shape

> 刚有一点儿眉目。
> It's only just taking shape.

6.	参考	*v.*	cānkǎo	to refer

> 你的参考资料都是在哪儿找的？
> Where did you find all your reference material?

217

7. 坐   v.   zuò   sit

> 连坐的地方都没有。
> There is even no seat.

8. 电子版   n.   diànzǐbǎn   electronic version
9. 期刊   n.   qīkān   journal
10. 学术   n.   xuéshù   academy

> 世界有名的学术期刊都有。
> Academic journals from all over the world too.

■ 请连线。
Matching.

参   学   期   方   电

刊   便   考   子   术

cānkǎo   qīkān   xuéshù   fāngbiàn   diànzǐ

◎ 课文一 | Text 1 🎧 17-02

(Jack and Vika are chatting about their graduation thesis.)

杰克：维卡，你论文写得怎么样了？

维卡：才写了三分之二，还早呢，简直累死了。

杰克：我还在做实验、找资料呢，刚有一点儿眉目。对了，维卡，你的参考资料都是在哪儿找的？

维卡：大部分是在学校的图书馆找的，也有一部分是我回国的时候带过来的。

杰克：我去过咱们学校的图书馆，里边的资料多是多，但是不太方便，每次去都有很多人，连坐的地方都没有，要是有电子版期刊就好了。

维卡：有啊，学校图书馆的网站上可以免费下载期刊。

杰克：都是中文的吧？

维卡：哪儿啊，英文的也有，世界有名的学术期刊都有。

杰克：是吗？明天我也去看看。

Jiékè: Wéikǎ, nǐ lùnwén xiě de zěnmeyàng le?

Wéikǎ: Cái xiě le sānfēnzhīèr, hái zǎo ne, jiǎnzhí lèisǐ le.

Jiékè: Wǒ hái zài zuò shíyàn, zhǎo zīliào ne, gāng yǒu yìdiǎnr méimu. Duì le,

Wéikǎ, nǐ de cānkǎo zīliào dōu shì zài nǎr zhǎo de?

Wéikǎ: Dà bùfen shì zài xuéxiào de túshūguǎn zhǎo de, yě yǒu yí bùfen shì

wǒ huíguó de shíhou dài guòlai de.

Jiékè: Wǒ qùguo zánmen xuéxiào de túshūguǎn, lǐbian de zīliào duō shì

duō, dànshì bú tài fāngbiàn, měicì qù dōu yǒu hěn duō rén, lián zuò

de dìfang dōu méiyǒu, yàoshi yǒu diànzǐbǎn qīkān jiù hǎo le.

Wéikǎ: Yǒu a, xuéxiào túshūguǎn de wǎngzhàn shang kěyǐ miǎnfèi xiàzài

qīkān.

Jiékè: Dōu shì Zhōngwén de ba?

Wéikǎ: Nǎr a, Yīngwén de yě yǒu, shìjiè yǒumíng de xuéshù qīkān dōu

yǒu.

Jiékè: Shì ma? Míngtiān wǒ yě qù kànkan.

1 听课文，判断对错。 🎧 17-02   新HSK 模拟题

Listen to the text and judge true or false.

(   ) (1) 维卡的论文还没写完。

(   ) (2) 维卡的论文资料都是在学校的图书馆找的。

(   ) (3) 杰克的论文快写完了。

(   ) (4) 学校图书馆的网站上可以收费下载期刊。

2 两人一组，互相问答，再根据答案复述课文。

Ask and answer questions in pairs, then retell the text according to the answers.

(1) 杰克和维卡在做什么？

(2) 他们的论文写得怎样了？

(3) 维卡写论文的资料是从哪来的？

(4) 从图书馆找资料有几种方式？

◎ 语言点例释一 | Language points I

(一) 简直 At all

"简直" 语气副词，有夸张的语气。表示情况或者行为差不多是这样，也可以表示事物或者状态的程度非常高的意义。

简直 is an adverb implying a tone of exaggeration. It emphasizes the way a situation or behavior is, and can also indicate a high meaning of the status of something.

1. 她感动得简直要哭出来了。

2. 他跑得太快了，简直像豹一样。

3. 他说汉语说得太好了，简直像中国人一样。

✐ 请用 "简直" 完成句子。
   Complete the following sentences with 简直.

   1. 他的汉字写得太好了，_____。
   2. 这道题_____，谁也不会做。

第二部分 Part 2

◎ 生 词 | New words and expressions 17-03

| 1. 格式 | n. | géshì | format |

> 主要内容写完了，但是格式还没修改呢。
> The main content is finished, but the format is not checked yet.

2. 摘要	n.	zhāiyào	abstract
3. 关键词	n.	guānjiàncí	key words
4. 正文	n.	zhèngwén	the body (of thesis or article)
5. 参考文献	n.	cānkǎo wénxiàn	reference

> 包括摘要、关键词、正文、参考文献什么的。
> Including abstract, key words, the main body and reference.

| 6. 规范 | *n.* | guīfàn | rules, regulations |

学位论文写作规范。
The rules of writing a dissertation.

7. 按照	*adv.*	ànzhào	according to
8. 引用	*v.*	yǐnyòng	to quote
9. 顺序	*n.*	shùnxù	order
10. 排列	*v.*	páiliè	to arrange

"参考文献"要按照论文中引用的顺序排列。
"Reference" should be arranged according to the order of the quotes of your sources.

| 11. 符号 | *n.* | fúhào | punctuation marks |

论文里边有一些符号很容易出错。
It's easy to make mistakes on some symbols in the paper.

| 12. 校对 | *v.* | jiàoduì | proofread |

可能需要很多时间校对。
It might need much time to proofread.

| 13. 答辩 | *v.* | dábiàn | to defend |
| 14. 日子 | *n.* | rìzi | time |

离论文答辩的日子已经不远了。
There's not much time before the thesis defence.

■ 填汉字组词，并写出词语的拼音。
Insert a character to form a word, then write the *pinyin* of the word.

(　　)　　　(　　)　　　(　　)　　　(　　)　　　(　　)

格_____　　摘_____　　答_____　　规_____　　顺_____

◎ 课文二 | Text 2 17-04

(Jack and Wang Fang are coming out of the library.)

杰克：王芳，你的论文都写完了吧？

王芳：哪儿啊！主要内容写完了，但是格式还没修改呢。

杰克：格式？咱们学校的毕业论文还有什么特殊的要求吗？

王芳：跟别的学校差不多，包括摘要、关键词、正文、参考文献什么的。研究生院的网页上有"学位论文写作规范"，好好儿看看就行了。要注意的是"参考文献"要按照论文中引用的顺序排列。

杰克：我今天就去看看，有问题再问你。除了格式以外，我们理科论文还有一个地方很麻烦，就是论文里边有一些符号很容易出错，可能需要很多时间校对。离论文答辩的日子已经不远了，我很着急。

王芳：我也是，要是通过了论文答辩该多好啊！

Jiékè:	Wáng Fāng, nǐ de lùnwén dōu xiě wán le ba?
Wáng Fāng:	Nǎr a! Zhǔyào nèiróng xiě wán le, dànshì géshì hái méi xiūgǎi ne.
Jiékè:	Géshì? Zánmen xuéxiào de bìyè lùnwén háiyǒu shénme tèshū de yāoqiú ma?
Wáng Fāng:	Gēn biéde xuéxiào chàbuduō, bāokuò zhāiyào, guānjiàncí, zhèngwén, cānkǎo wénxiàn shénme de. Yánjiūshēng yuàn de wǎngyè shàng yǒu "xuéwèi lùnwén xiězuò guīfàn", hǎohāor kànkan jiù xíng le. Yào zhùyì de shì "cānkǎo wénxiàn" yào ànzhào lùnwén zhōng yǐnyòng de shùnxù páiliè.
Jiékè:	Wǒ jīntiān jiù qù kànkan, yǒu wèntí zài wèn nǐ. Chúle géshì yǐwài, wǒmen lǐkē lùnwén háiyǒu yí ge dìfang hěn máfan, jiùshì lùnwén lǐbian yǒu yìxiē fúhào hěn róngyì chūcuò, kěnéng xūyào hěn duō shíjiān jiàoduì. Lí lùnwén dábiàn de rìzi yǐjīng bù yuǎn le, wǒ hěn zhāojí.
Wáng Fāng:	Wǒ yě shì, yàoshi tōngguò le lùnwén dábiàn gāi duō hǎo a!

1 听课文，选择正确的答案。 🎧 17-04　　新HSK 模拟题

Listen to the text and choose the right answer.

（　　）(1) 王芳的论文写得怎么样了？

A. 主要内容还没写完，格式修改完了。

B. 主要内容写完了，格式也修改好了。

C. 主要内容快写完了，格式还没修改好。

D. 主要内容写完了，格式还没修改好。

（　　）(2) 毕业论文不包括哪个部分？

　　A. 摘要和关键词　　　　　　　B. 论文写作规范

　　C. 参考文献　　　　　　　　　D. 正文

（　　）(3) 在哪儿可以找到学位论文写作规范？

　　A. 图书馆的网页　　　　　　　B. 自己学院的网页

　　C. 研究生院的网页　　　　　　D. 学校的网页

（　　）(4) 离论文答辩的日子还有多长时间？

　　A. 不长时间　　　　　　　　　B. 很长时间

　　C. 半年　　　　　　　　　　　D. 一年

（　　）(5) 理科论文什么地方容易出错？

　　A. 摘要和关键词　　　　　　　B. 正文

　　C. 参考文献　　　　　　　　　D. 符号

2 两人一组，根据课文完成填空，然后复述课文。

In pairs, fill in the blanks according to the text, then retell the text.

　　咱们学校毕业论文的_____跟别的学校差不多，包括摘要、关键词、_____、参考文献什么的。研究生院的网页上有"学位论文写作_____"。要注意的是"参考文献"要按照论文中_____的顺序_____。

◎ **语言点例释二 ｜ Language points II**

（二） 要是……该多好啊　 What if...

"要是……该多好啊"感叹句，表示一种假设的希望。

The interjection 要是……该多好啊 indicates an assumed hope.

1. 要是没有作业该多好啊！　　　3. 要是我有一辆BMW该多好啊！

2. 要是我有100万该多好啊！

 为括号中的词语选择适当位置。

Choose the correct position for the word in parentheses.

1. A要是B能天天C去旅游D多好啊！（该）

2. 你要是A能B再给我C买一张回国的机票该D好啊！（多）

请用"要是……该多好啊"完成句子。
Use 要是……该多好啊 *to complete the sentences.*

1. 最近太累了，_____。

2. 听说哈尔滨的冰灯非常漂亮，_____。

实践活动 Practical Activity

四人一组，向专业导师或高年级学生咨询一下：（1）写论文前需要做什么准备？（2）怎么查资料？（3）写论文时可能会遇到哪些问题？应该怎么解决？（4）你的专业对论文的字数、格式有没有特殊的要求？（5）组内同学互相交流得到的信息，并选出一人在全班同学面前做口头汇报。

In groups of four, find out the following from your tutor or senior students: (1) What preparations are needed to write a paper? (2) How to do research on it? (3) What problems may come up? How should they be solved? (4) Are there any special requirements on number of words or format for your major? (5) Share the information within your group and let one student make an oral presentation to class.

汉字练习 Chinese Characters Exercises

一、为下列汉字选择正确的拼音 | Choose the correct *pinyin* for the characters below

1. 摘要   A. zhāiyào   B. chāiyào

2. 正文   A. zhèngwén   B. zhēngwén

3. 校对   A. xiàoduì   B. jiàoduì

4. 理由   A. lǐyóu   B. lǐtián

5. 期刊   A. jīkān   B. qīkān

6. 格式   A. géshì   B. gèchǐ

7. 死   A. xǐ   B. sǐ

8. 才   A. cái   B. zài

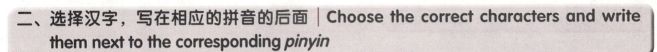

二、选择汉字，写在相应的拼音的后面 │ Choose the correct characters and write them next to the corresponding _pinyin_

参考	顺序	学术	答辩	方便	作者	部分	电子

1. dábiàn　　　（　　　）

2. diànzǐ　　　（　　　）

3. zuòzhě　　　（　　　）

4. shùnxù　　　（　　　）

5. fāngbiàn　　　（　　　）

6. bùfen　　　（　　　）

7. cānkǎo　　　（　　　）

8. xuéshù　　　（　　　）

三、写汉字 │ Write the characters

版　版 版 版 版 版 版 版 版

摘　摘 摘 摘 摘 摘 摘 摘 摘 摘 摘 摘

摘

对　对 对 对 对 对

辩　辩 辩 辩 辩 辩 辩 辩 辩 辩 辩 辩 辩 辩

辩 辩 辩

考　考 考 考 考 考 考

四、汉字小游戏 | Character game

将A组和B组中的两个部件连线组成汉字，并写出这个汉字。
Match the radicals in Groups A and B to form new characters, then write the characters out.

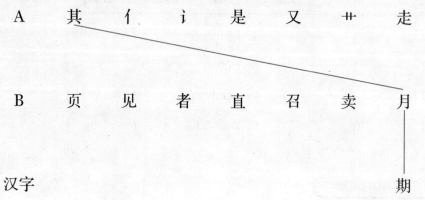

A　其　亻　讠　是　又　艹　走

B　页　见　者　直　召　卖　月

汉字　　　　　　　　　　　　期

扩展知识 Extensive Knowledge ▶

论文常用术语 Commonly used terminology of a thesis 🎧 17-05

1. 摘要	zhāiyào	abstract	8. 结果	jiéguǒ	result
2. 关键词	guānjiàncí	keywords	9. 参考文献	cānkǎo wénxiàn	reference
3. 表格	biǎogé	table	10. 主编	zhǔbiān	chief editor
4. 字体	zìtǐ	font	11. 投稿	tóugǎo	to contribute
5. 格式	géshì	format	12. 讨论	tǎolùn	to discuss
6. 综述	zōngshù	summary	13. 统计	tǒngjì	statistics
7. 背景	bèijǐng	background	14. 引用	yǐnyòng	quote

课后自测 Self-evaluation ▶

1. Are you able to use 要是……，该多……啊 to speak out your greatest desire?

2. Are you able to use 简直 to appraise your best friend?

3. Do you know how to write the basic format of a paper in Chinese?

第 18 课

Zhēn shěbudé nǐmen
真舍不得你们

I really hate to part with you

教学目标 Objectives

① 学会连词"省得"。To learn the conjunction 省得.

② 能熟练使用"不得不"造句。To become familiar with forming sentences using 不得不.

③ 熟知"舍不得"的基本含义。To know the basic meaning of 舍不得.

④ 了解办理毕业/结业手续常用词语及告别常用句型。To understand the commonly used language in performing the graduation/course completion procedure, and the commonly used structures in saying goodbye.

第一部分 Part 1

◎ 生 词 | New words and expressions 🎧 18-01

1. 离校　　*v.*　　líxiào　　to leave school

> 我想办离校手续。
> I want to carry out the school leaving procedure.

2. 证件　　*n.*　　zhèngjiàn　　credentials

> 这是我的证件。
> This is my credentials.

3. 填　　*v.*　　tián　　fill in

> 先填一下这张《离校手续单》。
> Please fill in the form of leaving school procedure first.

4. 费用　　*n.*　　fèiyòng　　fee

> 没交的费用也要交一下。
> If there are any outstanding fees you must pay them.

227

5. 省得　　*conj.*　shěngde　　save

> 省得走了以后有麻烦。
> To save any trouble after you leave.

6. 初　　*n.*　chū　　the beginning of

> 下个月初左右。
> Around the beginning of next month.

7. 典礼　　*n.*　diǎnlǐ　　ceremony

> 不能参加毕业典礼了？
> Won't you take part in the graduation ceremony?

8. 不得不　　bùdébù　　to have no choice but to do sth.

> 我家里有点儿事情，不得不早点儿回去。
> There's something going on at home, so I have no choice but to leave early.

9. 留下　　*v.*　liúxia　　to leave
10. 邮费　　*n.*　yóufèi　　postage
11. 清楚　　*adj.*　qīngchu　　clear

> 我把邮费留下。
> I'll leave the postage.

■ 请连线。
Matching.

离　　典　　费　　清　　省

楚　　用　　得　　校　　礼

fèiyòng　　　líxiào　　　diǎnlǐ　　　qīngchǔ　　　shěngde

课文一 | Text 1   18-02

(Jack is at the Foreign Students' Office dealing with the school leaving procedure.)

杰克： 老师，您好！

张老师： 你有什么事？

杰克： 我想办离校手续，这是我的证件和成绩单。

张老师： 请先填一下这张《离校手续单》。

杰克： 老师，我填好了！

张老师： 给我吧，另外，离开学校以前一定要把学校图书馆的书和资料室的资料都还回去，没交的费用也要交一下，省得走了以后有麻烦。你什么时候离开中国？

杰克： 下个月初左右。

张老师： 那么早？不能参加毕业典礼了？

杰克： 对，老师。我家里有点儿事情，不得不早点儿回去。对了，老师，毕业证可以给我寄回去吗？我把邮费留下。

张老师： 可以，在《离校手续单》上写清楚你的地址。

杰克： 好的。

Jiékè:　Lǎoshī, nín hǎo!

Zhāng lǎoshī:　Nǐ yǒu shénme shì?

Jiékè:　Wǒ xiǎng bàn líxiào shǒuxù, zhè shì wǒ de zhèngjiàn hé chéngjìdān.

Zhāng lǎoshī:　Qǐng xiān tián yíxià zhè zhāng «líxiào shǒuxù dān».

Jiékè:　Lǎoshī, wǒ tián hǎo le!

Zhāng lǎoshī:　Gěi wǒ ba, lìngwài, líkāi xuéxiào yǐqián yídìng yào bǎ xuéxiào túshūguǎn de shū hé zīliàoshì de zīliào dōu huán huíqù, méi jiāo de fèiyòng yě yào jiāo yíxià, shěngde zǒu le yǐhòu yǒu máfan. Nǐ shénme shíhou líkāi Zhōngguó?

Jiékè:　Xià ge yuè chū zuǒyòu.

Zhāng lǎoshī:　Nàme zǎo? Bù néng cānjiā bìyè diǎnlǐ le?

Jiékè:　Duì, lǎoshī. Wǒ jiālǐ yǒu diǎnr shìqing, bùdébù zǎo diǎnr huíqù. Duì le, lǎoshī, bìyèzhèng kěyǐ gěi wǒ jì huíqù ma? Wǒ bǎ yóufèi liúxia.

Zhāng lǎoshī:　Kéyǐ, zài «líxiào shǒuxù dān» shàng xiě qīngchu nǐ de dìzhǐ.

Jiékè:　Hǎo de.

1 听课文，判断对错。 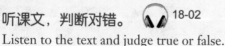 18-02

Listen to the text and judge true or false.

( ) (1) 杰克想办离校手续。

( ) (2) 杰克下个月末离开中国。

( ) (3) 杰克还能参加毕业典礼。

( ) (4) 杰克已经拿到毕业证了。

2 根据课文内容，重新排列下面句子的顺序。

Reorder the following sentences according to the text.

A. 所以，他要办离校手续。

B. 学校会把毕业证给他寄回去的。

C. 杰克家里有点儿事儿。

_____

◎ 语言点例释一 | Language points |

(一) 省得 So as to save

"省得"，连词，表示避免不好的事情发生。"省得"后边常是不好的事情，"省得"前边的分句是为了避免这一不好的事情而做的行为或者动作。

The conjunction 省得 means preventing a bad situation from happening. 省得 is usually followed by a bad situation. The part of the sentence which precedes 省得 is the bad situation's behaviour or action which is to be avoided.

> 1. 太晚了，快给家里人打个电话吧，省得他们担心。
>
> 2. 去以前先给他们打个电话吧，省得白跑一趟。
>
> 3. 外边很冷，多穿一点儿吧，省得感冒。

请用"省得"完成句子。

Use 省得 to complete the sentences.

1. 你去以前先给她打个电话，_____。

2. 老师说的重要内容你应该用本子记下来，_____。

3. 你可以多买几个本子，_____。

(二) 不得不   Have to

"不得不"表示没有办法，常放在动词前表示一种被动的选择。

不得不 means there is nothing that can be done. It is often placed before a verb to indicate a kind of passive choice.

> 1. 老师说的话我们都没听懂，老师不得不又说了一遍。
>
> 2. 巴布的钱都花完了，不得不向朋友借钱。
>
> 3. 如果没有HSK成绩就不能入学，我不得不准备HSK考试。

请用"不得不"完成句子。
Use 不得不 *to complete the sentences.*

1. 父母让他明天必须早点儿回家，＿＿＿＿＿＿＿＿＿＿。
2. 他的病实在太严重了，＿＿＿＿＿＿＿＿＿＿。
3. 火车票买不到了，＿＿＿＿＿＿＿＿＿＿。

第二部分　Part 2

◎ 生　词 │ New words and expressions　 18-03

1. 登机　　　*v.*　　dēngjī　　board

> 离登机还有一段时间。
> There's still some time before boarding.

2. 行李　　　*n.*　　xíngli　　luggage
3. 托运　　　*v.*　　tuōyùn　　check-in the luggage

> 先把行李托运了吧!
> First you should check-in your luggage.

4. 舍不得　　　　　shěbude　　hate to part with

> 真舍不得你们。
> I hate to part with you.

5. 保重　　*v.*　　bǎozhòng　　take care

> 你回国以后一定要常跟大家联系，多保重！
>
> After you get home, you must keep in regular contact with everyone, take care of yourself!

6. 一切　　*pron.*　　yíqiè　　all
7. 顺利　　*adj.*　　shùnlì　　smooth

> 希望你们在这儿的生活一切顺利。
>
> Hope everything goes smoothly in your life here.

8. 平安　　*adj.*　　píng'ān　　safe

> 一路平安！
>
> Have a safe journey!

■ 填汉字组词，并写出词语的拼音。
Insert a character to form a word, then write the *pinyin* of the word.

(　　)	(　　)	(　　)	(　　)
行＿＿＿＿	托＿＿＿＿	保＿＿＿＿	平＿＿＿＿

 课文二 ｜ Text 2 🎧 18-04

(Gao Qiang, Babou and Carsey are at the airport to send Jack off.)

巴布：　离登机还有一段时间，先把行李托运了吧！

杰克：　我去托运，等我一下。

(After checking in the luggage.)

杰克：　谢谢大家来送我，真舍不得你们。

高强：　我们也是。这是我们送给你的礼物，希望你能喜欢。

杰克：　谢谢。

巴布：　唉，以后再也没有人陪我去跳舞了。

杰克：　让你的女朋友陪你去吧。

卡西：　这时候了，他还想着跳舞！杰克，你回国以后一定要常跟大家联系，多保重！

杰克：　你们也多保重，希望你们在这儿的生活一切顺利！

高强：　快到登机时间了，快进去吧！

杰克：　怎么这么快啊？那我走了。

巴布、卡西、高强：　一路平安！

杰克：　谢谢，再见！

Bābù:　Lí dēngjī háiyǒu yíduàn shíjiān, xiān bǎ xíngli tuōyùn le ba!

Jiékè:　Wǒ qù tuōyùn, děng wǒ yíxià.

Jiékè:　Xièxie dàjiā lái sòng wǒ, zhēn shěbudé nǐmen.

Gāo Qiáng:　Wǒmen yě shì. Zhè shì wǒmen sòng gěi nǐ de lǐwù, xīwàng
　　　　　　 nǐ néng xǐhuan.

Jiékè:　Xièxie.

Bābù:　Ài, yǐhòu zài yě méiyǒu rén péi wǒ qù tiàowǔ le.

Jiékè:　Ràng nǐ de nǚpéngyou péi nǐ qù ba.

Kǎxī:　Zhè shíhou le, tā hái xiǎng zhe tiàowǔ! Jiékè, nǐ huíguó
　　　　 yǐhòu yídìng yào cháng gēng dàjiā liánxì, duō bǎozhòng!

Jiékè:　Nǐmen yě duō bǎozhòng, xīwàng nǐmen zài zhèr de
　　　　 shēnghuó yíqiè shùnlì!

Gāo Qiáng:　Kuài dào dēngjī shíjiān le, kuài jìnqù ba!

Jiékè:　Zěnme zhème kuài a? Nà wǒ zǒu le.

Bābù, Kǎxī, Gāo Qiáng:　Yílù píng'ān!

Jiékè:　Xièxie, zàijiàn!

1　两人一组，互相问答。

In pairs, ask and answer the questions.

(1) 杰克登机前做什么了？

(2) 杰克走了，巴布觉得怎么样？

(3) 卡西希望杰克回国以后做什么？

2　三人一组，根据课文完成填空，再分角色练习对话。

In groups of three, fill in the blanks according to the text, then practice the conversation as a role-play.

巴布：离登机还有一段时间，先_____吧。

杰克：我去托运，等我一下。

杰克：谢谢_____，真_____。

高强：我们也是。这是_____礼物，希望_____。

杰克：谢谢。

巴布：哎！以后_____了。

语言点例释二 | Language points II

（三）舍不得 Hate to part with

"舍不得"表示爱惜，不忍心放弃或者离开，不愿意使用等含义。后边可以是名词、代词或者动词词组等。
舍不得 means to cherish, bear to give up or to leave, to be reluctant etc. It can be followed by a noun, pronoun verbal phrase etc.

1. 他从来舍不得乱花一分钱。
2. 孩子年纪很小，妈妈很舍不得让孩子一个人生活。
3. 在中国生活了五年了，很舍不得这儿的朋友们。
4. 马上就要毕业了，很舍不得离开这里。

请用"舍不得"完成句子。
Use 舍不得 *to complete the sentences.*

1. 下个月就回国了，_____。
2. 虽然这件衣服已经很旧了，但是_____。

实践活动 Practical Activity ▶

问一下老师或将要离校的学生：（1）离校需要做哪些准备？（2）需要办什么手续？（3）办手续时需要什么证件或哪些材料？下次课分组交流，然后每组选一名同学向全班汇报。
Ask a teacher or a student who's about to leave the school: (1) What should be prepared before leaving the school? (2) What procedures should be completed? (3) What materials or documents are needed to deal with the procedure? Let one student make oral presentation to class.

汉字练习 Chinese Character Exercises ▶

1. 省得   A. shěngde   B. shěngdé

2. 保重   A. bǎochóng   B. bǎozhòng

3. 托运   A. tuōyùn   B. dǎyùn

4. 费用   A. fēiyong   B. fèiyòng

5. 行李   A. hánglǐ   B. xíngli

6. 陪   A. péi   B. bèi

7. 初   A. chū   B. chù

二、选择汉字，写在相应的拼音后面 | Choose the correct characters and write them next to the corresponding *pinyin*

离校	典礼	留下	登机	平安	清楚	邮费

1. liúxià ( ) 5. diǎnlǐ ( )

2. qīngchu ( ) 6. yóufèi ( )

3. líxiào ( ) 7. dēngjī ( )

4. píng'ān ( )

三、写汉字 | Write the characters

费	费	费	费	费	费	费	费	费	费			

清	清	清	清	清	清	清	清	清	清	清		

典	典	典	典	典	典	典	典	典				

登	登	登	登	登	登	登	登	登	登	登	登	

离 离 离 离 离 离 离 离 离 离 离

四、汉字小游戏 | Character game

将A组和B组中的两个部件连线组成汉字，并写出这个汉字。
Match the radicals in Groups A and B to form new characters, then write the characters out.

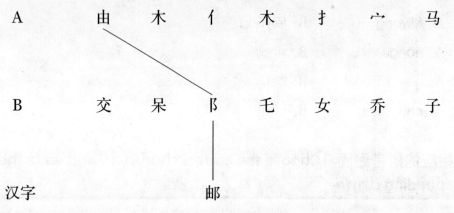

A　　由　　木　　亻　　木　　扌　　宀　　马

B　　交　　呆　　阝　　毛　　女　　乔　　子

汉字　　　　　　　邮

五、将下列汉字按偏旁部首归类 | Group the characters below according to their radical

点	概	做	绿	较	花	黑	样	教
药	红	辆	练	照	收	英	枝	绍

车：_____

纟：_____

艹：_____

攵：_____

木：_____

灬：_____

236

扩展知识 Extensive knowledge

办理离校手续常用词汇 Common vocabulary of the school leaving procedure 18-05

毕业证	bìyèzhèng	diploma	毕业去向	bìyè qùxiàng	graduation direction
结业证	jiéyèzhèng	graduation certificate	归还	guīhuán	to return
学位证	xuéwèizhèng	degree certificate	欠费	qiànfèi	to owe money
协议书	xiéyìshū	agreement	结清费用	jiéqīng fèiyòng	to settle the fee
档案	dàng'àn	file	盖章	gàizhāng	to stamp

课后自测 Self-evaluation

1. Your friend will go to your country, can you use 省得 to tell him a precaution?

2. What does 不得不 mean? Can you use it to make a sentence?

3. Are you able to say what can be added after 舍不得?

4. Are you able to use Chinese to perform the graduation/course completion procedure by yourself?

HSK模拟小测试六

姓名＿＿＿＿＿＿　　　　学号＿＿＿＿＿＿

听力

一、听录音，判断正误 HSK06-01

（　）1. 玛丽的论文还有几个部分没写。

（　）2. 中医特别是按摩在很多国家都很流行。

（　）3. 中药的效果非常好，露西吃了三天以后身体就全好了。

（　）4. 毕业生离开学校以前，一定要把学校图书馆的书和资料室的资料都还回去。

二、听对话，选择正确的答案  HSK06-02

（　）1. A. 病了，打针、吃药都没有效果。　　B. 病了，不能参加答辩了。

　　　　C. 病了，不得不吃中药。　　　　　D. 病了，没做好答辩的准备。

（　）2. A. 不喜欢吃，但吃过。　　　　　　B. 闻过，但没吃过。

　　　　C. 只吃过一次。　　　　　　　　D. 想吃，可是没吃过。

三、听短文，选择正确的答案 HSK06-03

（　）1. A. 这时候校园最漂亮。　　　　　　B. 学生们开学了。

　　　　C. 学生们要毕业了。　　　　　　D. 学生们放假了。

（　）2. A. 实验失败了。　　　　　　　　　B. 用中文写太难了。

　　　　C. 放弃研究了。　　　　　　　　D. 不想写了。

（　）3. A. 既有失败也有成功。　　　　　　B. 因为失败所以成功。

　　　　C. 只要失败就会成功。　　　　　　D. 只有经过失败才会成功。

阅读

一、选填恰当的词语完成下列句子

A. 托运　　　B. 清楚　　　C. 方便　　　D. 神奇　　　E. 把脉　　　F. 累死了

1. 很多外国人觉得中医很（　　）。

2. 他去看病时，一个老中医给他（　　）。

3. 写了三个月的论文，我简直要（　　）。

4. 我住的地方离超市很近，买东西很（　　）。

5. 我有很多行李需要（　　）。

6. 这个字不太（　　）。

二、排列顺序

1. A. 大家去机场送他，大家都舍不得他们走。

　 B. 杰克就要回国了。

　 C. 最后，大家祝他一路平安。

　 _____

2. A. 因为杰克家里有事，不能取毕业证书。

　 B. 张老师同意了，让他留下地址。

　 C. 所以他希望老师把毕业证给他寄回去。

　 _____

3. A. 维卡告诉他学校图书馆的网站上可以免费下载期刊。

　 B. 杰克原来以为学校图书馆没有电子版期刊。

　 C. 杰克明天就要去看看。

　 _____

4. A. 迪雅下学期就要上专业课了。

　 B. 丽娜觉得迪雅的汉语水平没什么问题。

　 C. 她很担心她的汉语水平听不懂专业课。

　 _____

三、选出正确答案

1. 杰克去过他们学校的图书馆，里边的资料多是多，但是不太方便，每次去都有很多
   人，连坐的地方都没有。

   杰克对图书馆的哪方面不满意：（   ）

   A. 资料太少　　　B. 没地方坐　　　C. 环境不好　　　D. 服务不好

2. 中医在很多国家都很流行，许多外国人来中国学习按摩、针灸、推拿。

   文中没有提到：（   ）

   A. 中药　　　　　B. 推拿　　　　　C. 按摩　　　　　D. 针灸

书写

一、组词成句

1. 明显　　觉得　　效果　　有的人　　很　　中药　　的

   _____

2. 中药　　受不了　　他　　味道

   _____

3. 不远　　毕业　　已经　　了　　离

   _____

4. 多好　　学生　　要是　　考试　　该　　啊　　没有

   _____

5. 一起　　明天　　我　　逛街　　陪　　要　　妈妈

   _____

6. 我　　联系　　回国　　一定　　跟　　大家　　多　　以后

   _____

二、看图，用所给词语造句

1. 期刊

_____

2. 把脉

_____

3. 难闻

_____

4. 答辩

_____

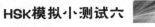

口语

一、听后重复 HSK06-04

二、听后根据实际情况回答下列问题 HSK06-05

三、成段表达，要求至少说六个句子

1. 能说一说你了解的中医吗？

2. 你怎么到网上查资料？

3. 毕业以后你打算做什么？

附录 1 生词总表（汉英）
Appendix 1 Glossary (Chinese-English)

生词	译文	课数	页码
A			
哎呀	argh	5	57
安排	arrange	7	86
安心	to keep one's mind on sth.	9	111
安装	to install	8	100
按摩	massage	16	206
按照	according to	17	221
熬夜	to stay up all night	5	60
B			
把脉	to check the pulse	16	206
白	for nothing; white	6	70
办理	to deal with	2	18
帮助	help	3	31
保重	take care	18	232
报告	report	7	85
被	*use in a passive sentence to indicate that the subject is the object of the action*	8	95
本科	undergraduate course (4-5 years)	1	1
本来	originally	4	48
笔记	notes	5	56
比较	comparatively	14	178
比如	for example, such as	3	31
毕业	graduate	3	30
必修课	compulsory course	3	30
必须	must	1	2
变	change	14	175
标本	specimen, sample	11	139
冰灯	ice lantern	15	191
病毒	virus	8	99
不得不	to have no choice but to do sth.	18	228

生词	译文	课数	页码
不过	but	2	18
不如	to suggest why not	12	147
部门	department	10	128
C			
才	only	17	217
材料	document	2	13
参观	to visit	11	135
参考	to refer	17	217
参考文献	reference	17	220
差不多	similar	2	18
差得远	lacking, too low, too weak	3	31
炒股	to trade stocks	14	174
成绩单	exam score report	1	6
城市	city	15	186
趁	make use of	7	86
重启	to reboot	8	96
重新	afresh, start again from the beginning	4	48
初	the beginning of	18	228
出院	to leave the hospital	9	107
春秋（时期）	Spring and Autumn Period (770 B.C.—476 B.C.)	12	151
存在	to exist	7	86
D			
答辩	to defend	17	221
打算	to plan	3	27
打交道	to be in contact with	11	135
打印	to print	9	111
带	to supervise	4	45
带来	bring	2	13
耽误	to delay	10	124
导师	supervisor	4	45

生词	译文	课数	页码
道	*measure word of question, orders, erc*	13	163
得出	to obtain results	10	124
登机	board	18	231
地图	map	15	186
电动力学	electrodynamics	9	111
典礼	ceremony	18	228
电梯	lift, elevator	9	106
电子版	electronic version	17	218
调查	to research	10	123
动植物	plants and animals	11	136
读	to study, read	4	48
肚子	stomach	6	67
东南亚	South-East Asia	12	151
冬泳	winter swimming	15	191
冻	to freeze	15	191
段	period	1	2
短信	SMS, text message	14	174
对象	object	11	136

F

生词	译文	课数	页码
发	to send	14	174
发财	to become rich	14	179
发表	to publish	4	48
发愁	to worry about sth.	13	163
法语	French	4	48
反正	anyway	5	60
烦	annoyed	7	89
芳草	grass	4	49
方面	aspect, field	11	140
方式	method, way	4	45
放	to put	5	57
费用	fee	18	227
……分之	out of, per	17	217
风险	risk	14	178
符号	punctuation marks	17	221
辅导	to tutor	13	164
复印	copy	5	57
复印件	photocopy	1	6
副作用	side effect	16	211

G

生词	译文	课数	页码
改天	another day	3	27
刚	just	17	217
刚才	just now	2	17
高等数学	Advanced Mathematics	13	163
搞	to do	10	124
搞不好	it could be; if the worst happens	11	136
更新	to update	8	99
格式	format	17	220
公共	public	3	30
公元前	B.C.	12	151
怪不得	no wonder	5	60
古代史	Ancient History	12	146
股民	stock investor	14	175
股市	stock market	14	175
固定	to fix	9	107
关键词	key words	17	220
管理	to manage	10	128
规定	rules	6	70
规范	rules, regulations	17	221
国别史	National History	12	146
过程	process	13	167

H

生词	译文	课数	页码
海边	seaside, coast	15	187
海洋	ocean	15	187
好处	good	16	211
好像	like	15	186
何处	anywhere	4	49
合理	reasonable	7	86
黑	black	5	60
后悔	to regret	13	168
化学	Chemistry	11	135
会	will	1	7
浑身	all over	16	206

J

生词	译文	课数	页码
基本	basically	14	174

生词	译文	课数	页码
基础	basis	7	86
基础	basis	13	167
急	urgent	16	211
记	to remember, to note	5	56
计算	to calculate	13	167
继续	to continue	3	31
煎	to cook (medicine)	16	210
检查	to check	6	67
简单	simple	13	168
建议书	suggestion	6	70
将来	the future	12	147
讲	teach	13	163
交	to hand in	9	111
校对	proofread	17	221
教育	education	10	128
教育家	educator	12	150
借给	to lend, to borrow	5	57
结果	as a result	7	89
酒吧	bar, pub	1	7
金融	finance	14	175
进度	progress	7	86
尽快	as soon as possible	7	86
居留证	residence permit	2	17
聚	to gather, get together	14	174
决定	to decide	3	30

K

生词	译文	课数	页码
开题	to propose	7	85
开夜车	to stay up all night	7	88
考虑	to consider	4	45
可靠	reliable	7	89
可以	can	1	6
客气	speak or behave deferentially	10	128
恐怕	afraid	9	110
枯燥	boring	10	124
苦	bitter	16	210

L

生词	译文	课数	页码
阑尾炎	appendix	16	211
老	old	16	206

生词	译文	课数	页码
老乡	hometown fellow	12	146
累	tired	3	27
离校	to leave school	18	227
理科	science	13	167
理论	theory	7	86
理由	reason	6	70
厉害	amazing	4	48
利用	use	15	186
利于	to be good for	16	210
历史	history	12	146
良药	good medicine	16	210
联系	to contact	4	45
了解	to understand, comprehend	3	30
另外	in addition	3	31
零下	below zero	15	191
流利	fluent	12	147
留下	to leave	18	228
楼梯	stairs	9	106
论文	essay, thesis	1	1
逻辑	logic	13	168
旅游	travel	6	70

M

生词	译文	课数	页码
买单	to get the bill	10	128
满	full	3	26
满	full	4	48
没劲儿	to feel tired	16	206
门	used to measure courses,etc	3	27
免费	to be free of charge	8	99
面积	area	15	187
民族	minority	15	190

N

生词	译文	课数	页码
拿	to get	2	14
难说	to be hard to say	10	124
难闻	(smells) horrible	16	209
脑筋	brain	7	88
内容	content	5	56
能力	capability	13	167
嗯	yes	2	17

生词	译文	课数	页码	生词	译文	课数	页码
弄	to do	8	95	实际上	actually	13	167
努力	work hard	5	60	石像	statue	12	150
				实验	experiment	1	1
P				实验报告	lab report	9	110
排列	to arrange	17	221	实验室	laboratory	9	110
跑	run	9	106	实用	practical	11	139
赔	to lose money in business	14	178	实在	in reality	10	124
培养	to train	13	168	适合	to suit	14	179
篇	piece	9	111	世界	the world	12	146
平安	safe	18	232	收集	to gather	10	123
				手续	procedure	2	13
Q				受	*used to indicates the passive voice*	12	151
期间	period	6	70	受不了	unbearable, cannot stand	16	210
期刊	journal	17	218	受伤	to be injured	6	70
奇怪	strange	13	167	数据	data	10	124
签证	visa	2	13	数学分析	Mathematical Analysis	13	164
清楚	clear	18	228	顺利	smooth	18	232
请假	to ask for leave	6	67	顺序	order	17	221
确实	indeed	13	167	摔	to fall	9	106
				思维	thinking	13	168
R				思想家	thinker	12	150
人数	number of people	3	26	死	to die	17	217
认真	serious	11	140	死机	to crash	8	95
日子	time	17	221	俗话	proverb	16	210
儒家思想	Confucianism	12	151	所有	all	14	174
入	to enter	1	1	算了	forget it	16	206
软件	software	8	95				
				T			
S				台式电脑	desktop computer	8	96
散居	to live off-campus	2	17	谈	talk	7	88
杀毒	to kill a virus	8	99	谈论	to discuss	14	175
善于	to be good at sth.	14	179	汤药	a decoction of herbal medicine	16	210
伤	to hurt	7	88	趟	times	12	146
舍不得	hate to part with	18	231	特殊	special	6	70
申请表	application form	1	6	提	to mention	2	17
神奇	magic	16	211	提高	improve	5	60
生物	Biology	11	135	体检	to have a medical check	2	18
省	province	15	187	天啊	my God	10	124
省得	save	18	228	天涯	the ends of the Earth	4	49
失败	to fail	3	26	填	fill in	18	227

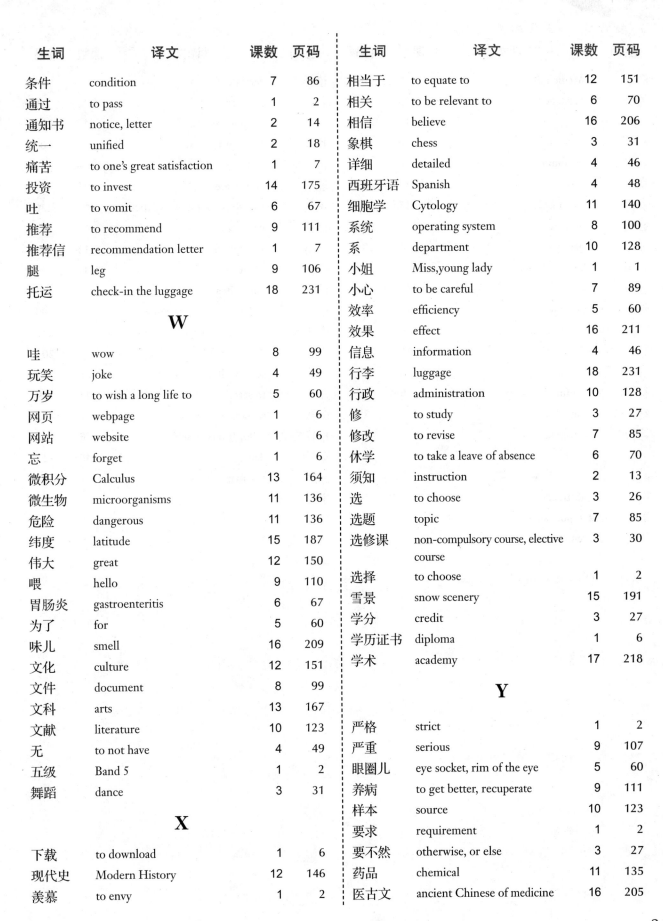

生词	译文	课数	页码
条件	condition	7	86
通过	to pass	1	2
通知书	notice, letter	2	14
统一	unified	2	18
痛苦	to one's great satisfaction	1	7
投资	to invest	14	175
吐	to vomit	6	67
推荐	to recommend	9	111
推荐信	recommendation letter	1	7
腿	leg	9	106
托运	check-in the luggage	18	231

W

生词	译文	课数	页码
哇	wow	8	99
玩笑	joke	4	49
万岁	to wish a long life to	5	60
网页	webpage	1	6
网站	website	1	6
忘	forget	1	6
微积分	Calculus	13	164
微生物	microorganisms	11	136
危险	dangerous	11	136
纬度	latitude	15	187
伟大	great	12	150
喂	hello	9	110
胃肠炎	gastroenteritis	6	67
为了	for	5	60
味儿	smell	16	209
文化	culture	12	151
文件	document	8	99
文科	arts	13	167
文献	literature	10	123
无	to not have	4	49
五级	Band 5	1	2
舞蹈	dance	3	31

X

生词	译文	课数	页码
下载	to download	1	6
现代史	Modern History	12	146
羡慕	to envy	1	2

生词	译文	课数	页码
相当于	to equate to	12	151
相关	to be relevant to	6	70
相信	believe	16	206
象棋	chess	3	31
详细	detailed	4	46
西班牙语	Spanish	4	48
细胞学	Cytology	11	140
系统	operating system	8	100
系	department	10	128
小姐	Miss, young lady	1	1
小心	to be careful	7	89
效率	efficiency	5	60
效果	effect	16	211
信息	information	4	46
行李	luggage	18	231
行政	administration	10	128
修	to study	3	27
修改	to revise	7	85
休学	to take a leave of absence	6	70
须知	instruction	2	13
选	to choose	3	26
选题	topic	7	85
选修课	non-compulsory course, elective course	3	30
选择	to choose	1	2
雪景	snow scenery	15	191
学分	credit	3	27
学历证书	diploma	1	6
学术	academy	17	218

Y

生词	译文	课数	页码
严格	strict	1	2
严重	serious	9	107
眼圈儿	eye socket, rim of the eye	5	60
养病	to get better, recuperate	9	111
样本	source	10	123
要求	requirement	1	2
要不然	otherwise, or else	3	27
药品	chemical	11	135
医古文	ancient Chinese of medicine	16	205

生词		译文	课数	页码	生词		译文	课数	页码
医学		Medicine	11	140	糟糕		terrible	2	14
遗产		heritage	15	190	着急		to worry	2	18
一切		all	18	232	针灸		acupuncture	16	205
一下子		suddenly	9	106	整理		to clean the disk	8	100
意义		meaning	7	85	正		just	9	110
意见		suggestion	7	89	证书		certificate	1	2
引用		to quote	17	221	正文		the body (of thesis or article)	17	220
影响		influence	12	151	证件		credentials	18	227
硬件		hardware	8	95	值得		to be worth doing	15	190
影响		to influence	4	48	植物		plant	11	139
应用		to apply	11	140	治病		cure disease	16	211
邮费		postage	18	228	中毒		to be affected by viruses	8	99
有机化学		Organic Chemistry	5	56	中成药		traditional Chinese patant medicine	16	210
有眉目		to take shape	17	217	中医		Traditional Chinese Medicine	16	205
有名		famous	16	206	重病		serious illness	6	70
有用		useful	5	57	抓		to seize	14	179
幼儿园		kindergarten	3	31	赚钱		to earn money	10	128
运行		to operate	8	95	自找苦吃		to lay it on oneself	16	210
					资料		data	10	123
Z					综述		summary	7	85
					坐		sit	17	218
摘要		abstract	17	220	最近		recently	3	30
攒		to put aside	14	175					
暂时		temporarily	7	89					

附录2　课文译文
Appendix 2　Translation of Texts

第1课　我就要入本科了
I'm going to enter an undergraduate course

课文一　Text 1

维　卡：巴布，好久不见！Vika: Babou, long time no see!

巴　布：好久不见。你忙什么呢？Babou: Long time no see, what've you been up to?

维　卡：我的事情很多，做实验啊，写论文啊。这位漂亮的小姐是……Vika: I've been busy doing experiments and writing essays. Who's this beautiful young lady?

巴　布：啊，对了，这是刚从马里来的菲娜，下学期也想入本科。Babou: Ah, yes, this is Fina from Mali, she's also planning to enter an undergraduate course next semester.

维　卡：是吗？你汉语说得怎么样？Vika: Is that right? How's your Chinese?

菲　娜：只会说一点儿。Fina: I only know a little.

维　卡：那不行吧，这所大学入本科的要求很严格。要是跟中国学生一起听课的话，就必须有新HSK五级证书。Vika: That won't be good enough, the entry requirements are very strict at this university. If you're having class with Chinese students, you must pass New HSK Band 5.

菲　娜：那我没有怎么办呢？Fina: So what can I do if I don't have that?

巴　布：那可以选择的专业就太少了。而且你不跟中国学生一起听课，对汉语水平也有要求。Babou: You'll have very little choice of major. You won't be able to have class with Chinese students, and you'll also have some requirements on your Chinese level.

菲　娜：有什么要求呢？Fina: What kind of requirements?

维　卡：或者在这里学习一段时间汉语，通过中级班的考试；或者通过这所大学的汉语水平考试；或者有新HSK四级证书。Vika: You can either study Chinese here for a time, then pass the exams of the intermediate class; or you can pass the Chinese test of this university; or obtain an New HSK Band 4 certificate.

菲　娜：看来，我只能再学一段时间的汉语了。我真羡慕巴布，他已经通过新HSK五级了。Seems like I have no choice but to study Chinese some more. I really envy Babou having already passed New HSK Band 5.

巴　布：有什么可羡慕的？我也是考了三四次才通过的。Babou: What's to envy? I took the exam three or four times before I passed.

课文二　Text 2

巴　布：维卡，今天晚上做什么？Babou: Vika, what shall we do tonight?

维　卡：还没想好呢，你呢？Vika: I haven't thought about it, how about you?

巴　布：我们出去玩儿怎么样？Babou: How about going out?

维　卡：就要入本科了，还玩儿啊？Vika: You are going to enter the undergraduate course, and do you still want to play?

巴　布：对了，你不说我都忘了，想入学的话应该怎么申请呢？Babou: Oh yeah, if you hadn't said that I

would have forgotten, if I want to enter the course how can I make the application?

维　卡：很麻烦，你可以去学校的网站看一下，在学校的网页上可以下载入学申请表，还要准备好护照复印件、学历证书、成绩单、推荐信什么的。Vika: It's a lot of trouble. You can check the school's website, there's a university webpage from which you can download the application form. Besides that, you still need a copy of your passport, diploma, exam score report, recommendation letter and so on.

巴　布：太麻烦了！玩儿几天再说吧！今天晚上我们去酒吧，怎么样？Babou: What a hassle! Let's have fun for a few days then talk about it! How about going to the bar tonight?

维　卡：上了本科，你还总去酒吧的话，肯定会不及格的。Vika: If you're still always going to the bar you'll definitely fail since you have started the undergraduate course.

巴　布：是啊，所以现在我要玩个痛快啊。Babou: Yeah, so now I'll have a lot of fun.

第2课　入学手续哪天能办得完？
When can the university entry procedure be finished?

课文一　Text 1

巴　布：老师，您好！我来办入学手续。Babou: Hello, Sir! I've come to carry out the entry procedure.

老　师：《入学须知》上面写的材料都带来了吗？Teacher: Have you brought all the documents listed in the "Registration Instructions"?

巴　布：带来了。您看，这是护照、护照复印件、签证复印件和八张照片。Babou: Yes. Here, this is my passport, passport copy, visa copy and eight photos.

老　师：怎么没有入学通知书？Teacher: Why don't you have the Admission Letter?

巴　布：哎呀，糟糕！入学通知书忘带来了。Babou: Oh no! I forgot to bring the Admission Letter.

老　师：你先回去拿入学通知书，然后再来吧。Teacher: You should first go back to get the Admission Letter, then come back.

巴　布：老师，您能不能先帮我办入学手续？我住在学校外边，现在回去拿通知书的话，您下班之前回不来。Babou: Sir, please can you help me complete the procedure first? I live off-campus, if I go back to get the letter now, you'll have finished work by the time I get back.

老　师：不行，你现在回去拿吧，我在这儿等你。Teacher: No, go back to get the guide now, I'll wait for you here.

课文二　Text 2

巴　布：菲娜，维卡！你们俩去哪儿？Babou: Fina, Vika! Where are you two going?

菲　娜：去买汉语书。你去哪儿了？Fina: Going to buy a Chinese book, where are you going?

巴　布：我去办入学手续了。Babou: I'm off to carry out the school entry procedure.

维　卡：办得怎么样了？Vika: How's it going?

巴　布：别提了，我现在一提入学手续就头疼。我刚才忘了带入学通知书，办公室的老师让我回家拿。Babou: Don't mention it. Once talking about the procedure now gives me a headache. Just now I forgot to take the Admission Letter and the teacher in the office asked me to go back home to get it.

维　卡：办完了吧？Vika: So is it sorted now?

巴　布：哪儿啊！听说还要办在华居留证、散居手续，是吗？Babou: Are you kidding? I heard that I still need to get a residence permit, and complete the paperwork for living off-campus, right?

维　卡：嗯，还有体检，不过这个你不用着急，一般像体检、在华居留证、散居手续什么的都是统一办理，你可以看一下《入学须知》，那上边有时间。Vika: Yes, and there's also the medical check, but you don't need to worry about it. The medical check, residence permit and off-campus living permit are usually arranged by the school, you can check the "Registration Instructions" for the times.

菲　娜：本科入学跟我们语言进修生的手续差不多，都很麻烦。Fina: The undergraduate entry procedure and the language study procedure are quite similar, both a pain.

巴　布：唉！真不知道入学手续哪天能办得完！Babou: Ah! I really don't know when I'll be able to finish this entry procedure!

第3课　选什么课好呢？ Which course should I choose?

课文一　Text 1

巴　布：卡西，你选完课了吗？Babou: Carsey, have you finished choosing your courses?

卡　西：还没有呢，我在网上选了两次都失败了。Carsey: Not yet, I've chosen online twice, but failed both times.

巴　布：怎么了？是不是选课的人数满了？Why's that? Is it that the courses you chose are full?

卡　西：我也不知道，我打算下午再试试，你选完了吗？Carsey: I don't know, I plan to try again this afternoon. Have you chosen?

巴　布：我也没选完呢，课这么多，选什么课好呢？我打算这个学期少选几门，我刚上本科，课太多的话很累。Babou: I haven't finished choosing either, there are so many courses, which to choose? I plan to choose some fewer courses this semester, I've just entered university, if I choose to many I'll be tired.

卡　西：但是这个学期少选的话，以后就得多选，我们得修满30学分呢！Carsey: But if you choose fewer this semester, later you'll have a lot more, we must get 30 credits.

巴　布：是啊，真头疼，改天再说吧。Babou: Yeah, it's a real headache, let's talk about it another time.

卡　西：这个星期五以前必须选完，要不然就没有机会了，你也快点儿选吧。Carsey: We must choose before this Friday, otherwise there'll be no more chance, you should choose quickly too.

课文二　Text 2

维　卡：你们最近忙什么呢？Vika: Have you been busy recently?

卡　西：马上要开始上课了，正选课呢。Carsey: Class will begin soon, we're just choosing courses.

巴　布：我们也正想问问你呢，你以前本科的时候是怎么选的？我们对学校的要求不太了解。Babou: We wanted to ask you too, before, when you were studying for your Bachelor's degree, how did you choose? We don't really understand the university's requirements.

维　卡：这儿的本科生只有修满30学分才能毕业，专业课有选修课和必修课。必修课是必须要选的课，选修课可以自己决定。Vika: Undergrads here only have to satisfy 30 study credits. Your major courses are split into compulsory and non-compulsory courses. You have to take the compulsory courses and you can decide on the non-compulsory ones yourself.

卡　西：我听说还有公共必修课和公共选修课，那是什么课？Carsey: I also heard there are public compulsory and public non-compulsory courses, what kind of course are they?

维　卡：公共必修课是全校的学生都必须上的课。我们是留学生，只有一门公共必修课——汉语。Vika: Public compulsory courses must be attended by all students in the university, we are foreign students, we just have one public compulsory course, Chinese.

巴　布：汉语课？怎么还有汉语课？Babou: Chinese? Why do we still have Chinese class?

卡　西：我们的水平还差得远呢！有机会继续学习多好啊！Carsey: Our level is still too low! Having a chance to continue studying is great!

维　卡：是啊，对专业课很有帮助。另外，公共选修课跟专业选修课一样可以自己决定，有很多有意思的课，比如舞蹈、音乐、象棋什么的。Vika: Yes, it really helps to understand the major classes. In addition, the public non-compulsory and major non-compulsory courses you choose can be decided by yourself. There are lots of interesting courses to choose from, like dance, music, chess and so on.

巴　布：这个有意思！我都选公共选修课吧。Babou: That's interesting! I wanna choose all non-compulsory courses.

卡　西：你是下课以后玩儿，上课还想玩儿。要我说，你不应该上本科，应该上幼儿园！Carsey: You have fun after class and want to have fun in class as well, in my opinion you shouldn't be at university, you should be in kindergarten!

第4课　听说她的英语好极了 I heard her English is great

课文一　Text 1

杰　克：张老师，您好！我是2010级的杰克，您打电话找我是吧？Jack: Hello, Mrs. Zhang! I'm Jack from the 2010 Grade. Did you make a phone call looking for me?

张老师：是啊，你们昨天不是选导师了吗？选王老师的人太多，但是王老师只能带一个外国学生，希望你再考虑一下别的老师。Mrs. Zhang: Yes, weren't you choosing your supervisor yesterday? Lots of students have chosen Mrs. Wang, but she can only supervise one foreign student, I hope you can consider another teacher.

杰　克：真的吗？别的老师我也不了解呀！Jack: Really? I don't know much about the other teachers!

张老师：除了王老师以外，还有三位老师可以选择，老师的名字和联系方式都在这个通知上。你可以上网查一下他们的详细信息，星期三以前告诉我。Mrs. Zhang: Apart from Mrs. Wang, there are three other teachers to choose. All the teachers' names and contact information are on this notice. You can go online to check their detailed information, let me know before Wednesday.

杰　克：好的。谢谢老师！Jack: OK. Thank you!

课文二　Text 2

维　卡：杰克，你们专业开始选导师了吗？Vika: Jack, have you started your study and chosen your supervisor?

杰　克：已经开始了。Jack: I've already started.

维　卡：这么快啊？你选的是哪位老师？Vika: So soon? Which teacher did you choose?

杰　克：别提了，本来我选了我们学院的王老师，但是选王老师的人太多了，她只能带一个外国学生，听说已经招满了。没办法，我还得重新选。Jack: Don't ask, originally I chose Mrs. Wang from our college, but a lot of students chose her and she can only supervise one foreign student. I heard she's already taken. There's no other way but to choose again.

维　卡：王老师？女的吧？四十多岁。Vika: Mrs. Wang? A 40-old year old lady?

杰　克：对。你怎么知道呢？Jack: Yes. How did you know?

维　卡：她是咱们学校非常有名的老师，她的信息都在学校的网站上写着呢！她在美国读的博士，发表了很多有影响的论文。听说她的英语好极了。而且除了英语以外，她还会说法语和西班牙语，非常厉害。不过你为什么落选了？你专业课学得那么好。Vika: She's a very famous teacher in our university. Her information is all written on the university's website! She got her PhD from the United States and has had many influential papers published. I heard her English is great. In addition to English, she also knows French and Spanish, she's really amazing. But why were you unsuccessful? You study your major subjects so well.

杰　克：可能是因为我的汉语还不够好吧。Jack: Maybe it's because my Chinese is still not good enough.

维　卡：没关系，你们学院有名的老师很多，再选一位就行了，这跟找女朋友一样，天涯何处无芳草。Vika: It doesn't matter, there are a lot of famous teachers in your college, choosing another will be fine. It's like looking for a girlfriend, there are plenty of fish in the sea.

杰　克：别开玩笑了！我都快头疼死了。Jack: Don't joke! I'm almost dying of a headache.

第5课　我把笔记放在教室里了 I put my notes in the classroom

课文一　Text 1

巴　布：上周有机化学考试的成绩出来了，我又没有及格。Babou: The results of the Organic Chemistry exam came out last week, I failed again.

丽　娜：是吗？怎么又没及格？Lina: Really? How did you fail again?

巴　布：我也不知道，考试前总是不知道该看什么。期末考试就要到了，我该怎么办呢？Babou: I don't know, before the exam I never know what to read. The final exam is coming, what am I going to do?

丽　娜：你没有笔记吗？上课的时候把老师讲的主要内容记在本子上，考试以前好好儿看看，一般都能通过。Lina: Don't you have notes? When you have class, you should write down the main content from the lecture in your notebook, then read it well before the exam, usually everyone can pass.

巴　布：笔记？我没记过，很有用吗？Babou: Notes? I haven't taken any, is it useful?

丽　娜：当然，考试的内容大部分都是老师讲过的。Lina: Of course, most of the content of the exam comes from what the teacher has said.

巴　布：能不能把你的笔记借给我？我去复印一下。Babou: Could I borrow your notes? I can go and make a copy.

丽　娜：好啊，你等一下。Lina: OK, wait a moment.

丽　娜：哎呀，我把笔记放在教室里了，明天借给你吧。Lina: Argh, I put my notes in the classroom, I can lend you them tomorrow.

巴　布：好吧。Babou: OK.

课文二　Text 2

杰　克：巴布，你最近忙什么呢？Jack: Babou, what've you been busy with recently?

巴　布：我天天熬夜准备考试，下个星期就要考试了。Babou: I've been staying up all night getting ready for the exams every day. The exams start next week.

杰　克：怪不得眼圈儿都黑了，我很少看到你这么努力。Jack: No wonder your eyes are so black, it's not often I've seen you so hard-working.

维　卡：平时他要是这么努力，考试以前就不用这么忙了。Vika: If you usually worked this hard, you wouldn't be so busy before the exams.

巴　布：所以为了提高学习效率，我刚把丽娜的笔记借来，听说好好儿看这个就能通过考试了。Babou: So to improve the efficiency of my study, I've just borrowed Lina's notes. I heard that if you read them you can pass the exam.

杰　克：不能只看笔记，你还得把书上的内容再复习复习。Jack: You can't only read the notes, you also need to review the content of the books.

巴　布：我想先把笔记看完，因为看完笔记可能就没有时间了。我不打算看书了，反正及格就行了。Babou: I think I'll finish reading the notes first because I might not have time to finish reading them.

I don't plan to read the book, anyway just passing is fine.

维　卡：你呀，总是六十分万岁。Vika: You! Always with the "60% Forever".

第6课　你来中国多长时间了?
How long have you been in China?

课文一　Text 1

巴　布：老师，我这两天不太舒服，能不能跟您请两天假？Babou: Sir, these last couple of days I haven't felt too good, can I ask for two days leave?

老　师：你怎么了？Teacher: What's wrong?

巴　布：肚子一直不太舒服，还总是想吐，可能得了胃肠炎。我想去医院好好儿检查一下。Babou: My stomach is continually uncomfortable, and I always want to vomit. I think I've got gastroenteritis. I'd like to go to the hospital to get it checked out.

老　师：是吗？多长时间了？Teacher: Really? How long has it been like that?

巴　布：已经一个多星期了。Babou: It's already been more than a week.

老　师：那你这儿天好好儿休息一下，别来上课了。Teacher: OK, you should have a good rest these next few days, you don't need to go to class.

巴　布：谢谢老师。Babou: Thank you sir.

课文二　Text 2

巴　布：维卡，你来中国多长时间了？Babou: Vika, how long have you been in China?

维　卡：来了五年了。Vika: I've been here five years

巴　布：怪不得你汉语说得这么好！我在这儿也学了两年汉语了，上专业课的时候还是听不懂。上学期又有一门课不及格。Babou: No wonder you can speak Chinese so well! I've been studying here for two years, but when I attend the major classes I still can't understand. I failed one course again last semester.

维　卡：我看你听不懂是因为你不努力学习。Vika: I think you don't understand because you don't study hard enough.

巴　布：现在努力也晚了，所以我打算下个学期休学。Babou: It's too late to start working hard now, so I plan to take a leave of absence next semester.

维　卡：休学？为什么？Vika: A leave of absence? Why?

巴　布：我想休学的时候一边学汉语一边去旅游。Babou: I think that while I'm taking a leave of absence, I can both study Chinese and go traveling.

维　卡：这样的休学理由不行吧？一般没有特殊的事情，学校规定不能休学。而且咱们学校的休学手续很麻烦，休学期间没有奖学金，也不能住在宿舍。Vika: Surely that's not a good reason to take a leave of absence? Usually, unless there are special circumstances, the university's rules don't allow a leave of absence. Also, our university's leave of absence procedure is a real pain. During your leave, you won't receive any scholarship, and won't be allowed to live at the dormitory.

巴　布：特殊理由？比如说？Babou: Special circumstances? Such as?

维　卡：比如受伤、得了重病什么的。Vika: Such as an injury, suffering a serious illness, things like that.

巴　布：是吗？我听说去学校的网站上下载一份休学申请书，填写一下就可以了。Babou: Really? I heard that you can download a leave of absence application form online, and that's all you need to fill in.

维　卡：还要相关证明和老师的建议书什么的，你还是再考虑考虑吧，我的同学巴特也休学休了半年多，回来以后汉语说得还没有以前好呢。Vika: You also need the relevant certificates, the teacher's suggestions and so on. You should think again about this. My classmate Bart went on leave for more than six months, when he came back, his Chinese was even worse than before.

巴　布：那我的休学旅游计划不是白做了吗？Babou: So my plan to take leave to travel will be for nothing?

第7课　我以为开题只是提意见呢
I thought the thesis proposal was just about getting some suggestions

课文一　Text 1

杰　克：老师，我的开题报告您看了吗？Jack: Sir, have you read my thesis proposal?

老　师：看了，选题的意义和国内外的研究综述写得很好。Teacher: Yes, you've chosen a good topic and have written a good summary of its domestic and international research.

杰　克：谢谢老师。您看还有哪些需要修改的地方？Jack: Thank you Sir. So which parts do you think still need to be revised?

老　师：论文的理论基础、研究方法要再写得详细一点儿，虽然只是开题，但是这些内容都是以后写论文的基础，所以一定要在写论文以前多看一点儿资料。Teacher: The theoretical basis of the paper and the research method should be written in a little more detail. Although it's only a proposal, it's content is the basis of the whole paper, so before writing the paper you must find more data.

杰　克：我知道了，回去以后再好好儿修改一下。Jack: I see, after I go back I'll revise it.

老　师：另外，报告里边怎么没写研究的条件和可能存在的问题呢？Teacher: Also, in the proposal, why haven't you mentioned the research conditions and potential problems?

杰　克：这两个问题我还没想好，所以就没写，我回去以后马上写。对了，老师，您看我的进度安排怎么样？这样合理吗？Jack: I still haven't thought through those two points yet so haven't written them, I'll go back and add them right away. Sir, what do you think of my progress? Is it reasonable?

老　师：行，就这样吧，你趁这个周末好好儿改改，下星期二以前发给我。Teacher: It's fine, make good use of this weekend to revise and send it to me before next Tuesday.

杰　克：好的，我尽快改。Jack: OK, I'll revise it as soon as possible.

课文二　Text 2

维　卡：杰克，你们什么时候开题？Vika: Jack, when will you make your thesis proposal?

杰　克：下个星期五，我还有很多内容没写完呢，真让人伤脑筋！Jack: Next Friday, I've still got a lot to write, it's a real headache.

维　卡：我也是，我们比你们还早，下个星期一。你跟老师谈过了吗？Vika: Me too. We'll be earlier than you, next Monday. Have you talked about it with the teacher?

杰　克：谈了，老师给了我很多建议，你知道我的老师是很严格的，这个周末不能出去玩儿了，可能还得开夜车呢！你的呢，都准备好了吧？Jack: Yeah, the teacher gave me a lot of suggestions. You know my teacher is very strict, I'm not allowed to go out this weekend and I might have to stay up all night! How about yours, is everything ready?

维　卡：差不多了，不过我的导师说我的研究方法有问题，很担心我最后的研究结果是不是可靠，我暂时先不改了，开题的时候好好儿听听老师们的建议再改。Vika: More or less, but my tutor said there's something wrong with my research method. He's worried about whether or not the results of my research will be reliable. I'll stop revising it for now, and wait until the teacher's given me some suggestions on the proposal.

杰　克：那你可小心点儿，我听王芳说，他们专业开题的时候，有个学生没通过，老师们建议他换个题目，结果他还得再重新选题、开题，他都烦死了。Jack: Then you should be careful, I heard from Wang

Fang that a student from their major had their thesis proposal rejected. The teachers suggested that he change his topic and he had to choose another topic and redo the proposal. He was really annoyed.

维　卡：有这样的事情？我以为开题只是提意见呢。Vika: That really happened? I thought the thesis proposal was just about getting some suggestions.

第8课　我的电脑被巴布弄坏了 Babou broke my computer

课文一　Text 1

菲　娜：维卡，你能不能帮我修一下电脑？Fina: Vika, could you help me to fix my computer?

维　卡：怎么了？Vika: What's wrong?

菲　娜：我的电脑被巴布弄坏了。Fina: Babou broke my computer.

维　卡：是硬件的问题还是软件的问题？Vika: Is the problem with the hardware or the software?

菲　娜：我也不知道。刚开始的时候，电脑运行速度很慢，常常死机。现在开机以后，不到二十分钟就自动重启 。Fina: I don't know, soon after I turn it on it operates very slowly and often crashes. Now, after I turn it on, after less than 20 minutes it reboots itself.

维　卡：能上网吗？Vika: Can you go online?

菲　娜：能，但是总死机，我现在都不用了。Fina: Yes, but it always crashes. Now, I can't use it.

维　卡：你把你的电脑拿来，我帮你检查一下吧？Vika: Bring your computer here, I'll help you check it.

菲　娜：我的是台式电脑，很重。你去我宿舍吧。Fina: It's a desktop computer, it's very heavy, can you go to my dorm?

维　卡：好吧。Vika: OK.

课文二　Text 2

菲　娜：你看，又重启了吧！Fina: See, it's rebooting again!

维　卡：我先看看是不是中毒了。你电脑里没有杀毒软件吗？Vika: First let me see if it's affected by viruses. Doesn't your computer have any anti-virus software?

菲　娜：有，但是因为是免费的，不能更新。Fina: It does, but because it was free I can't update it.

维　卡：那很可能是中毒了，先用我的杀毒软件杀一下毒吧。Vika: Then it's very likely to be a virus, first I'll use my anti-virus software to kill any viruses.

维　卡：哇，你电脑里的病毒这么多，没有用的文件也很多。你没整理过吧？我看你的电脑不是被巴布弄坏的，是你自己弄坏的。Vika: Wow, there are so many viruses on your computer, and lots of documents you don't use. Haven't you ever clean up the disk? I think your computer wasn't broken by Babou, you broke it yourself.

菲　娜：是吗？不过我真的没整理过，病毒这么多，怎么办呢？Fina: Really? But I really haven't used the disk clean up, with this many viruses what can I do?

维　卡：用杀毒软件杀毒以后还不行的话，就重新安装系统吧。你有系统盘吗？Vika: After the anti-virus software has killed the viruses, it's still not good enough, you need to reinstall the operating system. Do you have a system disk?

菲　娜：有，但是被丽娜借去了。非重新安装不可吗？Fina: Yes, but I lent it to Lina. So I have to reinstall it?

维　卡：是啊，重新安装以后如果还有问题，就可能是硬件坏了。这样吧，我晚上有时间帮你重新安装系统吧。Vika: Yes, if there are still any problems after you've reinstalled it, it might be a hardware problem. Here's what I'll do, if I have time this evening I'll come over and help you to reinstall the system files.

258

第9课　我从楼梯上摔下来了 I fell down the stairs

课文一　Text 1

杰　克：你们怎么来了？Jack: What are you doing here?

维　卡：听说你的腿受伤了，我们来看看你。Vika: We heard you injured your leg, so we came to see you.

菲　娜：是啊，怎么受伤了呢？Fina: That's right, how did you injure it?

杰　克：别提了，那天我从楼梯上摔下来了。Jack: Don't ask, that day I fell down the stairs.

维　卡：楼梯？不是有电梯吗？Vika: The stairs? Isn't there a lift?

杰　克：那天我马上就要迟到了，电梯还出了问题，我很着急，打算从六楼跑下去，结果一下子摔倒了。Jack: That day I was going to be late and the lift had a problem. I was worried, so I planned to run down from the sixth floor, the result was that all of a sudden I fell.

菲　娜：你怎么不小心点儿啊？你一个人来医院的吗？Fina: Why weren't you more careful? Did you come to the hospital by yourself?

杰　克：是，开始没有这么严重，本来没想来医院，结果腿越来越疼，没办法就来了。Jack: Yes, at first it wasn't that serious, originally I didn't want to come to the hospital. Afterwards my leg began to hurt more and more, there was nothing I could do in the end, so I came.

维　卡：医生说现在怎么样？什么时候能出院？Vika: What did the doctor say? When can you leave?

杰　克：医生帮我固定好了，休息休息就没事了。下个星期一就可以出院了。Jack: The doctors fixed it for me, I only need to rest up. I can be out of hospital by next Monday.

菲　娜：那就好，下次一定要小心点儿。Fina: That's good, next time you'll certainly be more careful.

课文二　Text 2

杰　克：喂！Jack: Hello!

玛　丽：喂，杰克，我是玛丽。Mary: Hello, Jack, it's Mary.

杰　克：你好，玛丽。Jack: Hi Mary.

玛　丽：我听菲娜说你从楼梯上摔下来了，把腿摔坏了，现在怎么样了？Mary: I heard Fina say you fell down the stairs and injured your leg, how are you doing?

杰　克：好多了，只要住几天院就没事了。Jack: I'm much better now. I'll be fine after staying in the hospital for a few days.

玛　丽：我今天课很多，恐怕没有时间去医院，明天下午我去看你。有没有需要我帮忙的事情？Mary: I have a lot of classes today, I'm afraid I don't have time to go to the hospital, I'll come tomorrow afternoon. Is there anything I can help you with?

杰　克：我正想说呢，我的实验报告在我实验室的桌子上，这个星期三以前得交给老师，你能不能帮我交上去？Jack: I was just gonna say, my lab report is on my desk in the lab. It has to be handed in before this Wednesday, could you help me hand it in?

玛　丽：没问题。李老师推荐我们看几篇电动力学论文，我已经下载了。明天我打印出来给你带去。李老师说下个星期上课的时候大家讨论，期末作业也可以写相关方面的论文。Mary: No problem. Mr. Li suggested that I read some articles about electrodynamics, which I have downloaded. I'll print them tomorrow and bring them to you. Mr. Li said that we will discuss this in class next week. Our end of term thesis can be related to this topic.

杰　克：多谢了，玛丽。我也正担心上课的问题呢，这几天我在这儿好好儿看看。讨论我恐怕参加不了了，写个作业交给老师吧。Jack: Thanks so much, Mary. I'm worried about my classes, I will read them carefully while I'm here these few days. I'm afraid I won't be able to join you in the discussion, I'll have to just hand in the homework to the teacher.

玛　丽：行，我告诉老师，你就安心养病吧。Mary: OK, I'll tell the teacher, you concentrate on getting well soon.

杰　克：好的，谢谢你！Jack: OK, thanks!

第10课　硕士毕业后我还会读博士的
After my Master's Degree I'll study for a PhD

课文一　Text 1

维　卡：王芳！Vika: Wang Fang!

王　芳：维卡，好久不见。你毕业论文准备得怎么样了？Wang Fang: Vika, long time no see. How's your preparation for your graduation paper going?

维　卡：还在收集资料、做实验。你的论文怎么样了？Vika: I'm still gathering data and doing experiments. How about yours?

王　芳：我的也在准备中，看了一些文献，但是我的调查有很多问题，还不知道怎么办呢。Wang Fang: I'm also preparing. I've read some literature but I've run into a lot of problems in my research, I still don't know what to do.

维　卡：有什么问题？Vika: What kind of problems?

王　芳：我调查的样本太少了，得出的数据也有很多问题，所以很可能得重新调查。Wang Fang: I don't have enough sources for my research, so the data I've got has a lot of problems. I might have to start my research from scratch.

维　卡：天啊，那不是得需要很多时间吗？还能及时毕业吗？Vika: My God, won't that take a long time? Will you still be able to graduate on time?

王　芳：很难说，实在不行，我就延期半年再毕业。Wang Fang: It's hard to say, if worst comes to worst, I'll have to postpone my graduation by half a year.

维　卡：那不是耽误读博士了吗？Vika: Won't that delay the start of your PhD study?

王　芳：我不打算读博士了，想早点儿工作。从小学到现在，我已经快读了二十年的书了，我想工作了。你呢？Wang Fang: I don't plan to study for a PhD, I'd like to find a job. From primary school up to now I've been studying for over 20 years, I'd like to start work. How about you?

维　卡：我喜欢搞研究，硕士毕业以后我还会读博士的。Vika: I love to do research, after I finish my Master's, I'd like to do a PhD.

王　芳：搞研究太枯燥了。你可真厉害！Wang Fang: It's so boring to do research. You're really good!

课文二　Text 2

王　芳：玛丽，今天我买单，你一定要多吃点儿。Wang Fang: Mary, the meal's on me today, you should eat more.

玛　丽：我不会客气的。马上就要毕业了，以后一起吃饭的机会也不多了。Mary: I won't be able to return the favour. I'll graduate soon and we won't have much chance to eat together after that.

王　芳：是啊。玛丽，你毕业以后想做什么？Wang Fang: Yes. Mary, what do you plan to do after you graduate?

玛　丽：我现在还没想好，可能会去大学当老师，也可能会去公司的研究部门工作。你呢？你们教育系的学生毕业以后一般做什么工作？Mary: I haven't decided yet, maybe I'll teach in a university, or maybe I'll work in the research department of a company. How about you? What do the students of your Education Department usually do after graduation?

王　芳：做什么工作的都有。我学的是教育管理，和我专业相关的工作我都不太喜欢，比如在学校或者教育部门做行政工作。 Wang Fang: They do all kinds of things. My major is Education Management, but I don't like any of the jobs related to my major, for example working in a school, or doing administrative tasks in an Education Bureau.

玛　丽：那你想做什么啊？ Mary: So what would you like to do?

王　芳：我喜欢赚钱多的工作，什么工作赚钱多我就做什么工作。 Wang Fang: I like jobs with a high salary, I'd like to do any job in which I can earn a lot of money.

玛　丽：我觉得找工作不能只看钱，主要应该看跟自己的专业有没有关系。 Mary: I think it is not only about money when you look for a job. You should think whether it is relevant to you major.

第11课　实验还得做下去 We must carry on doing experiments

课文一　Text 1

菲　娜：巴布，你们学院是不是有实验室？ Fina: Babou, does your college have a laboratory?

巴　布：是啊，怎么了？ Babou: Yeah, what about it?

菲　娜：我想去参观参观，我明年也要入本科了，我想学生物或者化学。 Fina: I'd like to go and visit it, I want to start my undergraduate study to next year. I'd like to study Biology or Chemistry.

巴　布：那你还是学生物吧，我们化学专业整天做实验，有时候一个月做下来，一点儿结果也没有，一想到这个就很头疼。而且整天跟化学药品打交道，搞不好还有危险呢。 Babou: Then you should study Biology, our Chemistry majors are doing experiments all day. Sometimes, a month of work goes by with no results, I think doing that could be a real headache. Additionally, you spend the whole day in contact with chemicals, it could be very dangerous.

菲　娜：但是无论去生物系还是化学系，我都得做实验。 Fina: But regardless of whether I study Biology or Chemistry, I'll still have to do experiments.

巴　布：生物专业跟化学专业的实验对象有点儿不一样，生物系的实验对象很多都是动植物、微生物什么的，比我们有意思多了。 Babou: The objects of Biology experiments and Chemistry experiments are a little different. The objects of most Biology experiments are plants, animals, microorganisms and so on, a lot more interesting than us.

菲　娜：反正我觉得看起来都很有意思。 Fina: Anyway, I think they both seem interesting.

巴　布：看起来是很有意思，但是做起来很累。 Babou: They seem interesting, but are actually very tiring.

课文二　Text 2

菲　娜：卡西，下午咱们去书店逛逛怎么样？ Fina: Carsey, we could have a wander around the bookstore this afternoon, what do you think?

卡　西：下午恐怕不行，我下午得去做实验。 Carsey: I'm afraid I can't this afternoon, I have to do experiments this afternoon.

菲　娜：又做实验？你怎么每天都做实验？累不累？ Fina: Doing experiments again? Why is it that you're doing experiments every day? Aren't you tired?

卡　西：累是累，但是实验还要做下去。 Carsey: Yeah, I'm tired, but I still have to do the experiments.

菲　娜：不过，前几天我看到生物系教学楼里边有很多动植物标本，看起来很有意思，还想以后也学生物呢。 Fina: Nevertheless, these last few days I've seen lots of animal and plant specimens in the Biology Department Teaching Building, it looks very interesting. I'd still like to study Biology in the future.

卡　西：学吧，生物研究起来很有意思，而且生物是很实用的专业。我们院里的李老师是研究细胞学的，他的研究在医学方面有很多应用。想想如果有一天你的研究也被应用了，那是多高兴的事情啊！

Carsey: Then study it, researching Biology will be very interesting. Biology is also a very practical major, our teacher Mr. Li's cytology research has many applications in the field of medicine. Just think, if one day your research could also be applied, wouldn't that be great!

菲　娜：也是啊，我再认真地想想。Fina: Yeah, I'll give it some more serious consideration.

第12课　不如你学历史吧 Why not study history?

课文一　Text 1

菲　娜：巴布，你下午做什么？有空儿的话，我们一起去图书馆看书，怎么样？Fina: Babou, what are you doing this afternoon? If you have time, how about we go to the library to read some books?

巴　布：今天下午不行，我得去一趟历史系。Babou: I can't this afternoon, I have to go to the History Department.

菲　娜：你去历史系做什么？Fina: What are you going to the History Department for?

巴　布：我的一个老乡在历史系学世界史，让我去他那儿玩儿。Babou: Someone from my hometown is in the History Department studying World History, he asked me to have some fun over there.

菲　娜：是吗？咱们学校还有世界史专业吗？Fina: Yeah? Our university has a World History major too?

巴　布：有，不但有世界史，还有国别史、中国古代史、现代史等专业。我朋友以前想学中国古代史，但是老师说最好会一点儿古代汉语。Babou: Yes, not only World History, but also National History, Chinese Ancient History, Modern History and so on. At first, my friend wanted to study Ancient Chinese History, but the teacher said it's better if he knows a little Ancient Chinese language.

菲　娜：你的朋友会古代汉语吗？Fina: Can your friend's understand ancient Chinese?

巴　布：他一点儿也不会，连现代汉语都说不流利呢。Babou: He doesn't even know a little ancient Chinese, he's not even fluent in modern Chinese.

菲　娜：那学什么中国古代史啊！Fina: So how's he going to study Ancient Chinese History!

巴　布：所以就学了世界史。对了，你最近正在选专业吧？不如学历史吧。将来可以读中国古代史的研究生，你不是对中国文化挺感兴趣的吗？下午跟我一起去看看吧。Babou: So he studies World History. By the way, you've been choosing your major recently, haven't you? Why don't you choose history? In the future you could read Ancient Chinese History for your Master's Degree, aren't you quite interested in Chinese culture? Go with me this afternoon to have a look!

菲　娜：中国古代史？我从来没想过这个问题，再说，我的古代汉语也不太好。Fina: Chinese Ancient History? I've never thought about it. What's more, my Ancient Chinese isn't great.

巴　布：慢慢儿学嘛，反正明年才入学。Babou: It takes time to study. Anyway, you won't enter university till next year.

菲　娜：那我去看看？Fina: Then I'll go and have a look?

课文二　Text 2

巴　布：菲娜，你知道那座石像是谁吗？Babou: Fina, do you know who that statue is?

菲　娜：知道啊，孔子，你不知道吗？Fina: Yes, it's Kongzi, didn't you know?

巴　布：孔子？就是Confucius吗？我只知道他是中国伟大的教育家和思想家。他是什么时候的人？Babou: Kongzi? Is that Confucius? I only know that he was China's great educator and thinker, when was he around?

菲　娜：春秋时期，相当于公元前500年左右。Fina: The Spring and Autumn period, which equates to about 500 B.C.

巴　布：哇，你真厉害！Babou: Wow, you really know your stuff!

菲　娜：我来中国以前看了不少中国历史文化方面的书。如果想真正了解中国人，你就一定得了解孔子的儒家思想，很多东南亚国家也受儒家思想的影响。这个说起来可以说上好几天。Fina: Before I came to China, I read a lot of books about Chinese history and culture. If you want to truly understand the Chinese, then you must certainly comprehend Kongzi's Confucianism. Many South-East Asian countries have been deeply influenced by Confucianism. You could talk about it for days.

巴　布：是吗？没看出来你对中国文化还这么了解。Babou: Yeah? I had no idea that you understood Chinese culture so well.

菲　娜：哪儿啊，只是知道一点儿。Fina: No, I only know a little.

第13课　连这么难的题你都会！
Such difficult questions can you answer!

课文一　Text 1

巴　布：丽娜，今天高等数学课老师讲的题你都听懂了吗？Babou: Lina, did you fully understand the problems the teacher lectured on in today's Advanced Maths class?

丽　娜：没有，好几道题都没听懂。Lina: No, there were a lot of questions I didn't understand.

维　卡：你们聊什么呢？Vika: What are you two chatting about?

巴　布：我们正为高等数学课上的问题发愁呢。Babou: We're anxious about the problems in today's Advanced Maths class!

维　卡：是吗？什么问题？我看看。Vika: Yeah? What problems? Can I have a look?

巴　布：好啊。Babou: Sure.

巴　布：维卡，你真厉害！连这么难的题你都会？Babou: Vika, you're great! Such difficult questions can you answer!

丽　娜：难道你不知道吗？维卡本科学的是数学。Lina: Didn't you know? Vika's undergraduate degree was in Maths.

巴　布：真的？Babou: Really?

维　卡：是啊，我不但学过高等数学中的微积分，还学过数学分析什么的。Vika: Yes, not only did I study Advanced Mathematical Calculus, but also Mathematical Analysis and so on.

丽　娜：维卡，你有空儿给我们两个辅导一下吧。Lina: Vika, when you have time could you tutor us?

维　卡：行，你们有问题可以随时来找我。Vika: Sure, any time you have a problem you can look for me.

课文二　Text 2

巴　布：维卡，你的数学那么好，怎么学起物理来了？Babou: Vika, you're so good at maths, why are you studying physics?

维　卡：实际上我以前既喜欢数学又喜欢物理，但是觉得数学更重要，因为数学是理科的基础，像物理、生物、化学什么的都会用到数学，所以决定先学好数学。Vika: Actually, I liked both maths and physics before, but thought maths was more important because it is the basis of science. Physics, biology, chemistry and so on all make use of maths, so I decided to first study maths.

丽　娜：那你觉得数学和物理哪个更有意思？Lina: So which do you think is more interesting, maths or physics?

维　卡：都很有意思。因为我有很好的数学基础，在物理学习过程中，我的计算能力比其他同学好一点儿。Vika: They're both very interesting. Because I have a good base of mathematical knowledge, I find that in the process of studying physics, I can do the calculation better than my classmates.

丽　娜：学理科确实应该好好儿学数学，但是我听说，有的大学文科学生也要学高等数学，很奇怪。Lina:

To study science you should indeed study hard on maths, but I heard that at some universities, arts students will also study advanced maths, it's very strange.

维　卡：我觉得不奇怪，数学可以培养人的逻辑思维能力，文科学生学习的都是一些简单的微积分。Vika: I don't think it's strange, maths can train people's logical thinking ability. What arts students study is some basic calculus.

巴　布：早知道数学这么重要，我本科也学数学好了，真后悔！Babou: If I had known earlier that maths was so important, I would have chosen it as my major. I really regret it!

第14课　高强也变成股民了 Gao Qiang became an investor

课文一　Text 1

维　卡：杰克，你出院了？现在腿怎么样了？Vika: Jack, you're out of hospital? How's your leg?

杰　克：现在基本没有问题了。对了，改天找几个朋友我们聚一下，我请客。Jack: There's basically no problem now. Yeah, some day we should get a few friends together, I'll treat us to dinner.

维　卡：好啊，把高强也叫上，好久没见到他。Vika: Great, let's invite Gao Qiang too, it's been ages since we saw him.

杰　克：是啊，我住院的时候他给我发短信了。他最近忙什么呢？Jack: Yeah, he sent me a text while I was in the hospital. What's he been up to recently?

维　卡：最近他可忙了，除了工作以外，把所有的时间都用在炒股上了。Vika: He's been very busy recently. Apart from his work, he's been spending all his time on his stocks.

杰　克：炒股？最近大家都在炒股，谈论股票，没想到高强也变成股民了。Jack: Stocks? Everyone's been talking about stocks recently, I didn't know Gao Qiang had also become an stock investor.

维　卡：是啊，他以前就对炒股感兴趣，但是那时候是学生没有钱，工作以后攒了一些钱，就想试试了。Vika: Yeah, He was interested in stocks before, but at that time he was a student without much money. After getting a job, he saved some money to give it a try.

杰　克：我也想起来了，他上大学的时候就整天看着电脑研究股市，他还选了很多跟投资和金融相关的课呢。Jack: Now I think about it, when he was at university he spent all his time on his computer researching the stock market. He also chose a lot of courses related to investment and finance.

维　卡：是啊，希望高强能赚大钱，到时候能多请我们吃几次饭就行了。Vika: Yeah, I hope Gao Qiang can earn a lot of money, when he does he'll be able to treat us for more meals.

课文二　Text 2

杰　克：高强，好久不见了。听说你最近在炒股？Jack: Gao Qiang, long time no see, I heard you've been trading stocks recently?

高　强：是啊。Gao Qiang: Yes!

维　卡：怎么样？赚到钱了吗？Vika: How about it? Have you made any money?

高　强：还行，赚的不多，但是没赔。Gao Qiang: Not bad, I haven't made much, but I haven't made a loss.

维　卡：我的很多朋友炒股都赔了，很后悔。Vika: A lot of my friends have made a loss in the stock market, they regretted it.

高　强：但也有人因为炒股赚了很多钱，过上了很好的生活。Gao Qiang: But there are also a lot of people who've become rich because of their trading, leading them to a better life.

杰　克：我还是觉得炒股是一种风险比较大的投资，要是有很多钱，试试还行。Jack: I still think trading on stocks is a pretty risky kind of investment, you can try it if you have a lot of money.

高　强：所以炒股适合两种人：第一种，对股市很了解，善于抓住机会的人。第二种，有一些钱，只是想玩儿玩儿的人。如果是既没有相关知识，又想赚大钱的人，一定会赔的。Gao Qiang: So trading is suitable for two kinds of people: The first kind are those who really understand the stock market, those who are good at seizing a chance. The second kind, those who have a little money and would just like to play. If it's someone who doesn't fit in these two categories, they just want to become rich, they'll certainly lose money.

维　卡：那你是哪种人啊？Vika: So what kind are you?

高　强：我呀，当然是第一种人。Gao Qiang: Me, of course I'm the first kind.

杰　克：那我们就等你发财了。Jack: So we'll just wait for you to become rich.

第15课　这里的冬天好像夏天一样 Winter here is just like Summer

课文一　Text 1

维　卡：你们几个干什么呢？Vika: What are you three up to?

巴　布：我们正在看中国地图，打算利用寒假去旅行，正在选地方。你有空儿的话一起去吧！Babou: Just looking at a map of China. We plan to use the winter holiday to go traveling, we're just choosing a place. If you have time, you should come with us!

维　卡：好啊，你们想去哪儿？我很多地方都去过了。Vika: OK, where do you want to go? I've already been to a lot of places.

丽　娜：我想去上海，他们两个不想去。Lina: I'd like to go to Shanghai, but those two don't want to go.

巴　布：上海是大城市，人太多，花钱也多。Babou: Shanghai's a large city, there are too many people, it's also very expensive.

菲　娜：是啊，寒假的时候应该去最暖和的地方。Fina: Yeah, we should go somewhere warm in the winter holiday.

维　卡：那去海南吧，听说海南的冬天好像夏天一样。Vika: Then let's go to Hainan, I heard the winter in Hainan is just like the Summer.

巴　布：那儿有什么好玩儿的吗？Babou: Is there anything fin to do there?

维　卡：海南是热带气候，跟美国夏威夷在同一纬度上，是中国海洋面积比较大的省之一，海边的景色美极了。Vika: Hainan has a tropical climate, on the same latitude as Hawaii. It's a province with one of the longest ocean borders in China. The coastal scenery is very beautiful.

丽　娜：好是好，可是我们家乡的海也非常大，我不想去那儿。Lina: It's good, but we have a big sea back home, I don't want to go there.

维　卡：选择这么多人都想去的地方太难了，你们去找王芳问问吧，让她给我们推荐一下。Vika: It's too difficult to choose a place that so many people would all like to go, you should go and ask Wang Fang and ask her to recommend somewhere to us.

课文二　Text 2

王　芳：请进！你们怎么一起来了？Wang Fang: Come in! You came all together?

菲　娜：我们找你有点儿事儿。Fina: We're looking for you for something.

王　芳：什么事儿？Wang Fang: What's up?

丽　娜：我们寒假的时候想去旅行，你给我们推荐几个地方吧。Lina: We'd like to go traveling in the winter holiday, can you recommend a few places to us?

王　芳：寒假的时候很冷，去南方比较好，云南怎么样？听说云南有个丽江古城，是世界文化遗产之一，也是云南最大、最古老的民族古城，很值得看看，而且云南也不太冷。Wang Fang: The winter holiday is very cold, it's pretty good to go south, how about Yunnan? I heard Yunnan has an ancient

town called Lijiang, it's one of the World's Cultural Heritage sites. It's also Yunnan's largest and most ancient ethnic ancient town. It's really worth checking out, and besides, Yunnan is not too cold.

菲　娜：跟我想的一样。Fina: That's what I thought.

巴　布：我觉得去南方不如去北方，我们的家乡都不下雪，所以应该去一个雪景漂亮的城市。Babou: I think that going south is not as good as going north. Our homes never snow, so we should go to a city that has beautiful snow scenery.

王　芳：那去哈尔滨怎么样？那儿的冰灯非常漂亮，而且我家就在那儿，你们去的话我可以给你们当导游。Wang Fang: So how about going to Harbin? The ice lanterns there are really very beautiful and it's also where I'm from. If you go there I can be your guide.

菲　娜：哈尔滨？不是我不想去，我是怕冻死了。听说那儿的冬天零下30多度呢。Fina: Harbin? It's not that I don't want to go, but I'm afraid I'll freeze to death. I heard the temperature is lower than −30 degrees there.

丽　娜：天啊，太冷了！Lina: My God, it's too cold!

巴　布：怕什么！听说那儿还有很多人冬泳呢，我也想试试。Babou: What are you afraid of! I heard a lot of people there go winter swimming, I'd like to give it a try.

第16课　中药这么神奇？
Is Chinese Herbal Medicine Really So Magic?

课文一　Text 1

丽　娜：迪雅，你是不是下个学期就要上专业课了？Lina: Diya, are you starting your major courses next term?

迪　雅：是啊，现在很担心，我的汉语水平不知道能不能听懂专业课。Diya: Yes, I'm very worried now, not sure if my Chinese level is good enough for the major courses.

丽　娜：你的汉语那么好，应该没问题的。Lina: Your Chinese is so good that it shouldn't be a problem.

迪　雅：最难的就是汉语了，我们专业课里面有一门叫"医古文"，如果这门课学不好的话，很难学好中医。对外国人来说，学现代汉语都很难，别说古代汉语了。Diya: Chinese is the most difficult, we have a subject in our major called "Ancient Chinese of Medicine". if we can't learn it well we'll struggle to learn Chinese Medicine. Well, for us foreigners, it is even difficult to learn modern Chinese, not to mention ancient Chinese.

丽　娜：这么说还是西医容易一些。不过，中医特别是针灸在很多国家都很流行。Lina: Sounds like it should be easier to learn western medicine. But Traditional Chinese Medicine, especially acupuncture, is very popular around the world.

迪　雅：是啊，我最想学的就是针灸和中医按摩，最近我看了很多这方面的书。要不要我给你把一下脉？
Diya: That's right, what I want to learn most is acupuncture and Chinese massage, I have read lots of books on that recently. Would you like me to check your pulse for you?

丽　娜：算了吧，我可不相信你。不过，我最近总是浑身没劲儿，你带我去你们学校的中医院看看？Lina: Forget it, I don't believe you. But I do feel tired all over recently; do you think you can take me to the Chinese hospital at your school?

迪　雅：行啊，让我的老师给你看吧，他可是有名的老中医。Diya: Sure, let's go visit my teacher, he is a famous old doctor of Traditional Chinese Medicine.

课文二　Text 2

巴　布：这是什么味儿啊？太难闻了！Babou: What is that smell? It's horrible!

菲　娜：中药，最近丽娜生病了，她学中医的朋友带她去了一趟中医院，医生给她开了一些中药。Fina:

266

It's Chinese medicine, Lina has been sick recently, her friend who is studying Traditional Chinese Medicine took her to the Chinese hospital. The doctor has prescribed some Chinese herbal medicine.

巴　布：中药？别说吃了，闻这味儿都受不了。Babou: Chinese herbal medicine? I can't even stand the smell, not to mention taking it.

菲　娜：就是啊，医生告诉她有中成药，她不要，非得要自己亲自煎，我看她喝汤药的样子比有病还痛苦。Fina: Exactly, the doctor told her there is traditional Chinese patent medicine available, but she said no and insisted on cooking the herbal medicine herself, watching her drink a decoction of herbal medicine is even more painful than being sick.

巴　布：真是自找苦吃。不过，我知道一句中国的俗话——良药苦口利于病，就是说好的药很苦，但是能治病，也不知道丽娜的病好点儿了没有？Babou: She really laid it on herself. I know there is a Chinese proverb, "Good medicine tastes bitter", meaning that good medicine may taste bitter but cures the disease, we wonder if Lina has got better?

菲　娜：效果非常好，她吃了一个多星期以后身体就好多了。Fina: It has great effect, after she took the medicine for a week, she got a lot better.

巴　布：中药这么神奇？既然这样，就让她多吃点儿。Babou: Is the Chinese medicine really so magic? In that case, she should have more.

菲　娜：那可不行，虽然中药的副作用小，但不是没有，吃多了对身体也不好。而且，得了特别急、特别重的病，还得看西医。Fina: That won't work, Chinese medicine doesn't have many side effects, but it is not side effect free, taking too much is not good for your health either. Also, we need to go to Western doctors when having emergencies and serious diseases.

巴　布：是啊，比如阑尾炎什么的。Babou: Yes, such as appendicitis etc.

菲　娜：所以说中医和西医各有各的好处啊。Fina: That is why Traditional Chinese Medicine and Western medicine both have their advantages.

第17课　要是通过了论文答辩该多好啊
How great it would be to pass the thesis defence

课文一　Text 1

杰　克：维卡，你论文写得怎么样了？Jack: Vika, how is your thesis going?

维　卡：才写了三分之二，还早呢，简直累死了。Vika: I've only written two thirds of it, there's still a lot to do, it's really hard work.

杰　克：我还在做实验、找资料呢，刚有一点儿眉目。对了，维卡，你的参考资料都是在哪儿找的？Jack: I'm still doing experiments and looking for material, it's only just taking shape. By the way, Vika, where did you find all your reference materials?

维　卡：大部分是在学校的图书馆找的，也有一部分是我回国的时候带过来的。Vika: Mostly from the library on campus, some were brought back from my country when I was back.

杰　克：我去过咱们学校的图书馆，里边的资料多是多，但是不太方便，每次去都有很多人，连坐的地方都没有，要是有电子版期刊就好了。Jack: I've been to your library before, lots of material was available, but it is not very convenient. Every time you go there are so many people, leaving nowhere to sit, it would be so much nicer if there were electronic versions.

维　卡：有啊，学校图书馆的网站上可以免费下载期刊。Vika: There are electronic versions, they can be downloaded from the campus library website for free.

杰　克：都是中文的吧？Jack: They are all in Chinese, aren't they?

维　卡：哪儿啊，英文的也有，世界有名的学术期刊都有。Vika: Of course not, English is available as well,

academic journals from all over the world too.

杰　克：是吗？明天我也去看看。Jack: Really? I will go and check it out tomorrow.

课文二　Text 2

杰　克：王芳，你的论文都写完了吧？Jack: Wang Fang, have you finished your thesis?

王　芳：哪儿啊！主要内容写完了，但是格式还没修改呢。Wang Fang: Of course not! The main content is finished, but the format hasn't been checked yet.

杰　克：格式？咱们学校的毕业论文还有什么特殊的要求吗？Jack: Format? Does our university have any special requirements regarding our dissertation?

王　芳：跟别的学校差不多，包括摘要、关键词、正文、参考文献什么的。研究生院的网页上有"学位论文写作规范"，好好儿看看就行了。要注意的是"参考文献"要按照论文中引用的顺序排列。Wang Fang: Pretty similar to the other universities, abstract, key words, the main body and references and so on should be included. The graduate school's webpage has "rules of writing a dissertation", if you have a good read of that you'll be fine. You should pay attention to the "references", you should write them according to the order of the quotes in your sources.

杰　克：我今天就去看看，有问题再问你。除了格式以外，我们理科论文还有一个地方很麻烦，就是论文里边有一些符号很容易出错，可能需要很多时间校对。离论文答辩的日子已经不远了，我很着急。Jack: I'll have a look today, if I have a questions I'll come and ask you. Apart from the format, there's another part of our science papers that's really troublesome. It's easy to make mistakes on some symbols in the paper, it might need much time to proofread. There's not much time before the thesis defence, I'm worried.

王　芳：我也是，要是通过了论文答辩该多好啊！Wang Fang: Me too, it'll be great if I can pass the thesis defence!

第18课　真舍不得你们 I really hate to part with you

课文一　Text 1

杰　克：老师，您好！Jack: Hello, Sir!

张老师：你有什么事？Mr. Zhang: What can I do for you?

杰　克：我想办离校手续，这是我的证件和成绩单。Jack: I'd like to carry out the schools leaving procedure, here are my credentials and transcripts.

张老师：请先填一下这张《离校手续单》。Mr. Zhang: First, please fill in this "School Leaving Procedure Form".

杰　克：老师，我填好了！Jack: I've filled in the form sir!

张老师：给我吧，另外，离开学校以前一定要把学校图书馆的书和资料室的资料都还回去，没交的费用也要交一下，省得走了以后有麻烦。你什么时候离开中国？Mr. Zhang: Then hand it to me. Also, before you leave the school, you must return all materials to the school library and information room and if there are any outstanding fees you must pay them, to save any trouble after you leave. When will you leave China?

杰　克：下个月初左右。Jack: Around the beginning of next month.

张老师：那么早？不能参加毕业典礼了？Mr. Zhang: So early? Won't you take part in the graduation ceremony?

杰　克：对，老师。我家里有点儿事情，不得不早点儿回去。对了，老师，毕业证可以给我寄回去吗？我把邮费留下。Jack: That's right, Sir. There's something going on at home, so I have no choice but to leave early. Yes, Sir, could you post my degree certificate to me? I'll leave the postage.

张老师：可以，在《离校手续单》上写清楚你的地址。Mr. Zhang: Yes, I can. Please write your address clearly on the "School Leaving Procedure Form".

杰　克：好的。Jack: OK.

课文二　Text 2

巴　布：离登机还有一段时间，先把行李托运了吧！Babou: There's still some time before boarding, first you should check-in your luggage.

杰　克：我去托运，等我一下。Jack: I'll go and check it in, wait here a moment.

杰　克：谢谢大家来送我，真舍不得你们。Jack: Thanks for you all coming to send me off, I really hate to part with you.

高　强：我们也是。这是我们送给你的礼物，希望你能喜欢。Gao Qiang: We feel the same. This is your leaving gift, hope you'll like it.

杰　克：谢谢。Jack: Thanks.

巴　布：唉，以后再也没有人陪我去跳舞了。Babou: Ah! Afterwards, there'll be nobody to go dancing with me again.

杰　克：让你的女朋友陪你去吧。Jack: Ask your girlfriend to go with you.

卡　西：这时候了，他还想着跳舞！杰克，你回国以后一定要常跟大家联系，多保重！Carsey: At this time, he's still thinking about dancing! Jack, after you get home, you must keep in regular contact with everyone, take care of yourself!

杰　克：你们也多保重，希望你们在这儿的生活一切顺利！Jack: You take care of yourselves too, I hope everything goes smoothly in your life here!

高　强：快到登机时间了，快进去吧！Gao Qiang: It's almost time for boarding, quick get on!

杰　克：怎么这么快啊？那我走了。Jack: How can it be so quick? So, I'm off.

巴布、卡西、高强：一路平安。Babou, Carsey and Gao Qiang: Have a safe journey!

杰　克：谢谢，再见！Jack: Thanks, farewell!

附录3　HSK模拟小测试听力文本
Appendix 3　Transcripts of HSK Tests

HSK模拟小测试一

听力

一、听录音，判断正误。　　　　　　　　　　　　　　　　　　　　　🎧 HSK01-01

1. 我真羡慕大卫，他已经过新HSK五级了。
2. 玛丽考了三四次才通过的。
3. 糟糕！护照没有了！
4. 我现在一提上课就头疼。

二、听对话，选择正确的答案。　　　　　　　　　　　　　　　　　　🎧 HSK01-02

杰克：你选课选得怎么样了？
南希：哎呀，那么多课要选，太麻烦了！你选得怎么样了？
杰克：我可不想选那么多课，这学期我只选了三门课，上那么多课多累啊。
南希：这个学期少选的话，以后就得多选，因为学校要求得修满36学分。
杰克：是吗？那我得再选三门课。
南希：快点儿啊，下个星期五选课就结束了。

1. 学校要求必须修满多少学分？
2. 杰克打算再选几门课？
3. 学校什么时候选课结束？

三、听短文，选择正确答案。　　　　　　　　　　　　　　　　　　　🎧 HSK01-03

　　大卫今天去办入学手续，快到办公室了，才想起来没带护照。他很着急。他在回宿舍的路上遇到了丽娜。丽娜告诉他，一般像体检、在华居留证、入学手续什么的都是统一办理，这个星期五前去办就可以。

1. 大卫今天去办公室做什么？
2. 大卫忘带什么了？
3. 关于统一办理，丽娜没说到什么？

口语

一、听后重复。　　　　　　　　　　　　　　　　　　　　　　　　🎧 HSK01-04

1. 那恐怕不行吧，这所大学入本科的要求很严格。要是跟中国学生一起听课的话，就必须有新HSK五级证书。
2. 这个周末我们一起出去玩玩怎么样？
3. 我想回国过新年，不参加期末考试了。
4. 你先回去拿入学通知书，然后再来吧！
5. 你现在回去拿吧，我在这等你。
6. 带来了，您看，这是护照及复印件、签证复印件、8张照片。
7. 老师，您好！我来办入学手续。
8. 你还是回去拿吧，我着急用。
9. 马上要开始上课了，正选课呢。

270

10. 必修课是必须要选的课，选修课可以自己决定。

11. 这儿的本科生一般要修满40学分。

12. 我们对学校的要求不太了解。

二、听后根据实际情况回答下列问题。 HSK01-05

1. 你汉语说得怎么样？

2. 在班里你最羡慕谁？为什么？

3. 你最近在忙什么呢？

4. 这个周末你和同学会一起出去玩吗？

5. 你周末都做什么？

6. 你觉得哪门课最有意思？

7. 必修课和选修课有什么区别？

8. 办理入学手续麻烦吗？

9. 你上学期参加考试了吗？

10. 过新年的时候你回国了吗？

HSK模拟小测试二

听力

一、听录音，判断正误。 HSK02-01

1. 选李老师的人太多了，他已经招满了。

2. 除了王老师以外，还有三位老师可以选择。

3. 大卫最近正每天熬夜准备考试。

4. 丽娜要是每天努力学习，考试以前就不用这么忙了。

二、听对话，选择正确的答案。 HSK02-02

杰克：早上好，老师。

老师：你好，有事儿吗？

杰克：我前天开始身体就不太舒服，有点儿发烧。

老师：是不是感冒了？

杰克：我觉得不像感冒，我想今天去医院好好儿检查检查。所以想跟您请个假。

老师：那就快去吧，好好休息休息，病好了再来上课。

杰克：谢谢老师，再见！

老师：再见！

1. 杰克感觉不舒服多长时间了？

2. 杰克觉得自己可能得了什么病？

三、听短文，选择正确的答案。 HSK02-03

　　汤姆是物理学院的学生，现在正要选导师，他要选的李老师非常有名，是在英国读的博士，发表了很多有影响的论文。李老师的英语也非常好，而且除了英语以外，他还会说德语和法语。

1. 汤姆是哪个学院的学生？

2. 李老师在哪个国家读的博士？

3. 文中没有说到李老师会哪种语言？

口语

一、听后重复。 HSK02-04

1. 我很少看到你这么努力。

2. 平时他要是这么努力，考试以前就不用这么忙了。

3. 你呀，总是六十分万岁。

4. 别的老师我也不了解呀。

5. 你可以上网查一下他们的详细信息。

6. 你选的是哪位老师？

7. 本来我选了我们学院的王老师，但是落选了，还得重新选。

8. 她是咱们学校非常有名的老师，在美国读的博士，发表了很多有影响的论文。

9. 怪不得你说汉语说得这么好。

10. 我看你听不懂是因为你不努力学习。

11. 一般没有特殊的事情，按学校规定不能休学。

12. 你还是再考虑考虑吧。

二、听后根据实际情况回答下列问题。   HSK02-05

1. 你的专业是什么？

2. 你了解你的专业吗？

3. 学校通知你选专业了吗？

4. 你知道关于你本校专业的情况吗？

5. 你要学习多长时间的专业课？

6. 你每天都来上课吗？

7. 你们班别的同学都来上课吗？

8. 你不来上课，是因为什么原因？

9. 你不来上课，向老师请假吗？

10. 老师同意你请假吗？

HSK模拟小测试三

听力

一、听录音，判断正误。   HSK03-01

1. 老师，我的论文您看了吗？

2. 我们下个月开始开题。

3. 杰克的电脑有问题，需要重启。

4. 那天汤姆快迟到了，他是跑到教室的。

二、听对话，选择正确的答案。   HSK03-02

阿里：丽娜，你这电脑不是前几天刚买的吗？

丽娜：是啊，开始的时候用起来还不错，但是没过几天，运行速度就特别慢，常常死机，有时候还自动重启。你快看看吧。

阿里：你电脑里的杀毒软件怎么没有了呢？我上次不是给你装上了吗？

丽娜：我好像一次也没用过。

阿里：你电脑里的病毒太多了，只好重新安装系统了。我现在没带系统盘，一会儿我吃完晚饭回宿舍去取。

丽娜：好吧，我也没想到新电脑也会常常出问题啊。

1. 下面哪个不是丽娜电脑的毛病？

2. 阿里一会儿要做什么？

三、听短文，选择正确的答案。   HSK03-03

今天终于开完题了，晚上可以跟朋友们好好玩玩儿了。开题的时候我太紧张了，我以为我非得重新写不可呢。没想到老师们说我论文的选题意义、国内外研究综述和进度安排等部分写得都不错。只是让我把论文的理论基础、研究方法写得再详细一点儿。听了老师们的建议，我打算趁国庆节放假再多查一些资料，看看书。

1. 开题以前"我"以为会怎么样？
2. 以下哪个部分需要修改？
3. "我"打算趁什么时候再多查一些资料？

口语

一、听后重复。

 HSK03-04

1. 我的开题报告您看了吗？
2. 您看还有哪些需要修改的地方？
3. 一定要在写论文以前多看一点儿资料。
4. 回去以后再好好儿修改一下。
5. 你能不能帮我修一下电脑？
6. 刚开始的时候，电脑运行速度很慢，常常死机。
7. 你把你的电脑拿来，我帮你检查一下吧。
8. 休息休息就没事了。下个星期一就可以出院了。
9. 听说你的腿受伤了，我们来看看你。
10. 我也正担心上课的问题呢。
11. 你就安心养病吧。
12. 讨论我恐怕参加不了了，写个作业交给老师吧。

二、听后根据实际情况回答下列问题。

1. 你什么时候买的电脑？
2. 谁帮你安装的电脑？
3. 你经常用电脑做什么？
4. 你的电脑出现过问题吗？
5. 你自己能修理电脑吗？
6. 你用的什么杀毒软件？
7. 你平时看哪些专业方面的书？
8. 你听过学校的学术报告吗？
9. 你参加了学校的什么社团？
10. 你去过学校的实验室吗？

HSK模拟小测试四

听力

一、听录音，判断正误。

 HSK04-01

1. 我喜欢挣钱多的工作。
2. 我学的是经济管理，可能去公司工作。
3. 玛丽喜欢学教育，她觉得和学生打交道很有意思。
4. 露西的男朋友在历史系学习世界史。

二、听对话，选择正确的答案。

HSK04-02

阿里：大卫，你说我选什么专业好呢？

大卫：你最好别问我，一提选专业的事儿我就头疼。我最喜欢中国文学了，可是父母不让我学，说不容易找工作；要是听他们的话学经济吧，我一点儿也不感兴趣。

阿里：我比你还难选呢，你这两个专业都是文科。我呢，本科学的是化学，研究生想学教育。

大卫：我看你还是学教育吧，我觉得教育的毕业论文好写一点儿。

阿里：你说得也对，学化学还得做实验。搞不好，一年做下来都没有结果。

1. 他们最近因为什么事头疼？

2. 下面哪个专业对话里没提到？

3. 阿里最有可能选择哪个专业？

三、听短文，选择正确的答案。 HSK04-03

　　还有五个月我就要毕业了，最近大家因为论文的事情都快累死了，我们教育系的论文大部分需要做调查，特别麻烦，有时候准备得很好，但是因为样本小，所有的努力就白费了。我打算毕业以后马上工作，我非常喜欢轻松的工作，什么工作轻松我就做什么工作。

1. 五个月以后"我"就要怎样了？

2. 教育系的论文为什么麻烦？

3. "我"喜欢什么样的工作？

口语

一、听后重复。 HSK04-04

1. 你毕业论文准备得怎么样了？

2. 那不是得需要很多时间吗？还能及时毕业了吗？

3. 我不打算读博士了，想早点儿工作。

4. 实在不行，我就延期半年再毕业。

5. 生物研究起来很有意思，而且生物是很实用的专业。

6. 看起来很有意思，但做起来很累。

7. 下午咱们去书店逛逛怎么样？

8. 累是累，但实验还要做下去。

9. 如果有一天你的研究也被应用了，那是多高兴的事情啊！

10. 我再认真想想。

11. 慢慢儿学嘛！反正明年才入学。

12. 有空儿的话我们一起去图书馆看书怎么样？

二、听后根据实际情况回答下列问题。 HSK04-05

1. 你的专业需要经常做实验吗？

2. 你觉得你们学校的实验室条件怎么样？

3. 你的专业需要查许多资料、看许多论文吗？

4. 在你们专业的实验室做实验有危险吗？

5. 你喜欢在实验室里做实验吗？

6. 你的专业是文科还是理科？

7. 你了解中国古代的历史吗？

8. 你知道中国儒家思想最重要的代表人物吗？

9. 孔子是什么时候的人？

10. 世界哪些地方受儒家思想影响很大？

HSK模拟小测试五

听力

一、听录音，判断正误。　　　　　　　　　　　　　　　　　　　　HSK05-01

1. 难道你不知道吗？汤姆本科学的是化学。

2. 我既喜欢化学又喜欢物理，不过觉得化学更有意思。

3. 丽江是云南最大、最古老的民族古城，很值得看看。

4. 南希的家乡从来不下雪，所以她寒假很想去哈尔滨看看。

二、听对话，选择正确的答案。　　　　　　　　　　　　　　　　　HSK05-02

丽娜：大卫，快放暑假了，去哪儿好呢？

大卫：夏天太热，还是去凉快一点儿的地方吧，比如说哈尔滨。

丽娜：不行，不行，听说哈尔滨最有名的是冰灯，应该寒假时去。

老师：大卫、丽娜，我给你们推荐个好地方吧，你们知道云南吗？那儿有个丽江古城，非常美，是世界文
　　　化遗产之一。

丽娜、大卫：我们还是听老师的吧。

1. 丽娜得什么时候去哈尔滨好？

2. 大卫、丽娜最后决定去哪儿？

3. 下面哪个地方是世界文化遗产之一？

三、听短文，选择正确的答案。　　　　　　　　　　　　　　　　　HSK05-03

　　　最近大家都在谈论股票，越来越多的人开始炒股，有的大学生也成了股民。我的朋友王明现在是大学
二年级的学生，用家里给他的生活费炒股，结果都赔了，连吃饭的钱都没有了。所以，我们要记住，炒股
既能赚钱也能赔钱。

1. 最近有的大学生也成了什么？

2. 王明现在连什么都没有了？

口语

一、听后重复。　　　　　　　　　　　　　　　　　　　　　　　　HSK05-04

1. 你有空儿帮我们两个辅导一下吧。

2. 你们有问题随时可以找我。

3. 你真厉害！连这么难的题你都会做？

4. 早知道数学这么重要，我本科也学数学好了，真后悔！

5. 改天找几个朋友我们聚一下，我请客。

6. 现在基本没有问题了。

7. 是啊，希望高强能赚大钱，到时候能多请我们吃几次饭就行了。

8. 怎么样？赚到钱了吗？

9. 有人因为炒股赚了很多钱，过上了很好的生活。

10. 我还是觉得炒股是一种风险比较大的投资。

11. 我们打算放寒假的时候去旅行，正在选地方。

12. 寒假的时候应该去最暖和的地方。

二、听后根据实际情况回答下列问题。　　　　　　　　　　　　　　HSK05-05

1. 高中的时候你喜欢哪个学科？

2. 高中的时候你不太喜欢哪个学科？

3. 你现在觉得哪科比较难学？

4. 你现在觉得哪科比较容易？

5. 你平时找家教辅导汉语吗？

6. 你想了解关于经济方面的信息吗？

7. 在你的国家，人们会利用炒股去赚钱吗？

8. 你去过中国哪些地方旅游？

9. 你的朋友去过哪些地方旅游？

10. 你的国家有什么有名的旅游景点？

HSK模拟小测试六

听力

一、听录音，判断正误。　 HSK06-01

1. 玛丽的论文已经写得差不多了，只有摘要还没写。

2. 中医特别是按摩在很多国家都很受欢迎。

3. 中药的效果非常好，露西吃了三天以后身体就好些了。

4. 毕业生离开学校以前，一定要把学校图书馆的书和资料室的资料都还回去。

二、听对话，选择正确的答案。　 HSK06-02

王刚：喂，大卫，你这两天怎么样了？胃还疼不疼了？

大卫：别提了，好像疼得更厉害了，打针吃药都没有用。马上就要答辩了，可我还没有做好准备，连论文格式还没改好呢，简直把我急死了。

王刚：你还是听我的话，去看看中医，吃点儿中药吧。

大卫：我连中药味儿都闻不了，更别说吃了。

王刚：但是治病要紧啊，"良药苦口利于病"嘛。

大卫：要是过几天再不好的话，我就不得不试试中药了。

1. 大卫为什么事着急？

2. 大卫以前吃过中药吗？

三、听短文，选择正确的答案。　 HSK06-03

又到了毕业的时候，校园里到处都是照相的学生，看到他们我好羡慕啊！我要是能像他们一样该多好啊！我白做了好几年实验，都失败了。现在，博士毕论文还没有眉目呢，而且，对我们外国留学生来说用中文写论文非常困难。有时候我真想放弃不学了，可是，我的导师常常说有失败才能有成功，既然你选择了这个专业，就应该继续研究下去，总有一天会成功的。导师的话让我看到了希望，我会更加努力的！

1. 校园里为什么到处都是照相的学生？

2. "我"为什么没写完的博士论文？

3. "有失败才能有成功"是什么意思？

口语

一、听后重复。　 HSK06-04

1. 是不是你下个学期就要上专业课了？

2. 你的汉语那么好应该没问题的。

3. 中医特别是针灸在很多国家都很流行。

4. 我最想学的就是针灸和中医按摩。

5. 也不知道丽娜的病好点儿了没有？

6. 得了特别急特别重的病还得看西医。

7. 你的参考资料都是在哪儿找的？

8. 主要内容写完了，但是格式还没修改呢。

9. 咱们学校的毕业论文还有什么特殊的要求吗？

10. 离论文答辩的日子已经不远了，我很着急。

11. 离登机还有一段时间，先把行李托运了吧。

12. 谢谢大家来送我，真舍不得你们。

二、听后根据实际情况回答下列问题。

1. 你的汉语水平现在怎么样？

2. 你准备好学下学期的专业课了吗？

3. 你的专业对汉语要求高吗？

4. 在你的国家有中医吗？

5. 来中国以后你生过病吗？

6. 去医院看病的时候，大夫给你开过中药吗？

7. 吃中药后你感觉效果怎么样？

8. 你经常去你们学校的图书馆吗？

9. 你经常到网上查资料吗？

10. 你来中国的时候，你的朋友送你了吗？